名著精選

心の謎から心の科学へ

無意識と記憶

名著精選　心の謎から心の科学へ

無意識と記憶

ゼーモン／ゴールトン／シャクター

監修：高橋雅延　厳島行雄

UNCONSCIOUSNESS AND MEMORY

岩波書店

目　次

凡 例

・文献参照は（Turing 1937）（美濃 2008）のように著者姓と出版年で示し、文献書誌は巻末にまとめた。ただし文献数の少ない著作はこの規則によらなかった。
・原注は各著作の末尾に置いた。
・原文の斜体、隔字体などによる強調は、原則として傍点や太字体とした。
・訳者による短い補足は本文中〔 〕に入れて記し、長めの訳注は各著作の末尾に置いた。
・各翻訳に関する書誌事項などの詳細は、冒頭に付した導入に記している。

イントロダクション

高橋雅延・厳島行雄

高橋雅延・厳島行雄

はじめに——心に存在する二つのシステムと無意識

近年の心理学の大きな潮流である行動経済学では、人間の非合理的な思考や行動に焦点を当て、その非合理性に共通する法則を次々と明らかにしてきている(Kahneman 2011)。たとえば、「バットとボールの価格は合わせて一ドル一〇セントで、バットはボールより一ドル高い。ではボールの価格はいくらか」という問題に答えようとすると、多くの者が直観的に答えて間違ってしまう。この場合、もう一度、熟考してみると誰もが正しい答えにたどりつく。

この例から明らかになるのは、我々の心には二つのシステムが想定できるということである。一つは直観的判断のように、迅速かつ自動的で無意図的・無意識的なシステムであり、もう一つは論理的判断のように、時間はかかるがコントロール可能な意図的・意識的なシステムである。この二つのシステムの呼び名は研究者によってさまざまに異なっているが、ここでは二〇〇二年にノーベル経済学賞を受賞した心理学者のカーネマン(1934-)が好んで使う用語にならい、システム1とシステム2と呼ぶことにする。システム1とは、いわゆる省エネ型の心のはたらきであり、素早く決定に至るもの、このシステム1だけに頼ると、冒頭の例も含め行動経済学が解明してきたように、非合理的な思考や行動につながってしまうことがある。一方のシステム2は、合理的な思考や判断に寄与するものの、時間や労力が必要なため、ときには判断の時期を逸してしまうことも起こり得る。

二一世紀も四半世紀に迫ろうとする今、我々の生活には、猛烈な勢いで人工知能（ＡＩ）がはいり込んできている。人間の心の二つのシステムに照らし合わせるのならば、システム２の合理的判断を極限にまで高めたＡＩは、非合理的な間違いなど起こし得ないと同時に、その処理スピードに関しても人間の比ではない。そんな高速なシステム２を体現化したＡＩと我々人間はどのように共存していけばいいのだろうか。とりわけ、人間に特有なシステム１を我々はどのように活かしていけばいいのだろうか。ここでは、このような問題意識のもと、心の二つのシステムのうち、システム１と密接な関連があるとされる無意識の心のはたらきを取り上げ、無意識の記憶による思考や行動への影響に関する科学の源流をたどることにする。(1) 具体的には、これまで無意識の心のはたらきの何が問題とされ、また、どのように調べられてきたのか、そして何が明らかになってきたのかを見ていく。

周知のように、一六世紀以降に天文学と物理学の分野では、コペルニクス(1473–1543)、ケプラー(1571–1630)、ガリレオ(1564–1642)などによる飛躍的な発展が起こった。これらの学問の発展によって、ポアンカレ(1854–1912)が『科学の価値』(一九〇五年)で主張するように、万物には「法則がある」ということが一般に広まり、一七世紀頃には、科学としての心の研究(心の法則の探求)の萌芽が整っていた。一方で、ドイツの哲学者カント(1724–1804)は、その著書『自然科学の形而上学的原理』(一七八六年)のなかで、科学に必要なのは数学(数量化)と実験の二つであるが、心を対象とする学問では両者ともに不可能なので、心の科学は成立できないという主張を行っていた。

そこで、まず最初に、数量化と実験が行われることのなかった前段階として、一七世紀から一九世紀に至るまでの無意識の研究をイギリスとドイツを中心にたどることにする。次に、一九世紀末以降の数量化と実験が行われるようになった科学的研究として、無意識のはたらきに関する科学の成立や発展にきわめて大きな貢献をしたゴールトン(1822–1911)、ゼーモン(1859–1918)、シャクター(1952–)の著作を中心に、エビングハウス(1850–1909)やクラパレード(1873–1940)による関連研究も含めて、これらの研究の意義を明確にする。そして最後に、無意識のはたらきに関する今後の研究の方向性について考えることとする。

1 イギリスでの意識の要素への注目——ロックと連合主義

一七世紀に活躍し「我思う、ゆえに我あり」というフレーズで有名なデカルト(1596–1650)は、あらゆるものの存在を徹底的に疑うなかで、疑っている自分自身(すなわち心)の存在だけは疑問の余地のない確実なものであると結論づけた。こうして、このような自分の心を探る内省という手法が心を調べるための標準的な研究方法となると同時に、その研究対象は意識できる内容に限定されたのである。こうしたデカルトの意識中心主義の考えでは、意識の要素である観念の少なからぬ部分が生得的にもたらされるとされていた。このデカルトの経験軽視の生得的立場に強く反対し、すべての意識内容が経験により形成され、また、意識の要素である観念の連合の重要性を主張したのが、イギリスで発展した連合主義である(2)(Warren 1921)。

このような連合主義を唱えた哲学者は、あまた存在しているものの、『人間知性論』(一六九〇年)で

「心は白紙である」と主張したロック(1632–1704)がその代表と言える。(3) 連合主義者たちは、経験により獲得された個々の観念の連合が意識の形成であると考えた。つまり、この連合主義の哲学においては、多少の考え方の違いはあるものの、観念どうしが類似していたり、また、それらが時間的・空間的に接近したりしていれば、それらの観念の間になかば機械的に連合が起こると考えたわけである。そのため、学習(記憶)とは、観念どうしの間に連合(すなわち観念連合)を形成することであり、それを記憶として想起できるかどうかは、こうして形成された観念連合の強さに一義的に依存するとされ、学習と想起は区別されていなかったのである。このように連合主義者たちは、無意識という用語こそ使っていないものの、連合(連想)の過程そのものが無意識的・自動的に起こると想定していたのである。その後、イギリスでは、一九世紀の末頃まで、ほぼ二〇〇年間にわたり連合主義が全盛をほこっていた。

ところが、一八五九年に出版されたダーウィン(1809–1882)の『種の起源』による進化論は、彼ら連合主義者たちにとって大きな痛手となった。その理由は、連合主義者たちが強調してきた生後の経験よりも、進化論の説く種としての遺伝の影響に関心が移りはじめたためである。また、ほぼ時を同じくして、連合主義に反対する学者たちが現れるようになり、連合主義の主張する意識内の観念連合という説明の限界を指摘すると同時に、無意識のはたらきの重要性を主張するようになった。たとえば、ハミルトン(1788–1856)は『形而上学講義』(一八六五年)のなかで、想起の際には連合主義の仮定するように学習時の観念連合の全体が必要ではなく、それらの一部分の観念だけでも完全な想起が起こると主張し、連合主義に対して異を唱えたのである。また、カーペンター(1813–1885)は『心理生理学原理』(一八七四年)のなかで、我々の思考や感情には、意識できる観念連合以外の無意識のはたらきが関与していることを強調している(4)。

このように、一九世紀末頃のイギリスでは、あれほど隆盛をきわめていた意識中心の連合主義にも、かげりが見えてきていた。一方、イギリスと海峡で隔てられていたヨーロッパ大陸に位置するドイツでは、意識ではなく無意識という心のはたらきに対して、少なからぬ哲学者たちが早い時期から着目していた。

2 ドイツでの無意識への注目
――ライプニッツとヘルバルトとロマン主義

ドイツの哲学者であり(微積分法を発明した)数学者でもあったライプニッツ(1646–1716)は、その晩年の著作『モナドロジー』(一七一四年)も含め、一貫して、デカルト哲学における意識中心主義やイギリスのロックの連合主義に反対していた。つまり、心のなかに思い浮かぶ表象は、デカルト哲学の主張するように内省によって意識にのぼる明晰なものだけではない。そうではなく、意識にのぼらないあいまいな表象の存在も認めるべきだと主張したのである。

このライプニッツのいう無意識的な表象とは、いわゆる微小表象と呼ばれるものである。微小表象という概念を説明する際にライプニッツ自身が好んで引き合いに出している有名な例が、「海辺で聞く波のざわめきの音」であろう(5)。我々は波のざわめきの全体の音(意識できる明晰な表象)を聞くことができる。しかし、同時に、一つ一つの波の音（微小表象）も耳に届いているはずであるが、それらを意識することはできない。この場合、その波の一つ一つの音がどれほど小さくても（つまり意識できない無意識のあいまいな微小表象であっても）、我々に影響を与えているのは間違いないという。なぜならば、もし微小表象が無であるとすれば、無を無限に加えても無のままであり、波のざわめきが聞こえるはずがないからである。

こうした無意識の表象を問題としたライプニッツ哲学の流れをくみ、その理論をより精緻なものにしたのが、我が国では教育学者として著名なドイツのヘルバルト（1776–1841）であった。彼は、『経験、形而上学、数学に新たに基礎づけられた科学としての心理学』（一八二四年）のなかで、意識と無意識の境界である閾《いき》の概念を提唱している。ヘルバルトによれば、意識できる表象が弱くなると、それは閾《いき》下《か》の無意識に沈み込んでしまうものの、けっして消滅することはなく、そのまま存在し続け、意識に浮上する機会を待っているという。しかも無意識にある表象が、閾上《いきじょう》にある別の表象にも影響を及ぼすことがあるというのである。[6] そして、このような表象間のダイナミックな関係は物理学の運動の法則に従うものと考えたヘルバルトは、その著書のなかで、それらの関係を数式により表現しようと試みている[7]（本間 2020；稲富 1972）。

これらライプニッツ、ヘルバルトによる無意識への関心を下支えしていたのが、当時のドイツのロマン主義である。そもそも当時のヨーロッパは、さまざまな科学技術の発展の基礎となる合理性や人間の理性そのものを重視する、いわゆる啓蒙主義と呼ばれる時代のさなかにあった。しかし、一方で、このような啓蒙主義に対する文化的反動として広がりをみせていたのが、国家としての統一が遅れていたドイツを中心としたロマン主義であった。ロマン主義者たちは、理性や社会よりも、不合理で個人的なものに価値を置いたのである。とりわけ、夢、狂気や精神病、天才、啓示、予知能力、運命など、自らの意思(つまり意識)ではコントロールできない現象に関心を抱いていた。そして、これらの現象のもとにあるのが、心の奥底に存在すると考えられていた無意識であった(8)(Chertok & de Saussure 1973; Ellenberger 1970; 互 2016)。

このように、ドイツのロマン主義における無意識に対する関心は、ライプニッツやヘルバルトにより理論化され、人間の感情や行動が無意識の影響を強く受けているという考え方がドイツでは広く一般的なものになっていたのである。そのうえで、冒頭にあげたカントによる「科学に必要なのは数学(数量化)と実験の二つである」という主張に答える必要に迫られ、あとは無意識を数量的に調べる実験方法の登場を待つばかりであった。

3　エビングハウスによる無意識の記憶の実証的研究

一般には世界初の記憶の実験心理学者とされるドイツのエビングハウスは、一八七九年からベルリンの自宅で自分自身を対象に記憶の実験を行っていた(9)。エビングハウスは、ライプツィヒ大学の物理学者であったフェヒナー(1801–1887)が創始した感覚を数量的に調べる精神物理学的手法を記憶の研究に適用したのであった(10)。そして、これらの実験結果をまとめた著作が、『記憶について』(一八八五年)である。この著作の冒頭部分でエビングハウスは、ライプニッツやヘルバルトが仮定したように、第一に、意識から消え去ったものが無意識の記憶として存在していること、第二に、その存在を直接には観察できないが、これらの無意識の記憶が我々の意識的な思考や行動に影響を与えていること、の二点を主張している。つまり、エビングハウスはヘルバルトの意識と無意識の表象の関係をフェヒナーの実験的手法を使って実証しようとしたのである。

まず彼は、過去の経験に影響されない純粋な記憶を研究するにあたり、「WUX」などの無意味な学習材料(無意味綴りと呼ばれる)を二〇〇〇個以上作りあげ、これらを複数寄せ集め、いくつかの学習材料のまとまり(リストと呼ばれる)を作った。次に、自分自身でこれらのリストを何度も読み上げて完全に暗唱できるようになるまでの時間を記録した。こうして完全に覚えた(すなわち、意識的に思い出せるようになった)あと、一定時間を置いて、同じリストを再度、完全に暗唱できるまでにかかる時間を測定したのである。ここで重要なのは、最初に完全に暗唱できるのに要した時間と二度目に完全に暗唱できる再学習に要した時間の差(通常、一回目よりも二回目の時間のほうが短くなる)をもとに節約率と呼ばれる指標を求めた点である。たとえば、一回目に一〇〇秒かかっていたのが、二回目では八〇秒というように二〇秒少なく済んだ場合、学習が二〇%節約されたということになる。つまり、時間がたって再度、完全に暗唱できる時間が一回目より短くてよい(節約される)のは、最初の記憶が残っているということであり、エビングハウスは、この節約率という数量化指標こそが、無意識の記憶であると考えたのである。

こうしてエビングハウスは、時間の経過にともなって無意識に残される記憶が減少していくようすを数量化した忘却曲線を見いだした。特筆すべきことは、この忘却曲線を見ると、学習した直後(ほぼ一時間程度まで）は急激に節約率（つまり無意識の記憶）が減少していくが、それ以降はほぼ漸近線となり、一カ月経過してもほぼ三〇％前後の値で安定しているという点である。[11] 実際、エビングハウスが無意味な学習材料ではなく、意味のある学習材料（『ドン・ジュアン』という詩）を使った一八八四年の暗唱実験から二二年後（一九〇六年）、実験以後一度も見たこともなく、何一つ意識的には思い出せない同じ詩を再学習してみたところ、なんと七％の節約率が認められたのである！ ここにおいて、ライプニッツにはじまり、ヘルバルトを介し、ハルトマンに至るまで、いずれも思弁的に仮定されていただけの無意識の記憶の存在がドイツで実証されたのである。

しかし、残念ながら、エビングハウスの実験方法では、二二年後の『ドン・ジュアン』の詩の再学習以外は、純粋に無意識の記憶だけを調べることはできていない。なぜなら、彼は複数の学習材料のリストを使って再学習を行っているので、リストのなかには完全に忘れている材料だけではなく、まだ意識的な記憶のなかに残っている材料の両方が混在しているからである。

4　ゴールトンによる無意識の記憶のはたらきの実証的研究

エビングハウスが記憶の実験を始める一年前の一八七八年、イギリスのロンドンでは、エビングハウスより二八歳年長のゴールトンが、やはり自分自身を対象に風変わりな実験に取り組んでいた。のちに『人間の能力とその発達の探究』（一八八三年）に収められ、本書で訳出されている連想をめぐる実験である。[12] ゴールトンは、心理学はもとより、博物学、気象学、犯罪学、統計学などのいくつもの分野できわめて先駆的な研究を行った。自らが晩年に記した自伝(Galton 1909)や、さまざまな評伝(Brookes 2004; Bulmer 2003; Gillham 2001; 岡本 1987)からわかるように、研究分野の違いにかかわらず、ゴールトンはありとあらゆる事象を数量化することに取り憑かれていた。[13] そんな彼が、いまだ実証的知見の裏づけのない連合主義による心のしくみ(観念連合)を実験によって数量的に解明しようとしたのも不思議なことではない。

この観念連合のしくみを調べるアプローチとしてゴールトンが選んだのが連想であった。エビングハウスが実験前の連合(過去経験)の影響を避け、純粋な記憶を調べるために無意味綴りを使ったのに対して、ゴールトンは連合がすでに形成されている身のまわりのことば(たとえば「馬車」「寺院」など)を材料とした。そして、連想の手続や記録方法に十分に精通したあと、辛抱強く実験を繰り返した。こうして、一つ一つのことばから連想される観念が思い浮かぶまでの連想時間やその内容、時間や場所を変えて同じことばを使った場合に重複される連想の個数、人生の年代ごとの連想個数の分布、連想が起こる際に思い浮かぶイメージの種類などを数量的に調べあげたのである。

これら一連の連想実験を行うなかで、同じことばからは時間や場所を意図的に変えても(多様な観念が見られると予想したにもかかわらず)、同じ観念が重複することが多いことに、ゴールトンは驚いている。また、彼は完全に消失したはずの子どもの頃の実験室での出来事がよみがえったことも見いだしている。つまり、エビングハウスによる『ドン・ジュアン』の詩の再学習の知見よりも前に、ゴールトンは我々の過去の出来事のなかには無意識の記憶として残るものがあることを発見していたわけである。さらにまた、種々雑多な心のはたらきがなかば無意識状態で行われることに加え、ゴールトンが「意識の控えの間《ま》」と呼ぶ無意識の層では、意識に関連した観念が自動的に湧きあがってくることや、それらの無意識の観念が執筆や演説の材料として役立つことも明らかにしている。これは、無意識のはたらきを重視したハミルトンやカーペンターの主張の実証的裏づけでもあった。

このように、連想を使った実験と数量化を初めて行ったゴールトンは、エビングハウスよりも先に、無意識の記憶の存在を実証しただけではなく、エビングハウスが解明できなかった無意識の記憶のはたらきをも実験によって明らかにしたのである。

5　ゼーモンによる無意識の記憶のはたらきの生物学的裏づけ

ゴールトンが実験的に解明した知見は、生物学という思いもかけない分野からも裏づけを得ることになった。それが本書で訳出されているゼーモンの『ムネーメ――有機的出来事の変遷過程における保存の原理』(一九〇四年)である。ドイツ人の生物学者ゼーモンは、ダーウィンの進化論の影響を強く受けるなかで研究を進めるうちに、あらゆる有機体に固有の記憶を遺伝の観点から理論化しようと試みるようになった。一九世紀末の黎明期の心理学には、まだ連合主義の影響が残っていたために、観念連合の法則をもとに記憶を説明することが一般的であり、先に述べたエビングハウスのように、学習と想起を明確に区別することもなかった。幸いなことに、ゼーモンは心理学者でも、ましてや哲学者でもなかったため、このような連合主義の束縛を受けずに、原生生物、植物、動物の別なく幾度も実証されてきた生物学的な知見をもとに、独自の理論を構築することができた。

ゼーモンの記憶に関する理論の画期的な特徴は、意識的な記憶だけにとどまらずに、無意識の記憶の理論化も行おうとしている点にある。そのうえで、記憶のプロセスを学習と想起に分けて考え、この両者の相互作用から記憶をめぐる現象全体を統一的に説明しようとしたのである(Schacter 1982, 2001)。ゼーモンは自らの理論を提示するにあたり、既存の用語を使うと独創的な自らの概念が誤解されることを嫌い、「ムネーメ」「エングラム」「エングラフィ」「エクフォリィ」といった独自の用語を使った(14)。これらの用語は、現在の記憶理論に照らし合わせるのならば、順に「記憶(現象)」「記憶痕跡」「記銘(ないしは学習ないしは符号化)」「想起(ないしは検索)」という概念にほぼ対応している。

ゼーモンによるムネーメ理論によれば、時間的な順序にしたがって、おおむね次のような変化が有機体に起こるという。まず、何も刺激を受けていない状態の有機体は、ある種の平衡状態(一次的沈静状態と呼ばれる)に置かれている。そこに、何らかの刺激が与えられると、有機体は一種の興奮状態に陥り、特定の反応を起こす。その後、当該の刺激が取り除かれても、もはや有機体は刺激を受けるまえの平衡状態とは異なる平衡状態(二次的沈静状態と呼ばれる)になっているので、将来的に同様の刺激のもとでは同様の反応を起こす傾向(興奮状態)が強くなっている。ゼーモンは、このような有機体内部の状態の変化すべてをエングラムと呼び、このようなエングラムを引き起こす(刻み込む)プロセス全体をエングラフィと呼んだ。この一連のプロセスが学習(記憶)の成立した状態であり、意識的であるか無意識的であるかを問わずに生じるとゼーモンは考えたのである。

こうして時間が経過したのち、以前の刺激が有機体に与えられると、刻み込まれたエングラムが再度興奮することで、以前と同様の反応が引き起こされる。このプロセスがエクフォリィであり、想起

（ないしは検索）に該当する。とりわけ重要なことは、刺激というのは単体とは限らず、多くの場合、複数の刺激が合わさっているので、もとの刺激とまったく同じでなくとも、刺激の一部分でもエクフォリィが起こるという点である。連合主義は形成された観念連合とまったく同じ観念連合だけを想起の前提としていたので、ハミルトンの主張したように、学習時と異なる部分的な観念連合しかない場合に想起が起こることをうまく説明できない。これに対して、ムネーメ理論では、想起の際にはもとの刺激とまったく同じでなくとも、刺激の一部分があればエングラムを興奮させ想起がうまくいくと解釈できるのである。

このように、ゼーモンによるムネーメ理論は、ゴールトンが実験的に明らかにした知見、すなわち時間や場所が異なっていても同じ観念が想起されやすいということ、また、無意識の層では意識に関連した観念が自動的に湧きあがってくることを、いずれも刻み込まれたエングラムの興奮によってうまく説明できるものであった。

6　クラパレードによる健忘症患者の無意識の記憶のはたらきをめぐる研究

一九世紀末から二〇世紀初頭にかけて活躍した、エビングハウスやゴールトン、ゼーモンらの功績を受けて、無意識と記憶の科学的研究は大きく発展するかと思われた。ところが、二〇世紀にはいり、実験心理学はアメリカのワトソン（1878–1958）による行動主義（意識を徹底的に否定し、客観的観察が可能な行動だけを研究対象とする）の強い影響を受けて、様変わりしてしまった。行動主義一色となった心理学の研究では、そもそも「記憶」という用語すら使われなくなり、いわゆる「記憶」の研究の多くは「言語学習」と呼ばれるようになったのである。当然、無意識の記憶のはたらきなどは観察不能なので、心理学の表舞台から姿を消してしまった。

しかし、無意識の科学的な研究が心理学から消えてもなお、異なるアプローチのもと無意識の記憶の研究は細々と進められていた。それが病気や障害のため脳に損傷を受けた健忘症患者を対象にした研究である。なかでも、しばしば引用されるのが二〇世紀初頭に、フランスの医者であったクラパレードの四七歳の女性患者の事例である（Claparéde 1911）。彼女はコルサコフ症候群のために、重篤の健忘症を発し、入院生活を送っていた。彼女は発症以前のことはよく覚えていたが、毎日、病院で顔をあわせるクラパレードや看護師のことを覚えることができず、スタッフたちは毎回、自己紹介を行わなければならなかった。ある日、クラパレードはいつものように彼女に自己紹介をして握手を交わす際、手のなかにピンを隠しもっていた。彼女はピンの痛みに驚いて手を引っ込めたが、健忘症のために、その出来事は数分もたつと思い出せなくなっていた。ところが、再び彼女にクラパレードが会って握手を求めると、彼女は握手を交わそうとはしなかったのである。このことは、彼女には意識的な記憶こそなかったが、何らかの無意識的な記憶が残っており、それが彼女の行動に影響を与えたと考えられたのである。

さらにまた、クラパレードは彼女を対象にエビングハウスの再学習と類似の方法を使って、単語（互いに無関連な単語一〇語）の記憶実験も行っている（Claparéde 1907）。カードに一語ずつ書いた一〇語を彼女に七回読ませて、各回ごとにいくつ覚えることができたかを調べたのである。その結果、実験初日には、七回読ませても彼女はどうしても最大七語しか覚えることができなかった。ところが、まったく同じ実験を翌日に行うと(当然、彼女は実験を行ったことを意識的には思い出すことはできない)、二回読んだだけで七語を思い出せたし、一カ月後は一回読むだけで七語を思い出せ、八カ月後でさえ、二回読むだけで、やはり七語を思い出すことができたのであった。つまり、意識的な想起に対して、本人の覚えていない無意識の記憶が影響を持ち続けたようなのである。同様の事例は、その後も神経科学者によって研究されていたが、残念ながら、行動主義全盛時代の心理学者たちの関心を引くことはなかった。

7 シャクターによる潜在記憶とプライミング

一九五〇年代以降、心を除外してきた行動主義の勢いに翳りが見えるようになるとともに、これらの健忘症患者の事例は、次第に記憶研究者たちにも注目されるようになっていった。なかでも一九五三年、てんかん発作の治療のために脳の一部を切除され、それ以降、死亡するまで健忘症に苦しんだモライゾン(15)(1926–2009)に関する組織的な研究が大きな転換点となった。このモライゾンの事例がとりわけ関心を引いたのは、本人が意識的に想起できないにもかかわらず、何らかの無意識の記憶が残っていると仮定しなければ解釈できない行動の数々のためであった(Corkin 2013)。たとえば、モライゾンは、鏡に映った星形の反転図形の輪郭をたどる鏡映描写と呼ばれる課題を繰り返すうちに、その課題をやったという意識的記憶はまったくないにもかかわらず、次第に課題に上達していったのである。

本書で訳出されているシャクターによる『記憶を求めて――脳・心・過去』（一九九六年）の第六章「潜在記憶の隠された世界」は、これら健忘症患者に残されている無意識の記憶（シャクターらによって潜在記憶と名づけられた）が行動に与える影響の実験的研究に始まる。シャクター自身が約二〇年間にわたって研究を進めるなかで、健常者にも同様の潜在記憶を介した現象の認められることを脳のはたらきとも関連づけながらまとめたものである。シャクターの主張は、第一に、意識的に覚えたり意識的に思い出したりする記憶（シャクターらによって顕在《けんざい》記憶と名づけられた）とはまったく別に、我々の誰もが無意識の潜在記憶を保有しているということ、第二に、この潜在記憶の興奮（活性化）にともなう思考や行動に対する影響は我々の意識的コントロールの及ばない自動的なものであるということ、である。

健忘症患者、健常者の区別なく、これらの研究で扱っているのは、潜在記憶を活性化するプライミングという名称でひとくくりにすることができるものである。「点火」や「発火」を意味するプライミングとは、先行する何らかの刺激や経験が意識的な記憶を介さず、潜在記憶の活性化という形で後続の思考や行動に影響を与えるという現象のことである。そして、これら潜在記憶の活性化によるプライミングは、人工的な実験場面だけではなく、いわゆる無意識の盗作、本人が意識的には気づいていない人種的偏見、広告による影響など、広く日常場面でも認められることをシャクターは強調している。

こうして一九世紀末から研究されてきた無意識の記憶のはたらきは、潜在記憶の活性化を介したプライミングという名称をもつに至ったのである。ゴールトンの行った連想実験で、同じことばがそれに関連する「意識の控えの間」にある潜在記憶を活性化させて、同じ観念を生み出すというのもプライミングである。ゼーモンのムネーメ理論において、何らかの刺激を受けると将来的に同様の刺激のもとでは同様の反応を起こす傾向が強くなるのもプライミングである。エビングハウスの再学習やクラパレードによる健忘症患者の再学習も、再度もとの刺激を読むことで、一回目ないしはそれまでの潜在記憶を活性化させることによるプライミングなのである。そして健忘症患者がピンを恐れて握手を拒否する行動も、鏡映描写という課題に上達することも、やはり、プライミングなのである。また、訳出されたシャクターの第七章「情動的記憶――過去が執拗につきまとうとき」で述べられている、強烈な情動やトラウマをもたらす経験の記憶が持続して行動に影響を及ぼすことも、一種のプライミングなのである。その意味では、連合主義の観念連合という現象は、潜在記憶を仮定しないものの現象としてはプライミングなのである。

現在、潜在記憶を活性化させるプライミングの研究は身体の要因を加えた新たな段階にはいっている。それは、ことばや観念による潜在記憶の活性化による身体動作に対する影響と、その逆に、身体動作によることばや観念に対する影響、という双方向のプライミングが存在するというものである。たとえば、ある研究では、高齢者という観念を活性化するようなことば(「忘れっぽい」「頑固」「孤独」など)を参加者に与えると、高齢者のように歩行速度が遅くなったのである。逆に、別の研究では、歩行速度を高齢者のように遅くさせると、高齢者に関することばを認識しやすくなったのである。これらの研究や、その後のいわゆる身体性プライミングの研究から示唆されることは、我々の思考や行動に影響を与えるのは、ことばや観念といった心の要因だけではなく、動作や活動、感覚などの身体の要因も存在するということである(Lobel 2014)。

おわりに――独創的なアイデアやパフォーマンスを生み出す無意識の潜在記憶

行動経済学で仮定されている心の二つのシステムのうち、ここではシステム1と密接な関連がある無意識のはたらき、とりわけ無意識の潜在記憶による思考や行動への影響(すなわちプライミング)について見てきた。システム1は、通常、迅速かつ自動的にはたらくことで我々の時間や労力を節約してくれるが、ときには、非合理的な思考や行動につながることもある。これは意識的にコントロールできないプライミングという観点から見れば、たやすく理解できる。たとえば、いわゆる習慣のように、過去に経験し潜在記憶として蓄えられている類似の状況では、いつもと同じ思考や行動で何も問題が起こらない。ところが、本質的には異なる状況なのに、まちがって類似の状況と判断して自動的に同じ思考や行動をとってしまえば、結果として、その状況にふさわしくない非合理的な思考や行動をとるということになってしまう。これが行動経済学が強調する人間のシステム1に付随する問題点なのである。

けれども、一方で、科学や芸術の歴史上の天才たちを特徴づける独創的なアイデアやパフォーマンスは、意図せずして、このシステム1の非合理的な思考や行動が源泉となっていることが少なくない。ここにこそ、システム2を体現化したＡＩと共存する社会のなかで、我々人間に特有なシステム1を活かすヒントがあるように思われる。独創的なアイデアやパフォーマンスを生み出す手法は従来から数多く提唱されているが、それらの多くに共通しているのは固定観念を捨て去ることである。それは、ここで述べてきたことに引き寄せれば、通常の決まり切ったプライミングのループから脱却するということである。そのためには、ゴールトンがいうように「心というものは少しも努力せずとも、よい働きをすることが多い」のだから、無意識の潜在記憶の活性化のパタンを変えるような状況を意図的に作り上げなければならない。おそらく、そのような状況にはさまざまなものが考えられるだろうが、現在の身体性プライミングの知見を援用するのならば、心の要因だけでなく身体の要因についても考慮に入れるべきであろう。これはあくまでも思弁的な考察にすぎないし、まったくの見当違いかもしれない。しかし、過去の研究の蓄積のうえに構築された無意識の潜在記憶という観点から独創的なアイデアやパフォーマンスを研究するというのは、方法論をはじめとして検討すべき課題は山積みであろうが、研究の方向性の一つとして魅惑的であることはまちがいない。

注

（1）無意識の記憶研究の源流をたどる旅の範囲を広げていけば、記憶の鳥小屋モデルを唱えたプラトン（BC427–347）にまでさかのぼることになる。プラトンは『テアイテトス』において、記憶とは大きな鳥小屋のなかにあらゆる種類の鳥がはいっている状態であると考えた。そして、手で捕まえている鳥（意識的に想起できる記憶）と、その時点で小屋のなかにいるほかの鳥（意識的に想起できないが消滅していない記憶）に分けている。

(2)「観念」とは概念のことであり、後述するドイツのライプニッツやヘルバルトにおいて使用される「表象」という用語とほぼ同義である。また、「連合」も「連想」も英語では同じ「association」で区別はないが、ここでは、日本語の「連合」の場合、観念どうしの一対一の固定した結びつきを指すのに対して、「連想」の場合は、観念どうしだけではなく感情や行動の結合までをも含む広い意味と考えることとする。

(3)アリストテレス(BC384–322)は、『記憶と想起について』(『自然学小論集』に所収)のなかで、ある観念が特定の原理(類似、反対、隣接)に従って他の観念に続くという連合により想起が起こることを明確に述べていた。しかし、その後、イギリスの哲学者ホッブス(1588–1679)によって『リヴァイアサン』(一六五一年)のなかで持ち出されるまでは、観念の連合という考え方は長く忘れ去られていた。

(4)機械的な観念連合の限界に気づいた連合主義者のなかには、観念連合を生理学的に説明しようとしたハートリー(1705–1757)やベイン(1818–1903)もいた。また、進化論の出現以降は、スペンサー(1820–1903)などは連合主義に進化論(環境への適応過程)を組み込もうと試みていた。

(5)ロックへの批判の著書『人間知性新論』(死後出版一七六五年)に収録されている。ライプニッツは、このなかで、意識しか対象としないロックの主張に対する反論を詳細に展開したが、ロックの死を知り、その出版をとりやめたため、生前には出版されることはなかった。

(6)このヘルバルトのアイデアがフロイト(1856–1939)による精神分析学の基礎になっているという事実は多くの研究者によって指摘されている。

(7)ヘルバルトが数式にこだわったのは、冒頭にあげたカントによる「科学に必要なのは数学(数量化)と実験の二つである」という主張の一番目に対して真摯に答えようとしたためである。二番目の実験の必要性に関しては、実験のためには心を分割しなければならないが、そもそも心は分割できないので、心理学において実験は不可能であると考え無視している。

（8）たとえば、ドイツの美学者であり、文豪ゲーテ（1749–1832）ときわめて深い親交のあったモーリッツ（1756–1793）は、人間を突き動かす無意識の「内的な作動機構」を探求していた。そして、この無意識のはたらきについて知ることこそが我々が自らを高めることに必要だと考え、自分の創刊した学術雑誌のタイトルを『汝自身を知れ、あるいは経験心理学雑誌』（1783–1793）というメッセージ性の強いものとした。のべ一〇年間にわたり刊行され、モーリッツの突然の死をもって廃刊されることになったこの雑誌には、無意識に関する現象として、狂気や妄想、白昼夢、犯罪行為までも含む異常で病的な事例の報告が、数多く掲載されたのであった（山本 2009）。

（9）もともとエビングハウスは哲学（それも無意識の概念）に強い興味を抱き、彼の博士論文のタイトルは『ハルトマンの無意識の哲学について』（一八七三年）というものだった。ハルトマン（1842–1906）の『無意識の哲学』（一八六九年）とは、ドイツのロマン主義時代における無意識に関して、個人的なものから歴史的・社会的なものまで、ありとあらゆる分野で報告されている事実を集めたものであり、当時のドイツで評判の高い著作であった。足かけ五年にわたるドイツ留学（1884–1888）中の森鷗外（1862–1922）も、自らの自伝的小説『妄想』（一九一一年）の中で『無意識の哲学』を引用し高く評価している。しかし、エビングハウスは、このハルトマンの著作を自身の博士論文の中で、思弁的で実証的科学でないと徹底的に批判したのだった。

（10）フェヒナーは、同時代のドイツの生理学者のウェーバー（1795–1878）の行った触覚の実験に大きな影響を受け、身体と精神（感覚）との数量的関係を実験により明確にする精神物理学という学問の確立を目指していた。ここには、先に述べたライプニッツの微小表象やヘルバルトの閾の概念の影響が明確に見受けられる（山下 2018）。すなわち、刺激の客観的な強度をさまざまに変えて、どの時点で主観的な感覚を（意識的に）体験するかを実験により解明しようとしたのである。そして、一八六〇年にはその成果を二巻よりなる『精神物理学原論』として公刊したのである。

（11）エビングハウスの忘却曲線を見た同時代のアメリカの心理学者・哲学者のジェームズ（1842–1910）は、思考の上で忘却曲線をさらに延長していけば、どれだけ長時間経過してもゼロになることはないとすら述べている（James 1899）。

（12）もとの論文は一八七九年七月に学術雑誌『ブレイン——神経学雑誌』に発表されている。同年（一八七九年）、ドイツのライプツィヒ大学に世界最初の心理学実験室を作ったヴント（1832–1920）の弟子トラウトショルトは、一八八三年に四名の参加者を対象にした実験でゴールトンの結果を再現している。なお、この四名の参加者のなかには、ヴント自身や、当時アメリカから留学中で、ジョンズ・ホプキンス大学にアメリカ初の心理学実験室を一八八三年に創設したホール（1844–1924）も含まれている。

（13）二一世紀の今となっても、進化論で有名な一三歳年長の従兄弟のダーウィンの名声に比べれば、きわめて残念ながら、研究者としてのゴールトンの功績が話題にのぼることは少ない。ゴールトンの名前が、分野を超えた卓越した功績に比して、世間から抹殺され続けているのは、優秀な遺伝子を残して人類を改良することを目指した優生学という彼自身の創始した学問のためである。初めて優生学の議論が登場した、一八六九年に出版されたゴールトンの著作『天才と遺伝』は、アメリカの教育心理学者ソーンダイク（1874–1949）の指導のもと、わが国の女性心理学者で初めてPh.Dを取得した原口鶴子（1886–1915）により彼女の死後（一九一六年）に、また、哲学者の甘粕（見田）石介（1906–1975）により一九三五年に、それぞれ翻訳が出版されているが、現在は入手困難となっている。

（14）エングラムという用語は、アメリカの生理学者のラシュレイ（1890–1958）の著作『脳の機序と知能——脳障害の量的研究』（一九二九年）で使われて以降、生理学では、現在ではなじみのあるものとなっている。

（15）ヘンリー・モライゾンという本名は死後に初めて明かされた。それまでは長くイニシャルのＨＭで呼ばれていたために、二〇〇九年以前の書籍や論文ではＨＭと記されている。

ムネーメ——有機的出来事の変遷過程における保存の原理

リヒャルト・ゼーモン

佐藤　駿［訳］

リヒャルト・ゼーモン（Richard W. Semon 1859–1918）は、一八五九年に、三人きょうだいの末っ子として、ドイツのベルリンで生まれた。七歳年長の兄のフェリックス（Felix Semon 1852–1921）は、のちにイギリスに渡り著名な喉頭外科の専門医となり、ナイトの称号を得ている。父親は株式に関連した仕事に携わり、裕福な少年時代を過ごしたゼーモンだったが、彼が七歳（一八六六年）の頃から、たびたび父親が経済的苦境にたたされることとなった。その後ギムナジウムに入学したゼーモンは、ダーウィン（Charles Darwin 1809–1882）やヘッケル（Ernst Haeckel 1834–1919）の著作を読む中で生物学に強い興味をいだくようになり、二〇歳のとき（一八七九年）、「個体発生は系統発生を繰り返す」ということばで有名なイエナ大学のヘッケルのもとで学ぶことになった。二七歳のとき（一八八六年）、動物学と医学の博士号を相次いで取得し、一八九一年に三二歳でイエナ大学の准教授になった。同年、ゼーモンは二年間（一八九一―一九三年）にわたり、ヘッケルの後ろ盾を得て、オーストラリアへ動物学の調査探検に出かけ、学会からも脚光を浴びるようになった。こうして順調に研究業績をあげていたゼーモンだったが、三八歳のとき（一八九七年）にイエナ大学の同僚の妻と恋仲になり、このスキャンダルのため二人はイエナを去り（一八九九年に正式に結婚）、ミュンヘンに居住しながら個人的に研究を続けることになった。一九一八年、ゼーモンの妻は長い闘病生活ののちに亡くなり、第一次世界大戦のドイツ敗戦を知ったゼーモンは六〇歳を前に自ら命を絶った。

このミュンヘン時代に手がけたのが、本書『ムネーメ――有機的出来事の変遷過程における保存の原理』(*Die Mneme als erhaltendes Prinzip im Wechsel des organischen Geschehens*, Leipzig: Wilhelm Engelmann, 1904)である。タイトルの「ムネーメ」とは、いわゆる記憶のことを意味しているが、ゼーモンが記憶という用語を使わなかったのは、意識現象に限定されがちな記憶という用語を避け、ムネーメという用語で無意識的な記憶プロセスまでも含んだ広い概念を表現したかったからである。本書の中心となる考え方は、刺激が与えられると有機体の内部に必ず何らかの活性化状態が残されるという点であり、この活性化状態のことをエングラムという彼独自の用語で呼んでいる。また、エングラムが形成されることをエングラフィと名づけ、潜在的な活性化状態にあるエングラムを再活性化することをエクフォリィと命名している。これらゼーモン独自の用語であるエングラム、エングラフィ、エクフォリィは、現在の用語で言えば、それぞれ記憶痕跡、記銘、想起と呼ぶことができるが、広く無意識的な記憶プロセスまでカバーしている点で当時としては非常にユニークなものであった。

本書は四部に分かれているが、今回訳出したのはゼーモンの主張を端的に理解できる第一部の三つの章である。すなわち、第一章「刺激とその作用」は刺激の定義や有機体に及ぼす影響の予備的分析であり、第二章「個体に対する刺激のエングラフィ作用」は先に述べたゼーモン独自の用語を使いながら、動植物の記憶プロセスを実証的証拠とともに考察している。そして、第三章「エングラフィ作用の遺伝」は、ヘッケルの忠実な弟子であったゼーモンが主張したかった記憶の遺伝の概略について、第一章、第二章の議論を踏まえて解説されている(訳出しなかった第二部ではエングラムの再活性化についての論述、第三部では記憶の遺伝の詳細な分析、第四部では全体の総括が、それぞれ行われている)。

本書が出版されると、専門の生物学者たちからはヘッケルの主張と変わるところがないという理由でほとんど注目を浴びることはなかった。しかし、生物学以外の領域からは少なからぬ関心をもたれた。たとえば、イギリスの哲学者のバートランド・ラッセル(Bertrand Russell 1872–1970)は、『心の分析』(*The analysis of mind* 1921)のなかで、物理学と心理学の違いの考察の際、それぞれの研究対象や意識の有無が違いではないことを示すために、習慣、記憶、思考などの心理学的な本質として、何度もムネーメ現象を引き合いに出している。また、オーストリアの理論物理学者で、一九三三年にノーベル物理学賞を受賞したエルヴィン・シュレーディンガー(Erwin Schrödinger 1887–1961)は、生命現象にも幅広く関心を示し、『わが世界観』(*Mein Leben, meine Weltansicht* 1961)のなかで、ムネーメ現象を引用しながら意識と無意識の移行関係についての考察をめぐらせている。

記憶の潜在的な活性化状態を仮定するゼーモンのアイデアは、その後、意識的に想起できない記憶の様態や、そういった無意識的記憶の想起のメカニズムを考える際に大きな示唆を与えるものとなっている。実際、スイスの精神医学者であるフォレル(Auguste H. Forel 1848–1931)との交流の中で、本書のアイデアをそのまま人間の記憶に適用した書籍 *Die nmemischen Empfindungen*(未訳)が一九〇九年に出版され、本書とともに、心の探究に関わる研究者に広く読まれてきたのである。本書は訂正をしながら著者の存命中に何度か刷りを重ね、一九二〇年には四版五版合同版が刊行された。翌二一年には英訳も出版されている。

翻訳は初版をもとにおこなった。原書目次には内容を示す小見出しがあるが、訳出にあたり、これを原文中の(隔字体による)小見出しとともに文中に置いた。原文中の隔字体による強調は傍点で示した。

［高橋雅延］

第一章　刺激とその作用

刺激の定義

本書の目的は、刺激に伴う、ないしは(より的確に言えば)興奮に伴う特殊な作用を解明することである。そのため、刺激や興奮といった概念をできる限り厳密に定義しておかねばならない。先行研究が豊富な動植物に関する一般生理学や特殊生理学のなかから、刺激の概念の定義を借用するのがよいであろう。

W・プフェファーは、『植物生理学』(第一巻、一八九七年)の序章の第三節(九—一〇頁)で、刺激という事象の本質を見事なまでに分析している。(訳注1) しかし、一流の思索家であり研究者でありながら、刺激の概念そのものは簡潔に定義していない。

動物生理学者のなかでは、近年、特にフェルヴォルンが刺激を定義しようと腐心している。(訳注2) その『一般生理学』(第四版、一九〇四年)の三七二頁で、彼は次のように述べている。「先に述べたことから、刺激の概念の一般的定義は明らかである。すなわち、ある有機体に働く外的要因のあらゆる変化が刺激と見なされるのである」。別の箇所(三八一頁)では「刺激とは、ある有機体の外的な生存条件に生じるあらゆる変化のことである」とも書く。一言だけ異論をはさむことを許してもらえれば、「外的要因」や「外的な生存条件」といった表現は、刺激の概念を不当に狭めてしまうように思われる。(1) 事実、プフェファーも先の著書で、外的もしくは誘発的な刺激の原因とは別に、内的もしくは自律的な刺激の原因に関して次のように述べ、その重要性を強調している。「内的に刺激が誘発される場合、その刺激の原因は、外的な刺激の原因ほどはっきりとしないのがふつうである。しかも、外的な刺激が原因の場合には、刺激の開始を思い通りに変えることができるし、そうした場合の効果と比較することもできる。しかし、内的な刺激が原因の場合であっても、たとえば有機体内部で作られる酵素や、成長の過程で必然的に生じる発達要因が誘発の原因として特定できるならば、外的な場合と同様に、その効果を明確にすることはできるのである」。

エネルギー状況の変化としての刺激

より本質的な問題は、刺激をさまざまな条件ないしは要因の変化と定義するのが果たして適切であるのかどうかである。私としては、まず「生存条件」に代えて「エネルギー状況」という用語を使うことを提案したい。このことで、意味が理解しやすくなることに加え、物理学的にも定義されている概念を使えるようになるからである。ある有機体が特定の瞬間に置かれている「エネルギー状況」という概念には、その有機体が生きている条件や、その有機体に働いているさまざまな要因があますところなく含まれる。したがって、この概念を使って言えば、生存条件の変化とはエネルギー状況の変化にほかならない。もっとも単純なケースから考えたいのなら、エネルギーの個々の働きの変化と考えることもできる。そうすると、刺激の定義として次の二つの選択肢が可能である。刺激は、エネルギーの特殊な働きと定義されるべきだろうか。それともエネルギーの働きの変化と定義されるべきだろうか。ここで「変化」と言う場合、エネルギーの働きの新たな出現や、その強度の変動、また消失をも含めて考えねばならないだろう。(訳注3)

この二つの定義の違いは、次のような例を考えてみればよくわかるだろう。(1)まず、手のひらに一〇〇グラムの分銅をのせ、一分間そのままにしておく。(2)一分が経過したら、二つ目の一〇〇グラムの分銅を最初の分銅の上にのせ、合計二〇〇グラムとなった分銅をさらに一分間そのままにしておく。(3)最後に、二つの分銅を取りのぞく。こうした一連の働きかけに対する有機体の感覚反応として、(1)最初の一分間は軽く、(2)次の一分間は少し重く、(3)最後に重さが取りのぞかれた感じが対応する。この場合、刺激を変化として定義するなら、最初の一分が始まったときに、ある刺激が出現したと言わなければならない。この定義では、刺激があるということは、有機体の特定の部位に作用する重さのエネルギーが変化することだからである。この変化に対し、有機体はある特定の感覚によって反応する。ところが、重さの負荷がかけられてすぐに、つまり実験が始まって数秒で、有機体の状態は安定してしまう。こうなると、有機体を取り巻くエネルギー状況はもはや変化することはなく、有機体に働く要因も以後は同じままである。したがって、当然のことながら、その後、数十秒にわたって分銅によりかけられる負荷を刺激と呼ぶことはできない。この定義の意味で刺激が再び出現するのは、最初の一分が経過して次の一分が始まり、新たに負荷が加わった瞬間である。しかしその後、有機体の状態が再び安定してしまったあとでは、ついさきほど加わった負荷を刺激と呼ぶことはもうできない。この実験で再び刺激が出現するのは、二分が経過して分銅が二つとも取りのぞかれ、エネルギー状況に変化が生じたときなのである。

エネルギーの働きとしての刺激

これに対して、エネルギーの状況の変化ではなく、エネルギーの働きそのものを刺激と呼ぶとしたらどうなるだろうか。この場合、⑴最初の一分間が始まるとき、有機体にエネルギーの働き、つまり負荷が加わり、それが刺激と呼ばれる。というのも、この負荷そのものが、有機体の反応(ここでは感覚反応)を通じてわれわれが知ることのできる興奮を引き起こしているからである。この刺激は一分間持続する。⑵次の一分間が始まるとき、エネルギーの働きに変化が生じ、それとともに興奮と(その現われである)反応にも変化が起こる。つまり、負荷は二倍になり、感覚反応も強められる。このように変化した刺激を新たな刺激と呼び、変化した興奮と反応をそれぞれ新たな興奮と新たな反応と呼ぶのは理にかなっていると思われる。こうして、新たな刺激、興奮、反応は、その後の一分間、持続する。そして、⑶分銅が取りのぞかれて、このエネルギーの働き(すなわち、身体の表面の特定の部位に加えられていた重さのエネルギーの働き）が除去されると、刺激はなくなり、興奮も感覚反応も消失することになる。

そもそも、刺激を「エネルギー状況の変化」として定義することには、大きな問題点がいくつもあるが、特に次の二点は見過ごすわけにはいかない。第一に、その定義は、刺激という用語の一般的な用法や、これまでの生理学者たちの用法から大きく逸脱している。もっとも、このことはこの定義が何らかの利点を持つなら、まだ容認できるものかもしれない。

けれども、第二に、この定義は物理学の観点からしても受け入れがたい。ふつう、無機物を扱う物理学では、エネルギーそのものが物理現象の世界のなかで働いていると見なし、そのように記述する。にもかかわらず、有機体の関与する世界の現象を記述する際には、この実践から逸脱し、働いているのはエネルギーそのものではなく、エネルギーの変化であるなどと言い換えて定義することに、どれほどの根拠があると言えるのだろうか。

いずれにせよ、こうした点について議論となるのは避けられない。しかし、どのような議論であっても必ず守らなければならないのは、ひとたび明言された定義は一貫して使われなければならないということである。エネルギーそのものではなく、エネルギーの変化を刺激と見なすなら、通常の状況下では、刺激に有意な持続を認めることはできないはずである。なぜなら、変化というのは、きわめて短い時間、たいていの場合には無限に短い時間に生じるものだからである。本来の意味で持続すると言えるのは、刺激によって有機体の内部に新たに生み出された状態だけであり、この状態が、それを生み出した新たなエネルギー状況が変わらないかぎり持続するのである。ところで、刺激をエネルギーの変化として定義する論者たちが「刺激が持続する」と言うときに考えているのは、明らかに、変化が生じる時間のことではなく、新たな状態、つまり変化が生じたあとに現われるエネルギー状況の状態が持続しているその時間のことである(必要ならば、いくらでも実例を示すことができる)。しかし、定義の一貫性を維持しようとすれば、彼らは状態の持続時間ではなく、変化が生じる時間そのものについて言及しなければならないはずなのである。

本書で論じる問題に徹底して取り組むためには、刺激の概念の厳密な定義から始めるだけでなく、その定義を一貫して使い続けなければならない。刺激をエネルギー状況の変化と定義することも、そのこと自体はけっして馬鹿げたことではない。ただ、重要なのはその定義を貫かねばならないということなのである。刺激をエネルギーの働きの出現、強度の変動、消失といった変化として定義するよりも、エネルギーの働きそのものとして定義するほうが、生物学者たちに見られる言葉づかいにも、物理学者の実践にもよく合致する。もちろん、この定義もまた一貫して使われなければならないだけではなく、われわれがこれまで深く考えずに受け入れてきた表現方法に修正が加えられることも避けられない。たとえば、これまで生理学者はしばしば「光量の増大や減少が植物や動物に対して刺激として働く」と言ってきたが、われわれの定義ではそうは言えないことになる。かわりに、「弱い光と強い光は植物に対して異なる刺激として働く」と言わなければならないのである。この刺激が変化すれば、それに応じて有機体の興奮状態も変化する。そして、この興奮状態の変化をわれわれは有機体の反応の変化によって知るのである。

エネルギーの働きの消失

ところで、エネルギーの働きを刺激として定義するなら、何らかのエネルギーの働きが消失する場合、その消失が刺激として働くと言うことはできないことになる。このことがわれわれの定義の欠点であると考える人もあるかもしれないし、確かに、そう考えるのも無理はないことである。以下に理由を説明しよう。

そもそも、刺激が有機体に及ぼす本来の作用は、有機体に変化を引き起こし、その変化に応じて新しい状態が生じるといった連鎖状の複雑な働きの全体、一言で言えば、刺激が引き起こす興奮状態の連鎖全体である。一つひとつのケースで何が起きているのかはわれわれにはわからないが、こうした刺激が働いた結果として有機体に生じる、ある特徴的な状態変化についてはどうしてもわれわれの注意を引かざるを得ない。このような状態変化のことを、われわれは刺激に対する有機体の反応と呼んでいる。このような反応によって、はじめて興奮状態にあることが推論でき、興奮状態の実在が確証できてはじめて、そのエネルギーの働きを刺激と呼ぶことが許されるのである。

反応は刺激の出現のあとに現われ、刺激が消失すれば反応も消失する。それゆえ、刺激が変化でないのと同様に、反応もまた、それまでの状態に生じた変化ではない。反応とは、無限に短い時間に生じる変化ではない。むしろ反応とは、変化の生じた状態そのものであり、その状態が非常に長く持続する場合も含まれるのである。こういった変化の生じた状態、つまり反応は、たいていの場合、見かけ上は静止している。エネルギーの変動は起こっているのだが、一定の同じ速さで変動が進行しているので、あたかも状態に変化がないかのように見えるのである。このことは常に心に留めておかなければならない。なぜなら、われわれが観察を行なう際には、このような変化のあとに続く静止状態よりも、変化そのもののほうに注意が引きつけられがちだからである。それはちょうど、電信計の針が振れ、その位置で動かないままの状態のときよりも、針が振れるときのほうにわれわれの注意が引きつけられるのと同じである。こうした心理学的な傾向には気をつけなければならない。ある刺激が止むたびに反応検出計の針がゼロに戻るからといって――言い換えれば、有機体に加えられた刺激が止むたびに、それまでの状態が目に見えて変化するからといって、そうしたことにいちいち注意を奪われてはならないのである。

ただし、ある刺激が止んだときに、それまでの反応状態がただ止む以外に、反応検出計の余剰振幅とでも呼べるような現象が起こることもないわけではない。たとえば、筋肉に流していた電流を止めると、閉鎖期収縮が収まると同時に開放性痙攣が起こり、場合によっては、そのあとに開放期収縮が見られることもある(訳注4)。もちろん、開放性痙攣や開放期収縮が見られるとしても、時間としては非常に短い。このような事実をもとに、刺激をエネルギーではなく、エネルギーの変化として定義してしまうことはありがちであろう。しかし、私の考えでは、こうした事実があるからといって、エネルギーの働きが止むことまでを刺激だと言うべきではない。

そもそも、有機体のうちに生じる興奮とは、多種多様な要因の絡んだ複雑な事象である。そのため、刺激が止まれば、すぐに興奮も収まるとはかぎらない。場合によっては、刺激によって興奮の生じた段階と、その興奮の収まった段階との間に、ごく短時間、二次的興奮の段階が介在することがあるとしても不思議ではない。ここで、二次的興奮と言ったのは、この興奮がもともとの刺激によって生じたものでも、その刺激の消失によって生じたものでもなく、興奮段階のいずれかの時点で、有機的実体に生じた二次的変化によって引き起こされた興奮だからである。このことが正しいとすれば、刺激の止んだあとに現われる興奮現象(たとえば、開放性痙攣や開放期収縮など)は、もとの刺激の作用、すなわちもとの興奮が持続する場合に限って発生するということの証拠となる。

次の点にも注意が必要である。刺激は、有機体のうちに複雑な事象の連鎖を生み出すが、その大部分はわれわれには知覚できない。この連鎖のなかで、われわれの知覚能力によって状態の変化がわかる場合に、それが刺激に対する反応と呼ばれる。ところで、こうした反応には、新たな事象が出現するというケースも、生じていた事象が停滞するというケースも含まれる。観察者の立場からすると、刺激によって有機体に生み出された興奮は、刺激がその事象を促進した結果として現われる場合もあれば、刺激がその事象を抑制した結果として現われる場合もあるわけだ。ある刺激が事象に対して抑制的に働く場合、その刺激が止み、取りのぞかれると当の事象が生じることになるわけであるが、このことは、ややもすると、刺激の停止が興奮を引き起こしたのだと解釈されがちである。実際、アメーバは、力学的刺激が止むと活動し始めるので、こうした事象の一例として引き合いに出されることが多い。そればかりか、もっと複雑な事象までも同様に解釈されてしまうことがある。たとえば、暗闇、すなわち光刺激の止むことが、植物のさまざまな成長過程を早めるという事実は、光刺激が抑制的に働くことに基づくのだろう。しかしだからといって、エネルギーの働きが止むことを刺激と呼ぶ必要はどこにもないのである。

当然のことながら、エネルギーの働きが止むことと、エネルギー量が奪われることの意味は同じでない。エネルギーの働きが止んだ結果、別のところで新たなエネルギー複合が生じ、間接的にさまざまな作用を実際に引き起こすこともなくはないが、エネルギーの働きが止むことそれ自体を直接にエネルギーの働きと呼ぶことは決してできないし、それゆえ刺激と呼ぶこともまたできない。これに対して、エネルギー量が奪われることは、そのこと自体がエネルギーの働きともとれるので、場合によっては、そのまま刺激として作用することもある。それゆえ、有機体の加熱を止めることを刺激と呼ぶことはできないが、有機体の冷却を刺激と呼ぶことは問題なくできる。確かに、加熱を止めれば間接的に冷却が生じるが、本来、刺激という性格を持つのは冷却のみである。実際、こうした冷却は、加熱を止めればそれだけで生じるというものではない。必ず放熱や熱伝導といった他の要因にも左右されるのである。

これ以上、同様のケースをあげて説明を続けなくてもよいだろう。要するに、ここで強調しておきたいのは、私の考えでは、刺激が止まったあとに反応検出計の針がゼロに振れるどんなケースでも、私の言う刺激の定義に基づいて満足のいく説明ができるということである。

以上を踏まえ、私は有機体に対するエネルギーの働きを刺激と呼ぶことにしたい。この刺激の働きが、有機体を構成する被刺激性実体に一連の複雑な変化を引き起こすのである。(訳注5) このように変化した有機体の状態は、刺激が続く限りは継続し、この状態は興奮状態と呼ばれる。われわれにとって、このような興奮状態の本質は、根本的なところは何一つわからない。われわれにわかるのは、この興奮状態を特徴づけている数えきれない変化のうち、たかだか、興奮に付随する一部の副次的な変化や、興奮の結果である最終的な現象だけにすぎない。つまり、われわれにわかるのは、興奮状態そのものではなく、直接的か間接的かという違いはあるものの、興奮に引き続いて起こる現象、すなわち、刺激に対する有機体の反応と呼ばれるものだけなのである。

刺激の誘発性

こうした反応が起こるしくみはきわめて複雑であり、刺激と反応との関係もそう単純ではないので、本来なら認められるはずのエネルギー保存の法則を見てとるのも容易ではない。このような場合によく言われるのが刺激の「誘発性」である。たとえば、警報機を作動させるスイッチを指で押す場合を考えてみよう。もちろん、有機体の反応と比べれば、きわめて単純ではあるものの、この例でも同じように複雑な一連の状態の変化が起こる。そこで、こうした過程の複雑な性質を強調するために、警報ベルを鳴らすハンマーの動きが「誘発された」と言うのである。実際この例でも、スイッチを指で押す圧力（すなわち誘発するエネルギー）と警報ベルを鳴らすハンマーの動き（すなわち誘発されたエネルギー）とを比較して、どこでも成り立っているはずのエネルギー保存の法則を見てとるのは、先ほどと同様に容易ではない。

けれども、刺激の誘発性について語ったところで、刺激と反応の因果関係が興奮過程のすみずみにわたっており、複雑に入り組んでいるということ、つまり何か漠然としたものだという事情が変わるわけではない。それでもなお、このような誘発性という不完全な特徴に訴えざるを得ないのは、刺激として有機体に興奮を引き起こすエネルギーの影響と、そのように興奮を引き起こすことのないエネルギーの影響とを区別できる指標が他にないからである。残念ながら、われわれには興奮過程の本質がよくわかっていないため、たとえ誘発性についてはっきりとしたことを言えなくても、これ以上に、刺激に対する一般的で優れた指標を持ちようがないのである。とは言うものの、実用上は、この指標があればほとんどの場合、問題はない。たとえば、水中をただよう透明な有機体に(二次的な変化をもたらすほどは強くない)微弱な電流が流れる場合、光エネルギーが生じて発光が起こるが、物質代謝や運動状態の反応は認められない。(訳注6) したがって、こういったエネルギーの働きのことは、物理的な意味で何の効果もないとは言いきれないものの、刺激とは呼ばないのである。つまり、当該の有機体に対して、そのエネルギーが量的にも質的にも不十分であるために、二次的な過程や興奮の複雑な連鎖を引き起こさない場合には、刺激とは言えないのである。

誘発される反応

すでに述べたように、われわれはしばしば(常にではないが)、刺激の働きによって生じた状態変化を有機体のさまざまな部分に知覚する。そのような場合には、刺激が多数の反応を「誘発した」と言われる。たとえば、われわれは、眼に入る光によって生みだされる数多くの状態の変化を知覚することができる。すなわち、意識にのぼる光という感覚、涙腺の分泌作用、瞳孔括約筋や眼輪筋の収縮などである。また、ある器官の状態の変化は、単一のエネルギーに関するだけとはかぎらない。たとえば、ある刺激を受けると、筋肉は収縮すると同時に、活動電流も生みだす。この場合も、ある刺激によってさまざまな反応が「誘発される」わけである。もちろん、こういった多様な反応も、出現した状態変化の詳細を明らかにしてくれるわけではない。

刺激の働きに応じた状態の変化は、有機体の活動が生じるところであれば、代謝(化学反応)であれ、形態の変移(運動や成長の状態)であれ、意識領域(感覚の状態)であれ、どこにでも現われる。このうち、三番目の意識領域での反応では、有機体が自分の意識を通して直接に知ることができるのは、自分自身のことだけである。他の有機体に関する感覚領域での状態の変化は、そこから派生する別種の反応から、間接的に推論することしかできない。こうした派生的反応は、運動反応(筋肉運動)としてだけ現われると主張されることもあるが、そうとは限らない。つまり、その有機体の他の活動領域、たとえば涙腺や唾液腺の分泌作用などとしても現われる。これらもまた、刺激によって意識(感覚)領域で生じた状態の変化の派生的反応なのである。

刺激の共時的作用

一般に、刺激の作用は、刺激の始まった直後に有機体の状態が変化することにより顕在化する。これをわれわれは、刺激の出現に伴って生じる一つの反応ないしは複数の反応によって知る。こうして生じた新たな状態は、刺激の続く限りは持続するが、刺激が止めば、有機体は即座に、あるいはごく短時間で、刺激の出現以前の状態に復帰する。

刺激が止んだ直後ないしはほぼ同時に消失するこうした刺激の作用を、刺激の共時的作用と呼ぶことにしたい(訳注7)。

刺激の共時的作用では、刺激の持続と興奮ならびに反応とが同時に生起するが、その同時性はそれほど厳密なものではない。というのは、刺激の開始と同時に反応が生じるのではなく、たいていの場合、ごくわずかな時間的遅れが認められるからである。同様に、刺激が止んだほんの少しあとに反応も消失する。

こうしたことは、電気式警報器のボタンが、指で押されると、一瞬おいて鳴り出し、指が離れるまで警報音が鳴り続けるのと同じ現象なので、難なく理解できよう。

刺激の追随的作用

刺激の働きが非常に強かったり、長時間にわたって持続したりするような場合には、有機体の状態に大きな変化が生じ、刺激が止んでから有機体の興奮が収まるまで、つまりもとの状態に戻るまで、しばらく時間が必要なことがある。ちょうど長い嵐のあとの海の荒れがすぐに収まらないのと同じである。強い光の刺激に長時間にわたってさらされたあとに生じる「残像」や、音の刺激による「残響」は、このことによって説明できる(たとえば、「サヴァールの歯車」により高速で生みだされる無数の音の感覚が、混じり合って一つの音として聞こえることからも理解できよう)(訳注8)。また、筋肉に長時間にわたり加えられた電気的刺激が止んだ場合に、開放性痙攣と開放期収縮が生じるのも同様に解釈できる。こういった「残効」という現象は、刺激が止んで少し時間が経つと跡形もなく消え去ってしまうものであるが、これを共時的作用から分離することは原理的に不可能である。また、反応が反転する陰性残像のようなケースでも、やはり分離することはできない。とはいえ、こうした残効作用を刺激の共時的作用と区別したければ、それを刺激の追随的作用と呼ぶのがよいだろう(訳注9)。

ただし、注意しなければならないのは、刺激によって有機体の形態学的状態が変化してしまい、有機体の被刺激性実体がもとの状態に戻っても、変化した形態の復元が起こらない場合である。この場合、刺激の働いた結果として生じた状態が刺激そのものの持続時間よりも、はるかに長くなるが、こうした作用は追随的作用とは区別して考えるべきである。たとえば、ギマという魚は、何らかの刺激を受けると腹側と背中側のトゲを逆立てる。このとき、逆立てたトゲを固定するしくみを持っていて、一定の角度にトゲが達すると同時に、その角度でトゲが固定されてしまう。そのため、興奮を引き起こした刺激が消え去り、刺激によって誘発された筋肉の収縮が終わっても、しばらくの間、トゲは逆立ったままである。トゲをもとに戻すには、トゲを逆立てたのとは反対方向に働く筋肉の収縮が起こる必要がある。つまり、こうした反応を長く維持しているのは被刺激性実体そのものではなく、それ以外の別のしくみによるのである。言うまでもなく、こうしたケースを、刺激が共時的作用とは異なる作用を及ぼしたと解釈してはならない。

野生のブドウのつるが、力学的な刺激(特定の方向だけの接触)を受け続けることで、曲がったり渦巻いたりするのも同様のケースである。刺激がなくなったからといって、変形したつるはすぐにもとには戻らない。被刺激性実体の興奮が持続しているからではなく、被刺激性実体が最初の状態へ戻ることができないのである。これはちょうど魚のトゲが逆立ったままの場合と同じで、刺激の間接的な効果が別のしくみによって固定されてしまい、もとの状態に復元できなくなっているのである。もちろん、魚のトゲの場合には別の力が働いてもとの状態に戻ることができるが、つるの場合は、曲がってしまったり、渦巻いてしまった状態は、もとには戻らないのがふつうである。被刺激性実体の興奮に成長という現象が伴うケースのほぼすべてで、このような非可逆的な産物が生み出される。たとえば低温により引き起こされる影響からも想像できるように、たとえ興奮状態そのものが、とうの昔に終わっていても、いちど生みだされた産物はけっして消え去ることはない。こうした場合でも、わざわざ刺激の共時的作用とは別の作用を持ち出して説明する必要などないのである。

一次的沈静状態と二次的沈静状態

刺激の共時的作用(や、多くの場合、それに伴う追随的作用)は、これまでの説明によって十分にその特徴が理解できたはずである。ここでの目的にとっては、これ以上、共時的作用を系統立てて一つずつ取りあげ、議論する必要はない。刺激の共時的作用が起こる際に、刺激と興奮が時間的に並行しているということが伝われればそれで十分である。たとえ、刺激の追随的作用が伴う場合であっても、興奮が著しく長引くことはないので、結論は変わらない。有機体を構成する被刺激性実体は、刺激の消失とともに、遅かれ早かれ、刺激の出現以前の状態に必ず戻るのである。以下では、刺激の出現以前の有機体の状態を「一次的沈静状態」と呼び、刺激の消失後に復帰した状態を「二次的沈静状態」と呼ぶことにしよう。

一般には、この一次的沈静状態と二次的沈静状態とは同一、ないしは同一と見なして何の問題もないと想定されているようである。確かに、目に見える反応に関してはその通りである。しかし、本書で明らかにしたいのは、反応能力に関しては、一次的沈静状態と二次的沈静状態は同一ではない――少なくとも多くの場合には同一でない――ということである。これまで、この事実に注目してきたのは、動物生理学者よりも植物生理学者のほうであった。とはいえ彼らでさえ、この事実を明確に理論化したり、体系的に検討してきたとは思われない。しかし私の考えでは、この問題こそ、刺激の生理学や進化の理論にとって根本的な意味を持つものなのである。

注

(1) この『一般生理学』第四版の前年に出版された『発生反復仮説』(一九〇三年、イエナ)では、「刺激とは、生存条件に生じるあらゆる変化のことであり、こういった(代謝の)安定状態の変化のことである」と定義され、私が本文で異議を唱えている「外的」という用語が省かれている。しかしその代わり、「こういった(代謝の)安定状態の変化」という、生理学上の基本的概念の定義としては遠ざけておくべき仮説的表象が含まれてしまっている。

(訳注1) Wilhelm Pffefer(1845–1920)はドイツの植物生理学者。

(訳注2) Max Verworn(1863–1921)はドイツの生理学者。

(訳注3) ゼーモンは、ある有機体を含み、当の有機体にとって有意なエネルギーからなる場を「エネルギー状況(energische Situation)」と呼び、エネルギー状況を構成している要因を「エネルギーの働き(energische Einwirkung)」と呼んでいる。例えば、植物が浴びていた光を遮断するとき、エネルギーの働き(この場合は光エネルギーの植物に対する働きかけ)に変化が生じ、当の植物のエネルギー状況は変化する。このような変化をではなく、エネルギーの働きそのものを刺激と呼ぶべきだというのが、以下数段を費やしてなされる

主張である。

（訳注４）神経を通して筋肉に電流が流れる場合（回路が閉じる場合）、収縮は陰極の側に生じ、電流の流れを止める場合（回路を開く場合）には、陽極の側に生じる。回路が閉じたときに陰極側に生じた筋肉の収縮が「閉鎖（期）収縮」であり、回路を開いたときに陽極側に生じた筋肉の収縮が「開放（期）収縮」である。

（訳注５）「被刺激性実体」は“reizbare Substanz”の訳。“reizbar”は、〈刺激を加えると、それに応答する性質〉を表す。“Substanz”は、有機体を構成するあらゆる部位に対して用いられている。

（訳注６）「水中をただよう透明な有機体」と言われているのは、おそらくは各種のプランクトンのこと。たとえば、フェルヴォルンの『一般生理学』（第三版、一九〇一年、二六四頁）に、同様の表現を用いてプランクトンの発光現象について記述している部分がある。

（訳注７）「刺激の共時的な作用」は“synchrone Reizwirkung”の訳。共時的とは「同時的」とほぼ同義。“synchron”は「共に」を意味する“syn-”と「時間」を意味する“chronos”から作られた合成語。

（訳注８）「サヴァールの歯車」は“Savartisches Rad”の訳。サヴァール（Félix Savart 1791–1841）はフランスの物理学者。「サヴァールの歯車」と言われているのは、回転する歯車に薄い板を当てて板を振動させ、音を発する装置のこと。車輪の歯を細かくし、回転する速度を上げると、超音波を人工的に生み出せる。

（訳注９）「刺激の追随的作用」は“akoluthe Reizwirkung”の訳。“akoluth”は「何かに付き添う、追う」という意味のギリシャ語“acolūtheō”に由来する語。

第二章　個体に対する刺激のエングラフィ作用

刺激のエングラフィ作用

ある刺激が働き、それが終わって二次的沈静状態に再び移行したあとでは、有機体の被刺激性実体には永続的な変化が生じている。これは原生生物、植物、動物の別なくきわめて多くのケースで実証できる。このような刺激の作用をエングラフィ作用と呼ぶことにしたい。というのは、有機的実体に刺激がいわば刻み込まれ、書き込まれるからである。さらにまた、このようにして生じた有機的実体の変化を当該刺激のエングラムと呼び、ある有機体が遺伝的に受け継いだり、あるいはその個体の生涯で獲得したエングラムの全体を、その有機体のムネーメと呼ぶことにする。(1) 遺伝的に受け継いだムネーメと、個々の生涯で獲得されたムネーメとを区別することに説明は必要あるまい。ある特定のエングラム、あるいはその全体が原因となってさまざまな現象が有機体に起こるが、それをムネーメ性の現象と呼ぶことにする。(訳注1)

エングラフィ感受性と神経系

今から、低次・高次の別を問わず、各種の有機体に見られる刺激のエングラフィ作用に関する実験的証拠を挙げていくが、最初に注意しておかなければならないことがある。それは、刺激のエングラフィ作用を保持できる能力、すなわちエングラフィ感受性は、被刺激性の有機的実体ならどれでも同じだというわけではないという点である。刺激を受容して共時的興奮を引き起こす度合いが生物の種類によって異なり、同一の有機体内部でも、組織や細胞の種類によって著しく異なっているのとまったく同様である。動物の場合には、刺激の受容と伝達に特化した組織系である神経系が系統進化の過程で形成されてきた。しかし、だからといって神経系が刺激の受容と伝達の機能を独占してしまったわけではない。人間に見られるような相当に高度な神経系ですらそうである。一つだけ顕著な例を挙げるなら、筋肉は、あらゆる神経の影響を完全に遮断しても興奮状態が続くという事実が、W・キューネのそれをはじめとした反論の余地のない観察や実験によって明らかとなっている(訳注2)。

神経系の共時的な興奮能力は系統進化の過程で次第に増大し、それと並行して、神経系のエングラフィ感受性もまた同様に増大していった。しかし、このエングラフィ感受性は神経系だけが独占するものとはならなかったようである。こうして、高次の有機体、それどころか最高次の有機体にあってさえ、エングラフィ感受性は、それぞれの有機体の被刺激性実体に固有の属性として残存しているのである。実際、エングラフィ感受性は、興奮能力そのものと不可分に結びついているように思われる。したがって、神経系の観察から導かれる結論は、興奮能力が増大すればするほど、エングラフィ感受性も増大するということにすぎない。神経として分化していない実体に対して、はっきりエングラフィ作用を残すにはあまりに弱く短い刺激でも、神経実体に対しては非常に強い作用を及ぼす理由もそこにある。

このような説明をしておくのは、読者にあらかじめ次のことを理解しておいてもらいたいからである。すなわち、刺激のエングラフィ作用の証拠は、神経として分化していない実体の場合よりも、神経実体の場合のほうが、はるかに容易に、しかも明確に見いだすことができるのである。このことは、とりわけ実験によってエングラフィ作用を作り出すような場合には重要な点である。つまり、一般に、前者の分化していない実体でエングラフィ作用を生み出すには、刺激は長時間にわたって働き続けるか、あるいは何度も繰り返されなければならない。これに対して、高次の動物に見られる神経実体では、多くの場合、たった一度の短い刺激で、検出が容易で、しかも長期間続くエングラムが作られる。こうした相異は、必ずしも原理的に重要な意味を持つわけではないが、実験を扱ったり例を挙げたりしてゆくと、いよいよはっきりと感じられるようになる。実際、こうした実験や例は、主題となっているものがいっそう分化の進んだ神経実体であればあるほど、それだけ説得力を持ち、その説明も容易になるのである。

エングラフィ作用の例

こういった理由から、刺激のエングラフィ作用の例として最初に取り上げたいのは神経実体、しかも高次の動物に見られるような神経実体に対する作用である。最近、有機体の生理学的特性や能力の研究に最適なのは、単細胞生物だなどという考えがしばしば主張されるが、それは考え方として間違っている。各種の細胞や組織の分業が発達し、各種の器官が組織として特別な機能に特化している場合こそ、こうした機能の研究は容易になり、われわれの問いに対して実験の与える答えも明確なものになるのがふつうである。一方、対象となる機能がそれほど支配的なものではなく、あまり組織化が進んでいない場合や、まして他の機能とはっきりわかれていない場合にはそのようにはいかない。もちろん、刺激のエングラフィ作用を研究するにあたっては、神経実体を対象にするだけではなく、神経系に属していない有機的実体についても考慮しなければならない。ただ、個別的研究へ踏み込んでいくにあたって、まずは高度に分化したものから始め、次いでそれほど分化していないものへと進んでいくのが、その逆の順序よりも理にかなっているように私には思われるのである。

そこで、最初に考えたいのは次のような例である。人間からひどい仕打ちを一度も受けたことのなかった子イヌが、飼い主とはぐれてしまい、子どもたちに石を投げつけられたとしよう。このとき、このイヌには二つのグループの刺激が作用する。一つは、石を手にとろうと身をかがめ、それを投げつける人間に対する視覚刺激(刺激グループ a)と、もう一つは、当てられた石によって引き起こされた皮膚の痛みと結びついた感覚刺激(刺激グループ b)である。どちらのグループの刺激もエングラフィ作用を持つ。すなわち、刺激の共時的作用と追随的作用がともに止んだあと、有機体には当該の刺激に関して永続的な変化が生じてしまうのである。以前には、素早く身をかがめる人間の動きに対する視覚刺激があっても、何か特殊な反応、特に恒常的な反応が伴うことはなかった。ところが、今やこの視覚刺激は、あたかも痛みを引き起こす刺激が同時に生じるかのように、恒常的に(たいていの場合、その全生涯にわたって)働くようになる。この視覚刺激に接しただけで、このイヌは尻尾を巻いて、それも、しばしば痛みに鳴き吠えながら逃げ去るのである。このような状況は次のように表現することができる。刺激グループ b に属している反応は、以後は、この同じグループの刺激によって誘発されるだけでなく、刺激グループ a によっても誘発されるのである。

この例から、刺激のエングラフィ作用の本質を垣間見ることができる。一次的沈静状態では、刺激 b に呼応する共時的興奮状態は刺激 b の出現によって呼び起こされるだけである。ところが、いまや刺激 b の出現によってだけでなく、他の影響、すなわちわれわれの例では刺激 a によっても呼び起こされ、再び活性化されうるのだ。このような影響をエクフォリィと呼び、それが刺激特性を持っている場合にはエクフォリィ刺激と呼ぶことにする。必ずしもエクフォリィのすべてが刺激であるというわけではない。このことは考察が進めば明らかになるはずである。(訳注3)

刺激によって直接に引き起こされる共時的作用と追随的作用が終わり、有機体が二次的沈静状態に入った後、その刺激がエングラフィ作用による変化を残したかどうかを、少なくとも客観的に知るためには、その刺激に付随する興奮状態（これは特定の反応によってわれわれに知られる）が、エングラフィ作用を及ぼした刺激とは量的もしくは質的のいずれかの点で区別される別の刺激によって呼び出されることがあるかどうかを見きわめなければならない。そこで、最初に現われてエングラフィとして作用する刺激を原刺激と呼び、この原刺激に伴う共時的興奮を原興奮と呼ぶことにする。この原興奮には、原刺激に伴う興奮だけでなく、原刺激のあとに起こるさまざまな興奮も含まれる。(2)

そもそも、刺激それ自身は、それがどう働くにせよ、一定の共時的興奮状態を引き起こす。これは自明のことなので、それ以前にエングラフィ作用による変化があったかどうかを証明するには何の役にも立たない。したがって、ある刺激がエクフォリィとして作用するということ、すなわち、眼前で引き起こされている興奮状態が単なる共時的興奮状態ではなく、エングラムのエクフォリィの産物であるということを客観的探究に基づいて主張しようとするなら、当の刺激が量的もしくは質的に原刺激と区別されなければならない。そればかりか、エングラフィ作用による変化があったことを証明するには、原刺激の作用がある特定の反応をあらかじめ誘発していなかったとしたら、エクフォリィ刺激単体では当の反応を誘発するのに量的もしくは質的に不十分であることを実験によって示す必要もある。先のイヌの事例でこれを実証するのは容易である。すなわち、痛みを経験する以前のイヌの行動と、痛みを経験したあとの行動を比較しさえすればよいのである(訳注4)。

ここで述べられたのと同様の例は、他の無数の哺乳類、鳥類、爬虫類、昆虫類、甲殻類、おそらくは高次の頭足類についても挙げることができるだろう。そのポイントは次の四つの命題によって表現できる。

1. 刺激aは、原刺激としては、興奮αのみを誘発する。
2. 刺激bは、原刺激としては、興奮βのみを誘発する。
3. 興奮($\alpha+\beta$)は、原興奮としては、刺激$a+b$のみによって誘発される。

それに対して、

4. 興奮($\alpha+\beta$)は、ムネーメ性の興奮としては——すなわち刺激$a+b$の働きが以前にあり、エングラム($A+B$)が産出されたあとでは、エクフォリィ刺激としての刺激aだけで誘発され得る。

一方、低次の動物、植物、原生生物の場合には、短時間しか持続しないような刺激がたった一度与えられただけでエングラフィ作用が起こるなどということはまずない。確かに、先の場合には、二つのグループに属する二つの刺激（a、b）が同時に与えられ、以後は一方の刺激グループ（a）が作用するだけで誘発されるエングラムを作り出す、そうしたエングラフィ作用について語ることができた。ところが、低次の生物の場合には、こういう二つの刺激グループを見出すのも難しい。ふつうは、エングラフィとして明確に作用する一つの刺激質を見出すだけでも苦労する。そうは言っても、文献的研究や実験研究を積み重ねれば、低次の生物の場合にも、この種のエングラフィ作用の明らかな実証事例を提供できると思われる。実験の上では、ある刺激質が一つあれば、それだけでエングラフィ作用を実証することはできる。つまり、ある刺激が繰り返しまたは長期にわたって働き、有機体が二次的沈静状態へ復帰したあとで、量的には小さな同種のエネルギーの働きだけで、以前には原興奮として、もっと強い刺激に対してのみ現われていた興奮状態ないし反応を同じように呼び起こす作用のあることを実証すればよいのである。実際、このような作用は、ある程度の分化の進んだ神経系を有する動物では、少量の短い刺激に対しても観察される。たとえば、ダヴェンポートとキャノン(3)(訳注5)によるミジンコを使った実験は、もともと別の問題に答えるために実施されたものだったが、たまたま彼らは次の現象を発見した。すなわち、光刺激を与えると、ミジンコは陽性の走光性反応を示すが、その後、少量の短い刺激をいくらか与えたあとでは、この反応は目に見えて変化してしまう。つまり、最初と同じ程度、あるいはそれより強い反応を誘発するためには、以後は、実験の最初に必要だった四分の一の刺激で十分だというのである。この結果は、繰り返し確認されている。また、植物学者や原生生物の研究者によって、しばしばなされている観察結果、すなわち光刺激の影響下でのいわゆる「光順応」の変化に関する観察結果も、まったく同様に解釈されなければならない。(4)(訳注6)二次的沈静状態を越えても持続するような反応の変化は、運動反応の場合もあれば成長反応の場合もある。特に後者の成長反応に関しては、たとえば、オルトマンス[5]がキノコを使って次のような発見をしている。まずキノコを、アーク灯による強い照明下に一〇時間さらし、ついで一五時間、暗闇に置き、その後、再び強い照明を当てたのである。この二度目に当てられた照明の影響によって、このキノコは「はじめは強い陰性の湾曲を見せたが、すぐにこの湾曲は解消し、今度は比較的短時間で陽性の運動が始まったのである。この陽性運動は、以前、日中に見せたよりもはるかに勢いよく長く持続し、より明確な湾曲を生み出したのである。したがって、こうした運動が先行する強い照明によって引き起こされた、言い換えれば、光への過大な順応の結果として陽性運動が勢いを増したということはまず間違いないだろう」。

ここで述べてきた観察結果の本質的な点は、先に見たイヌの事例に関する要点(本書五二頁)に合わせてまとめれば、次のように表現できる。

1. 刺激 $a|2$ は、原刺激としては、興奮 $\alpha|2$ のみを誘発する。
2. 刺激 a は、原刺激としては、興奮 α のみを誘発する。言い換えれば、
3. 興奮 α は、原興奮としては、刺激 a によってのみ誘発される。
それに対して、
4. 興奮 α は、ムネーメ性の興奮としては――すなわち刺激 a と、エングラム A の産出が生じたあとでは、刺激 $a|2$ がエクフォリィ刺激となって、それだけで誘発され得る。

刺激もしくは興奮のエングラフィ効果の例は、この種の研究を見てゆくなかで(個体そのものに関

しても、その子孫に関しても）これから数多く示していくつもりである。ただ、今は例を積み重ねる代わりに、刺激のエングラフィ作用とその出現に関して詳細な分析を加えることにしよう。もちろん、この分析は、この導入的な第一部では暫定的なものにすぎず、第二部において完結を見ることになるはずである。

一次的沈静状態

さて、これまでの研究では、先に私が一次的沈静状態と呼んだ有機体の状態が出発点となっている。一次的沈静状態という用語そのものは、観察や実験を始めるにあたり、その都度、当該の有機体が置かれている状態を単純に表すにすぎない。この定義は実に明快で、曖昧なところがいっさいないという長所を有している。その反面、観察や実験を始めるたびごとに、対象の状態を可能な限り正確に調べておかなければならないことになるわけだが、これには二つの重大な難点が伴う。第一に、研究対象は、親である有機体から切り離されたばかりの胚でない限り、すでに個体として獲得されてきたエングラムのすべてを背負い込んでいる。しかも、これらのエングラムは、われわれがその成立を観察したり、人工的に作り出そうとしたりしているエングラムに影響することが予想される。たとえば、一歳のオジギソウの個体を対象として取り上げ、光刺激によってエングラフィ作用を加えるとしよう。この場合、実験開始直前の二四時間にわたって光に対する反応を確認しただけでは、実験に先立つ個体の状態を特定したことには必ずしもならない。確かに、クリスチャニア(訳注7)で育てられたオジギソウが九月の終わりに見せる反応と、赤道直下から直輸入されたオジギソウが同時期に見せる反応には、ほとんど違いが認められないかもしれない。けれども、数カ月後に違いが出てくるという可能性は否定できない。この違いは、この二株のオジギソウが、それぞれの育った場所でそれぞれに獲得したエングラムを考慮しなければ、まったく説明のつかないものになってしまうだろう。こうした問題を避けるためには、可能であれば、実験対象を種子や卵から直接に育て、研究主題であるエングラフィ作用に影響を与える刺激を制御しておかなければならない。たとえば、オジギソウの場合、一年間にわたって、毎日一二時間は人為的に光を当て、残りの一二時間は人為的に暗い場所に置き、常に同じ気温のもとで育てる。このようにして育てたオジギソウなら、自然のままに日光にさらされたオジギソウよりも、実験の効果を見きわめやすくなる。もちろん、最善の方法は、まだその生涯でいかなる刺激にも(比較的に少量の刺激にさえも)さらされていない対象を使うことである。たとえば、地面から芽を出し、日の光を受けたばかりの胚芽や、卵の殻を破って外に出たばかりのヒヨコなどである。それが難しい場合でも、自分の調べたいエングラフィ作用に影響を与える刺激に留意し、少なくともそのような刺激にさらされている個体は避け、そうでない個体を使うのがよい。

ここまで述べてきたわれわれの方法は、内観には頼らずに、客観的な観察によってエングラフィ作用を解明するために、一次的沈静状態と二次的沈静状態との間に生じる反応能力の変化を調べようというものである。したがって、一次的沈静状態のうちに潜んでいる個体的に獲得されたエングラムが少なければ少ないほど課題は複雑なものにならずに済む。

当然、ある個体が、親である有機体から卵として切り離されたばかりの単細胞の段階であれば、その個体固有のムネーメは確かに何ものにも汚染されていない。けれども、あとでまた詳しく述べるように、こうした個体でさえ、遺伝的なエングラムをすでに所有し、しかも大量に背負い込んでいるのである。地球上で新たに自然発生によって創り出された有機的物質など、今ではもう入手不可能である。したがって、卵であろうと、成長した生物であろうと、ムネーメについてまったくの白紙だと言えるような有機体など一つもあり得ない。まだ母親の一部分であり、母親のムネーメを共有している胚細胞が、母親から切り離されて一つの個体として独立したからといって、ムネーメに関して「タブラ・ラサ」(訳注8)となるなどということはないのである。アプリオリにそう想定することもできるし、無数の事実がまたその証明となろう。母親と一体となっている胚細胞が、母親の個体的なエングラムと遺伝的なエングラムとをどれだけ共有しているのか、そして切り離されたあとで、それらのエングラムをどれだけ維持するのか、その研究は後の課題である。

エングラフィとして作用する刺激

エネルギーのなかには有機体に影響を与えるものもあれば、影響を与えないものもある。影響を与えるもののうち、共時的興奮を誘発することが知られているエネルギーは、この共時的興奮を媒介してエングラフィとして作用する。たとえば、力学的な影響、屈地性の影響、音響的な影響、光の影響、熱の影響、電気的な影響、化学的な影響などである。これに対して、磁気による影響は、有機体に刺激として働くことはそもそも不可能であるように思われる。そうだとすれば、磁気による影響がエングラフィとして作用することは当然あり得ない。一方、未知のエネルギーが有機体に共時的興奮を引き起こし、それによってエングラフィとして作用するということも十分あり得る。それまで未知であった放射エネルギー、いわゆるX線が発見され、まもなくそれが、有機体に刺激(皮膚刺激)として影響を与える力のあることがわかったという出来事は記憶に新しい(訳注9)。もちろん、上に挙げたリストだけで、原刺激として、二次的にはエクフォリィ刺激として働くエネルギーを網羅しているなどとは決して思わないが、われわれの研究の現状ではこれだけで出発点としては十分である。

エングラフィとして作用する刺激の閾値

さて、次に取り組まなければならない問題は、有機体に共時的な作用を与える刺激が、どのような場合にエングラフィとして作用し、どのような場合に作用しないのかということである。この問題に答えるためには、最初に、刺激作用に関する一般法則をいくつか明らかにしなければならない。言うまでもなく、刺激が共時的な影響を与えるためには、どんなエネルギーであれ、一定以上の強さと持続時間を有しなければならない。この場合、どれくらいの強さと持続時間が必要となるかは、影響をこうむる有機体の種類や状態によって異なってくる。この意味で、刺激の閾値について考えるのがよいだろう。そこでまず注意しなければならないのは、この閾値は、先に挙げた二つの要因(すなわち、エネルギーの働きの強さと持続時間)に左右されるだけではなく、エネルギーの働きの連続性(ないし非連続性)という第三の要因にも左右されるという点である。はじめの二つの要因が、刺激の共時的作用にとって持つ意味を今さら議論する必要はないであろうが、この第三の要因については、少し細かく考察を加えなければならない。よく知られているように、収縮性の実体に対して、電気的な働きが(ないしは力学的な働きも同様に)、閾値の下、つまり「閾下」で起こっているにもかかわらず、何度も繰り返されることによって収縮反応が引き起こされることがある。この場合、刺激が連続して繰り返されることによって、リシェ(訳注10)の言う、その影響の「潜在的な蓄積」が起こり、有機的実体の興奮能力が増進し、その結果、有効な刺激強度の閾値が下がり、はじめは閾下にあった刺激の強度が閾値を超えたというように解釈できよう。

平滑筋での刺激の蓄積についてビーダーマン(6)(訳注11)が詳細な説明を加えているので、以下に引用しておこう。「最良の条件のもとでさえ、最大強度の電流による誘導刺激を一度与えただけでは、目に見える刺激効果(すなわち平滑筋の収縮)がほとんど見られないのに、ネーフのハンマー装置(訳注12)を使って急速かつ連続的に生み出される誘導刺激なら、電流そのものは比較的弱いにもかかわらず、同じ対象(すなわち腸、尿管、耳介などの平滑筋)が強い収縮状態になるのを示すことは簡単である。また、それ自体では何の効果もない電流を、時間間隔があまり離れすぎないように断続的に何度も流すと、徐々に明確な興奮が現われるということも数多く観察されている(エンゲルマン(訳注13))。そもそも、刺激の蓄積能力は、発達段階に応じて少しずつ異なるものの、どのような被刺激性の細胞質(繊毛細胞、神経細胞、ハエトリグサ属などの植物細胞など)にも内在しているように思われる。それゆえ、先に取り上げた筋肉での現象は、ある一般法則の特殊事例と見なすことができる。先に強調したように、刺激によって引き起こされた興奮能力の増進と、興奮過程そのものとの関係を考えれば、こうした現象の原因が、それ自体は有効でない刺激の「蓄積」によるのか、それとも、こうした蓄積が興奮能力を引き上げたことによるのかは、本質的な問題ではない」。

刺激がエングラフィとして働くかどうかの閾値は、刺激が共時的に働くかどうかの閾値と同様に、先に挙げた三つの要因、すなわちエネルギーの働きの強さ、その持続時間、その連続性(ないしは非連続性)に左右される。

なかでも、これらのうち最後の要因に関しては、当該の刺激が一度きり働いたのか、それとも連続的に繰り返し働いたのか、また連続的に繰り返し働いた場合、どのように働いたのかといった条件が、刺激がエングラフィとして作用するかどうかにとって非常に重要な意味を持っている。

高度に分化した神経系が存在している場合に限り、たった一度きりの刺激でもエングラフィとして働くことができるように思われる。もう少し言葉を選んで慎重に言えば、この場合に限り、その気になればいつでも利用できる方法を使ってエングラフィ作用をはっきりと検出することができる。しかも、このような場合には、刺激が連続的に繰り返されるたびに、例外なくエングラフィの働きは規則的に強くなっていく。一方、原生生物や植物など、特別な神経系が形成されていない場合や、多くの低次の動物など、神経系の形成は見られるもののまだ低い段階にとどまっている場合には、共時的に働く刺激を連続的に(たいていは周期的に)繰り返し与えなければ、エングラフィ作用を得ることとすらできない。けれども、将来、ムネーメ現象の研究をさらに押し進め、われわれの方法もその進展に応じて完全なものになるなら、まったく神経系を持たなかったり、低次の神経系にとどまっている有機体であっても、たった一度きりの刺激で、エングラフィ作用を簡単に検出できるようになるはずである。というのも、共時的に働く刺激、つまり刺激に同時的に生じる興奮なら、それがどんなものであろうともエングラフィ作用を持つだろうことは、単にそう考えられるというだけでなく、理屈から言っても極めてありそうなことだからである。

したがって、刺激のエングラフィ作用の「閾値」とは、これまでのわれわれの方法で共時的に働く刺激のエングラフィ作用を検出できる限界を示すものにすぎない。その閾値を下回る場合にはエングラフィ作用が起こらないということではないのである。

共時的に働くさまざまな刺激の作用

これまで見てきたエングラフィ作用は、刺激が連続的であれ非連続的であれ、一種類の刺激によるものだけだった。

あらゆる有機体は、位置エネルギー、体積エネルギー、運動エネルギー、熱エネルギー、放射エネルギーなど、ありとあらゆる種類のエネルギーの影響を受けている。私はこうした状況を当の有機体のその都度のエネルギー状況と呼んだ。ところで、どれだけ慎重に、考えられる限りの条件を整えた実験室でも、たった一種類のエネルギーだけに絞ってエネルギー状況を変化させることは困難である。ましてや、自然のなかでは、そんなことはとうてい不可能である。たとえば、太陽が雲の合間から植物を照らすだけでも、エネルギー状況の変化は単純なものではなく、きわめて複雑な変化が生じてしまう。なぜなら、さまざまな種類の放射エネルギー(熱をもたらす赤外線、多種多様の光線、化学的影響をもたらす紫外線など)が、いずれも刺激として有機体に働くからである。

もちろん、実験室では、光による影響だけを純粋に有機体に働かせることがある程度はできる。たとえば、ある特定の波長の赤色光線(化学的影響はほぼ皆無であるもの)を用いて、熱の影響をほぼゼロになるまで減らすために、氷(の層)を通して光線を当てればよいのである。

暗室に置かれているオジギソウの場合、カーテンを開けて太陽光が差し込むだけで、少なくとも三種類の刺激が同時に加えられることになってしまう。この場合の刺激の共時的作用は、三種類の異なる反応が見られることから確認できる。すなわち、オジギソウは、光刺激に対して葉を開き、化学的刺激には代謝(いわゆる同化と呼ばれる炭酸ガスの吸収と酸素の放出)を行ない、熱刺激には成長速度を速めるという反応を見せる。このように、適切に実験環境を整備する(光線を遮蔽し、化学的刺激を遮断し、熱刺激をゼロにする)ことによって、一見したところ、単純な一つのまとまりに見えるエネルギー状況の変化というものが、実は、有機体に対するさまざまな同時的刺激の源泉であることもまた容易に納得できよう。

さらにまた、このオジギソウという有機体をとりまくエネルギー状況は無数の関連で絶えず変化にさらされている。この変化が関連し合っているのがよくわかる例が雷雨である。雷雨は光、熱、音などによる刺激、力学的な刺激を含む多数の刺激を同時に有機体に与え、そのエネルギー状況に干渉する。さまざまな刺激が同時に有機体に影響を与えているのに、それらの刺激がどう関連しあっているのか認識できないということもしばしばある。このような刺激の同時発生をわれわれは「偶然」と呼ぶ。

結論として、あらゆる有機体は、刺激の影響を絶え間なく受けていて、しかもふつうは、数多くの刺激の影響を同時に受けているのである。

連合の形成

では、二つもしくはそれ以上の刺激が有機体に同時に働いて、共時的な作用が生みだされるとき、これらの複数の刺激はエングラフィとしても一緒になって当の有機体に影響を及ぼすのだろうか。そして、もしそのような影響があるとしたら、こうした同時的な刺激作用に伴うエングラフィによって生じたそれぞれの変化のあいだには、何か一定の関係が認められるのだろうか。

この問題に答える実験対象としては、刺激によるエングラフィ作用を作り出すのがたやすい有機体を取り上げるのが当然であって、そうでない有機体は避けるべきであろう。実際、対象とする有機体がヒトやサル、イヌ、ウマ、トリなどであれば、二つの同時的な刺激によりエングラフィ作用が生じることを示すのは難しくない。たとえば、まだ一度も罰せられた経験のない子イヌをムチで打てば、ムチという視覚的刺激と、痛みの感覚を生みだす力学的刺激の二つがエングラフィ作用となる。ここでとりわけ重要なのは、この同時的な刺激によって生み出された二つのエングラムが、それ以降、ある種の解きがたい関係で互いに結びつくということである。簡単に言えば、それ以降、一方の刺激が再び現われるだけで、それが、もう一方の刺激によって同時に生み出されたエングラムにも影響するのである（どのような影響かはあとで詳しく分析する）。主人の手にするムチを見るだけで、このイヌには特定の痛みの感覚というムネーメ性の興奮が引き起こされ、尻尾を巻き、吠え、逃げ去るなどの反応が生じる。このように、一方のエングラムを生み出したエングラフィ刺激が再び現われると、もう一方のエングラムを呼び起こすエクフォリィ刺激として働くように結合した複数のエングラムを、連合エングラムと呼ぶことにする。

原則として、このように同時に生み出されたエングラムはすべて連合する。エングラムを生み出した刺激の性質がまったく異なっていようとも、あるいはまた、刺激の現われ方に何の因果関係がなくとも連合は起こる。たとえば、かつて私が同時に触れた二つの刺激(ナポリのカプリ島の情景と、ある種のオイルの匂い)は、エネルギーの種類も異なるし、考えられる限りで何の関連もない。にもかかわらずこの二つの刺激に触れて以来、そのオイルの匂いや、あるいはまた、よく似たオイルの匂いがただようだけで、それがカプリ島の視覚的エングラムを不可避的に呼び起こしてしまうのである(このような例を出したのは、同時に生み出されるエングラムの連合に、快や不快といった感情は何一つ重要な役割を果たしていないということを強調するためである)。このように、エングラフィ刺激が同時に加わることによって作り出される連合を、先に使った用語にならって、「同時的に生み出されたエングラムの連合」と呼ぶことにしよう。これと同様に重要なもう一つの連合もまた、エングラフィ刺激が働く際の時間関係に基づく。しかし今度は、二つのエングラムが同時に形成されるのではなく、一つのエングラムが形成された直後に別のエングラムが形成され、これらが連合するのである。この場合も、一方のエングラムに対する原刺激が再び与えられると、それがもう一方のエングラムに対するエクフォリィ刺激として働く。二種類のエングラフィ刺激の性質が異なっていようとも、エングラムとエングラフィ刺激の間にどういった因果関係があるかが認識できなかろうとも、連合が生じることにかわりはない。こうした現象を、「継時的に生み出されたエングラムの連合」と呼ぶことにする。「同時的に生み出されたエングラムの連合」と「継時的に生み出されたエングラムの連合」はよく似ているが、両者については本書の第二部で詳細に論じることにする。

二次的沈静状態(エングラムの潜在状態)

原刺激によって同時に引き起こされた興奮状態が過ぎると(ときには、追随的な興奮状態が一時的に続くこともあるものの)、有機体はわれわれが二次的沈静状態と呼んだ状態に落ち着く。われわれが出発点とした一次的沈静状態と、この二次的沈静状態との違いは、二次的沈静状態だけに新たなエングラム(もしくは、さまざまなエングラフィ刺激による複数の新たなエングラム)が存在する点にある。しかし、こうした二次的沈静状態に存在しているエングラムは知覚できない潜在状態にある。したがって、この潜在エングラムを顕在化するためには、エクフォリィの働きが必要となる。

このようなエングラムの潜在状態が、共時的な興奮状態とムネーメ性の興奮状態との間に介在するのは、一見すると、ムネーメ性の現象にとって、奇妙な特性であるように思われるかもしれない。実際のところ、高次の段階の現象にはこの特徴が顕著であって、そのおかげではじめてムネーメ性の興奮が、「再生」という形で姿を現わすのである。つまり、ムネーメの表出は、われわれの精神にふつう再生として現われるのである。(訳注14)

これまで述べてきたことをまとめてみよう。刺激は、有機体をある特定の興奮状態にさせる(この興奮状態が起きていることは、ある特定の反応から知ることができる)。この刺激が止むと、興奮状態は(共時的興奮の場合は)ただちに消失し、(追随的興奮の場合は)短時間ののちに消失する。そして、有機体を構成する被刺激性実体は、その刺激に関しては、刺激が与えられる以前の状態(沈静状態)に復帰する。しかし、多くの場合、刺激が干渉する以前と干渉した以後の状態、つまり一次的沈静状態と二次的沈静状態とは同じではない。二次的沈静状態にある被刺激性実体は、何らかのエクフォリィの影響を受けると、一次的沈静状態では起こり得ない興奮状態になることがあるからである。

ところで、刺激が止んだあとに、被刺激性実体が二次的沈静状態へ移行しないで、先の刺激によって引き起こされた興奮状態が永続する場合もあるのだろうか。将来的に、そうとしか解釈できないようなケースが新たに発見されるという可能性は排除できないので、この疑問に「あり得ない」と即断するわけにはいかない。しかし、現在までに知られていることに限って言えば、刺激が終わると被刺激性実体が当該の興奮状態から沈静状態へと復帰するのが圧倒的大多数のケースである。もちろん、すでに述べたように(本書四二―四四頁参照)、ある反応の結果がそのまま固定されるような例として、トゲを逆立てると、その反応を引き起こした筋肉が弛緩したあとでもトゲが逆立ったままの位置で固定されてしまう例や、力学的な刺激で変形したつるが刺激の消えたあとでも変形したままである例も存在する。けれども、こうした事例が原則の例外とならないことは、今さらくどくど説明する必要もないだろう。同じことは、成長現象に見られるように、刺激が消えてももとに戻らずに固定されてしまうような反応の産物についても当てはまる。こういう場合にいつも問題となっているのは、被刺激性実体の反応そのものではなく、こうした反応の産物なのであるから、興奮状態が続いていると推論してはならないのである。

プフェファー(『植物生理学』第二巻、一六七頁)が刺激による継続的(安定的・内在的)誘導と呼んだようなケースも多くあって、これらについてはそう簡単に判断できない。とはいえ、こうしたケースでは、いずれも、一時的な刺激による継続的な誘導がある産物(すなわち成長産物)を生み出し、この産物の存在が、今度は新たな成長に刺激（すなわち状況刺激）として影響を与え、成長を方向づけるように働くのだと考えるべきだろう。いずれにしても、被刺激性実体が一次的な興奮状態のままであるとは言えない。説明が一番やっかいなのはゼニゴケのケースであるように思われる。ゼニゴケの胞子嚢に対して、一方向から光刺激を幾日か当てると、まだ小さな新芽の段階で、解剖学的な分化が現われるまえにもかかわらず、成長後に上面となる部分と下面となる部分とが決定され、それが入れ替わることはないのである。けれども、ときおり見られるこうした事例も、さらに研究を続ければ、次のように説明できる可能性は非常に大きい。刺激が与え続けられると、成長途上にあるゼニゴケの形態学的な構造に、ある恒久的な状態が作り出され、この状態が今度は状況刺激として、新たに加わってくるはずのものに干渉するのである。もちろん、ここで言う構造が観察によって確認されるまでは、いま述べたことは推測の域を出ない。しかしいずれにせよ、こうした事例に対して他の説明が可能である以上は、われわれの原則の例外であるなどと考える必要もないし、同様に、ある刺激によって作り出された有機体の興奮状態が、刺激の消失後にも、二次的沈静状態に取って代わられることなく、そのまま興奮状態が続いている証拠だと見なす必要もない。むしろ、刺激が止んだあとには有機体は遅かれ早かれ沈静状態へと復帰するのが原則だと見なしてよい。刺激が被刺激性実体に持続的な作用を及ぼし続けることができるのは、その刺激がエングラムを残すことによってだけである。刺激が被刺激性実体を変化させたと言えるのは、その刺激に応じた共時的興奮状態が、当該の刺激だけでなく、われわれが上でエクフォリィと名づけた影響によって別に呼び出されうるというかぎりでのことなのである。

エクフォリィ

これまでの説明から明らかになったように、ある刺激のエングラム――より正確に言えば刺激の作用のエングラム、それゆえ興奮状態のエングラムとは、この興奮状態の繰り返しによって変化した被刺激性実体の傾向性にほかならない。有機的実体はそれ以後、原刺激とは異なる別の影響によっても再び当該の興奮状態へ移行するような傾向性を持ってしまうのである。しかもそこには独自の法則性が認められる。このように、エクフォリィの影響によって成立する、エングラムの興奮状態をすべて「ムネーメ性の興奮状態」と呼ぶことにする。従来、人間や高次の動物では、こうした(ムネーメ性の)興奮状態をあらわす表現は、多くの場合「記憶像」であった。わざわざこの用語を私が避ける理由は、意識にのぼる反応からわかるムネーメ性の興奮の場合に限り、この表現を用いるのが適切だからである。

原刺激の繰り返し

「三つの界(動物界、植物界、原生生物界)[訳注15]」を見わたしてムネーメ性の現象を観察すると、エングラムにエクフォリィとして働く影響には三つの種類を区別することができる。第一に、原刺激が再び現われるという場合がある。この場合、その刺激の形態が、質的もしくは量的に見て同一ないしはほぼ同一であっても、少し違っていても構わない。第二に、あるエングラムと同時もしくはその直前に生み出された別のエングラム(すなわち、同時的もしくは継時的に連合したエングラム)はすべて、当のエングラムに対してエクフォリィとして働く。第三に、一見、特定の時間や特定の発達段階が経過したとしか言えないような状況が、エクフォリィとして働く場合がある。ただし、あとで見るように、この第三の種類の影響は、実際には三種類の影響すべてに共通する原理、すなわちエネルギー状況が部分的に(まれには全面的に)再び現われるという原理によってうまく説明できる。

これら三種類のうち、もっとも単純に見えるのは、原刺激と質的もしくは量的に同一の刺激がエクフォリィとして働く第一の場合であろう。ところが実際には、この場合、同一の刺激がエクフォリィとして働いているということを客観的な方法によって証明することはできない。なぜなら、刺激が繰り返されて、それが最初に現われた刺激と正確に同じ作用を示すとすれば、繰り返された刺激が最初の刺激の働きとは異なる働き(エクフォリィ)をしたと言える根拠をわれわれは持っていないことになるからである。

そうは言うものの、原刺激が単に繰り返される場合にも、エクフォリィの働きが生じると言ってよいと私には思われるだけの根拠がある。このような根拠の何よりの支えこそが主観的な観察、すなわち内観法である。内観法はきわめて重要な補助手段であるにもかかわらず、自然研究者たちの評判はよくない。けれども、この内観法の助けを借りることがどうしても必要なことが少なくないので、自然科学的な研究に用いる内観法の方法論的価値に言及せざるを得ない。

主観的(内観的)方法と客観的方法

今さら証明する必要もないように、われわれが外的世界と呼ぶものはすべて、主観的な事象、すなわち有機体としてのわれわれ自身に生じるさまざまな事象に基づいて知られ、認識される。たとえば、網膜と脳に生じる事象の全体を外部へ投射してそれを「木」と呼ぶ。同様に、嗅皮膜と脳に生じる事象を外部へ投射してそれを「バラの香り」と呼ぶ。

意識のうえでわれわれが直接に知覚できるのは、刺激の作用だけである。われわれは、経験を通じて徐々に、こうした作用からそれを生み出した刺激を推論できるようになり、出くわした刺激の源を探すようになる。こうして、発達途上の子どもは、一歩一歩、外的世界のイメージを構築してゆくのである。このイメージは、子どもの場合も、普通の大人の場合もまったく同様に、客観的に与えられたものと見なされており、その主観的な基礎が意識されることなど普通はまったくない。しかし私たちとしては、まさに主観的な意識状態こそが、第一義的に与えられたものだということを忘れるわけにはいかない。他方、イメージや表象は、「客観的」だと見なされているが、われわれが主観的な状態から徐々に作り上げ、時間をかけて苦労しながら、多くの事例を比べて構築してきたものであって、二次的なもの、派生的なものにすぎない。これから述べる研究についても言えるように、われわれ自身の意識状態から構築される外的世界の実在性を批判的に検討するのではなく、それをそのまま受け入れるべきだという場合でも、ここで述べたことはあらかじめ理解しておかなければならない。

さて、客観的方法と比べて、主観的(すなわち内観的)方法が、数多くの生物学的・生理学的な根本問題の解明の際に優れている点は主に二つある。第一に、さまざまな感覚の表象が理解できるのは主観的な方法によってのみである。感覚の認識も探究も客観的方法では不可能である。自分自身とは異なる有機体の感覚、客体の側での感覚については、われわれはあくまでも間接的な推論、しかも、たいてい非常に不確かな推論しかできないのである。たとえ、人間の言語反応を反応の一つとして加えたとしても、われわれが客観的方法を使って他人の感覚について作り上げる表象は不明確なものであり、まず例外的にしか的確なものはないし、それどころか、そのような例外すらないかもしれないのである。

主観的方法の第二の利点は、刺激の始まりから、観察される反応に至るまでの事象の連鎖が、客観的方法の場合の半分で済むという点にある。自分自身の場合でさえ、数多くの刺激作用は、ごく短時間ながらもいくつもの段階（身体表面への働きかけ、求心性の刺激回路、中枢神経系の感覚的部分の興奮）を経て、ようやく感覚として知ることができる。ところが、たとえば、他の人間や脊椎動物を対象とするような客観的方法では、身体表面への働きかけ、求心性の神経回路に続いて、中枢神経系の複雑な事象の連鎖が起こり、さらにそこに遠心性の神経回路と、最後に、有機体の末梢部（筋肉や腺など）での興奮が起こって、ようやくわれわれが反応を知ることができるのである。

これらのことからわかるように、主観的方法を用いることにはまったく異論をはさむ余地などないのである。事実、たとえばヨハネス・ミュラーなど、批判的精神に優れた一流の生理学者にも使われているし、この方法がふさわしい研究では十分な成果があげられているのである。それでもなお、主観的方法に不審の念が残るとすれば、それは客観的方法と主観的方法の違いを批判的に検討することもせずに、混同しているからにすぎない。

主観的方法が使えるのは自分自身だけであるが、客観的方法の助けを借りれば、自分自身だけでなく、他のあらゆる生物でも刺激の働きを研究することができる。しかし運動反応、分泌反応といった各種の反応から、自分自身とは異なる他の生物での感覚を推論しようとするとすぐに、われわれは仮定の領域に足を踏み入れることになる。もちろん、仮定とは言っても、問題とする生物が、われわれと形態学的にも生理学的にも類似していて、運動反応や他の末梢反応が、誤解の余地がなく理解できるなら、たいていの場合はさしあたり信頼がおける。とりわけ人間の言語の場合なら、なおさら信頼できよう。

確かに、針が刺さって私に生じる痛みの感覚は、私自身だけが質的にも量的にも厳密に知ることができる。とは言え、目の前にいる仲間が、私と同じように手を引っ込め、かすかにうめき声をあげるという反応をし、その感覚を言語で詳しく記述しているというのに、私の場合と量的に同一ではないものの質的にはよく似た感覚を感じているという推論すら疑問視して認めようとしないのは、明らかに行きすぎだろう。また、サルやイヌの場合も、こうした刺激に対して身を避け、その種に固有の言語に属する特定の音声で反応するならば、私自身の感覚と非常によく似たものを感じているというのはほぼ間違いない。しかし、カエルやサカナの場合には、同等の刺激に対する感覚反応がわれわれと似ている可能性はゼロではないようには思えるものの、大いに疑わしい。

さらに、無脊椎動物(ワーム類や腔腸動物など)や、このたぐいの動物になると、たとえ針により刺激を受けた部分をすばやく引っ込めるといった反応が見られたとしても、われわれの推論はますます不確実なものとなる。よく知られているように、オジギソウは、その枝に軽く触れるだけですばやく葉を折りたたむが、だからといって、何かわれわれの痛みに似たものを感じているのだと主張する者がいたら、科学的な議論としては問題外であろう。なぜなら、こうした主張を類推によって蓋然的なものにすることさえできないように思われるからである。

このように、自分自身については、探究の主観的方法のほうが、多くの場面で客観的方法よりも明瞭で確実な成果を生み出す。それゆえ、主観的方法は、自然を認識するためのもっとも重要かつ純粋な源泉として、無制限に使われてよいものなのである。その成果を類推を通じて他の生物の感覚反応へ転用することも退けられるべきではない(実際、そうしなければ、人間の共同生活など考えられない)。けれども、このような転用は、総じて、この種の推論自体につきものの不確実性を有していることに加え、この種の推論が妥当である可能性は、われわれの同胞である人間から他の恒温動物へ、恒温動物から変温動物へ、脊椎動物から無脊椎動物へ、そして無脊椎動物から植物や原生動物へと拡張されてゆくにつれて、小さくなっていくことを忘れてはならない。

幸いなことに、目下の探究プロセスでは、この主観的方法を転用することの問題点についてはまったく考えなくてもよい。われわれがこの方法を適用するのはさしあたり自分自身に対してだけであり、それによって読者も各自、原刺激と質的にも量的にも同等の刺激によるエングラムのエクフォリィに関してイメージを持つことができるだろう。私は、このように主観的方法を適用することも、それを人間という有機体一般へと批判的に検討しながら拡張することも、生物学の探究の補助手段として申し分のない、不可欠なものであると考えている。そのため、こうした主観的方法が必要となる場合には、常に使っていくつもりである。

誰もが少し思い起こすだけですぐにわかるように、一度どこかで接した刺激(たとえば、独特な仕方で絡み合う線や、絨毯や壁紙の特徴的な模様など)に再び出くわしたときには、最初にその刺激を知覚した際の感覚状態がただ単に繰り返されるのではなく、何かしら新しい意識的要素が加わっている。つまり、この特殊な刺激の働きをかつて受けたことがあるという感覚、この独特な興奮状態をすでに経験したことがあるという感覚である。ここでは詳しく分析しないが、どのような性質の刺激に対しても立ち現われるこうした意識状態は、再認と呼ばれる。再認は、二次的沈静状態にある被刺激性実体が、一次的沈静状態のときと違ってある種の変化、つまりエングラフィの影響を受けているということの証拠である。原刺激が繰り返されて、ただ単に原刺激が最初に現われたときと同じ共時的な作用が生じるだけではない。意識は、何よりはっきりと「私という有機体には、この興奮状態をすでに一度経験したことがあるという痕跡がある、この刺激が働いた際のエングラムがある」と告げているのである。だとすれば、このことは、とりわけ同じ結果が変わらず得られる場合には、繰り返される刺激が単に共時的な作用を及ぼすだけでなく、エクフォリィ作用も及ぼすということの確実な証明となる。繰り返される刺激が、エングラムの存在をある特別な反応、しかも意識上の反応を通して教えてくれるのである。

このように、単純に原刺激を繰り返すだけで、エングラムの存在を主観的方法によって実証できる。同様に、客観的方法を使っても、これほど明確というわけにはいかないものの、同じことを十分に納得のいく形で実証することが可能である。こうした場合の間接的な証明を支えているのは、原刺激が繰り返されると、客観的に立証可能な反応の出現が、最初のときよりも速くなったり、強くなったりするという事実である。たとえば、先に述べたダヴェンポートとキャノンの観察(本書五三頁)を思い出してほしい。ミジンコは、光源へ向かう向日性の運動を見せるが、強い光刺激を三度繰り返した場合、三度目には、一六センチメートルの距離を泳ぎ切るのに最初に必要だった時間（四八秒）のほぼ半分の時間（二八秒）で済んだのである。また、先に引用したオルトマンスのキノコの観察についてもまったく同様に考えることができよう。

以上のことから、ダヴェンポートとキャノンの観察、ならびにオルトマンスの観察の成果を引きあいに出してまとめた四つ目の命題（本書五四頁）には、補足を加える必要がある。この四つ目の命題とは次のようなものだった。

4．興奮 α は、ムネーメ性の興奮としては――すなわち刺激 a と、エングラム A の産出が生じたあとでは、刺激 $a/2$ がエクフォリィ刺激となって、それだけで誘発され得る。

われわれはさらに次の命題を付け加えたい。

5．刺激 a は、エングラム A が現存している場合には、興奮 α よりも量的に大きい興奮を誘発する。

こうしたことが（当該刺激のエクフォリィ作用と新たな原作用とが一緒に働くことによって）起こるということは、本書の第二部で、ホモフォニーを探究する際にはじめて明確になるはずである。

たったいま述べた観察は、原刺激と質的には一致しながらも、量的には異なる刺激がエクフォリィ刺激と呼ばれる事例であった。つまり、ある反応が起こるのに必要となる刺激の強度と持続時間は、同じ刺激が繰り返されることによって低減し、繰り返しのあとではもっと弱い刺激や短時間の刺激で当該の反応（すなわち刺激の閾値の低減）が生じるようになるのである。ただし、この閾値の低減が、エングラムのエクフォリィが生じていることの証明になるのは、有機体が完全に二次的沈静状態に復帰したあとで再び刺激が加えられるという一連のステップが繰り返される場合に限られる。共時的な興奮状態や追随的な興奮状態が収まるだけの時間も与えられないほど、急速に刺激が加えられる場合には証明にならない。たとえば、磁気を帯びたハンマーで、きわめて急速に作り出される無数の誘導電流は、その各々が微弱であっても、筋肉や神経に強い収縮を引き起こす場合があるが、こういう場合は考慮に入れてはいけないのである。(訳注16) このような場合には、そもそも刺激のエングラフィ作用やエクフォリィ作用が何らかの役割を演じているのかどうかが問題になるが、これは特別な実験を準備して決定するほかない。これに対して、ダヴェンポートとキャノンのミジンコを使った実験では、十分な時間間隔をおいて刺激が繰り返された。ほんの数度繰り返されただけだが、原刺激のわずか四分の一の強さの刺激が、原刺激が最初に働いたときと同じ反応、しかもそれよりも迅速な反応を呼び出したということは、確かにエングラフィ作用やエクフォリィ作用が語られてよいケースである。

同様のことは、高次の動物や人間でも、ありとあらゆる刺激について頻繁に観察できる。乗馬では、強い圧力刺激を加えることでウマに特定の姿勢と運動を引き起こすことができるが、このような刺激を継続的に繰り返すことによって、この圧力刺激は、最初ならば全然気づかれなかったほどの弱い刺激で十分に効果的というレベルまで引き下げられていき、こうしてたとえば二蹄行進の調教が行なわれる。(訳注17)

このように、刺激が繰り返し与えられ、刺激質の閾値の低減が見られるとき、エングラムに対するエクフォリィ作用が起こっているのであって、当該の感官領域ないしはその従属部位が単に過敏になっているだけではないということはたいていの場合に証明できる。たとえば、ワインを試飲する専門家は、紅茶を試飲する専門家とは（同じ感官領域を使っていても）違うし、ふつうの人間に比べたらある程度の才能が必要なのは当然であるが、素人には魔法にしか見えないほど、ごく微量の刺激強度に対して反応できるようになる。そうなるまでには、ふつうの人間の何百倍ものエングラムが、何度も繰り返された化学的刺激によって作られなければならないのである（訳注18）。

これと同様の例は、視覚や聴覚のエングラフィによる「訓練」にも認めることができる。しかし触覚、味覚、嗅覚の場合と比べて、視聴覚の場合には、脳の複雑な副次的プロセスの働きを排除することはそれほど簡単なことではない。

代替的エクフォリィ

原刺激とは質的に少しばかり異なる刺激でさえ、原刺激によって作られたエングラムに対して、エクフォリィ作用を及ぼすことがある。たとえば、風景画を見るだけで、もとの風景そのものを見なくとも、その風景を見たときにできたエングラムにエクフォリィ作用を及ぼすことができる。また、あるメロディが歌われているのを聞くだけで、もとのオーケストラの演奏時に成立したエングラムにエクフォリィ作用を及ぼすことができる。セレンガスの匂いが、エクフォリィ作用によって、腐敗した大根の匂いを感じさせることから、ある刺激が化学的にはまったく異なる他の刺激の代わりにエクフォリィ刺激として働くことがあることがわかるだろう。ただし、エクフォリィ作用を損ないも妨げもせずに、刺激の質的な相違をどれだけ大きくすることができるかは、場合ごとに違うので、一般的にこうであると断言することはできない。

連合的エクフォリィ

それでは次に、エクフォリィの働きが、ある意味で間接的なものにすぎないと言えるような影響について話を移そう。ここで間接的というのは、あるエクフォリィが、直接、エングラム(A)そのものに作用するのではなく、Aと連合した別のエングラム(B)にエクフォリィ作用を及ぼすからである。つまり、最初にBに対するエクフォリィが働き、興奮βが生じて、そのあとで、それがエングラムAにエクフォリィ作用を及ぼすのである。

エングラフィ作用を伴う原刺激について述べたときに、ある有機体に同時的ないしは連続的に生み出されるエングラム(すなわち、同時的エングラムと継時的エングラム)が持つ顕著な特徴にはすでに触れておいた。こうしたエングラムは先に連合エングラムと呼ぶことにした。言うまでもなく、エングラムが潜在状態にある場合には、これらの連合ないしは結合も潜在状態にある。この潜在状態が目に見える状態に変わるのは、エクフォリィが生じた場合のみであるが、連合がきわめて強固な場合には、一方のエングラムのエクフォリィが生じると、必然的に、もう一方のエングラムのエクフォリィも生じるようになっている。この強固な連合は、同時的ないしは継時的なエングラフィ刺激の働きのたび重なる繰り返しによって作り出される。

こういった連合エングラムが存在することは、間接的なエクフォリィを証明するための前提条件となっているが、すでに述べたように、連合エングラムを作り出す実験は容易ではない。被刺激性実体がそれほど高度に分化していない有機体では、たった一度きりの影響だけで、現われ方が明瞭な単一のエングラムを生み出すことからして困難である。ましてや、同時的ないしは継時的に連合した別々の二つのエングラムを作り出すともなればなおさらである。

そこで、たとえば、ある植物をヨーロッパ北部から南部へ移植し、気候の変化がその植物の反応能力に対して、どれほどのエングラフィ作用を次第に及ぼすのかを観察するなど、ある程度、実際に実行可能な自然実験に頼らなければならない。この点に関しては、本書のあとの章、特に個体発生の場面で活性化するムネーメのプロセスについて述べる箇所で、植物や原生動物における同時的に連合したエングラムや継時的に連合したエングラムの事例をもっと多く見ることになるだろう。さしあたり以下では、動物界の事例に限定することにしよう。なかでも、被刺激性実体が神経系という形態をとって高度の専門分化を遂げ、こうした神経系のおかげでエングラムを生み出すのが容易であり、そのためさまざまなエングラムを同時的ないしは継時的に産出するのもまた容易な高次の動物を取り上げることにしよう。

すでに述べたように、子イヌの場合には、人間が石を拾おうと身をかがめる視覚刺激と、投げつけられた石による触覚刺激が二つ同時に一度でも現われれば、一方のエングラムに対応する原刺激(この例では視覚刺激)が、もう一方の刺激に対するエクフォリィをも誘発するという具合に連合した二つのエングラムが生み出される。

一方、このような経験をしたことのないイヌでは、身をかがめる人間の姿を見て、まったく異なる反応をする。それは、二つのエングラムが連合するまえの先のイヌと同じ反応であって、まったく関心を示さないか、あるいは、かつて石で遊んだことがあったなら、そのエングラフィ作用による影響に応じた反応を見せるだろう(たとえば、投げられる石を素早くつかまえようと、筋肉を緊張させて飛び出す姿勢をとり、石を投げようとする手を凝視して正確に見定めようとするといった反応である)。

他の脊椎動物ではどうだろうか。イヌほどではないとは言え、それでも相対的に見れば高度の分化が見られる鳥類における連合的エクフォリィの例を最初に挙げよう。

L・モーガン(7)の観察からわかるように、ヒナ鳥(ヒヨコ、キジ、ホロホロチョウ、バンのヒナ)は、卵からかえってすぐは、「親鳥の目が届かないと、適度な大きさのものなら何でも無差別につつく。穀物の粒、小石、パンくず、刻んだロウマッチの断片、紙屑、ビーズ、紙巻煙草の灰や吸殻、自分や仲間のつまさき、うじ虫、糸屑、床のしみ、仲間の眼、などである」。しかし、まもなく対象の視覚エングラムと味覚エングラムとが連合すると、食べられないものや、まずいものをついばむのをやめる。モーガンの実験では、ひどくまずいリング状に丸まった黒色と金色の縞模様のある芋虫をヒナ鳥に与えると、はじめのうちはついばむが、まもなく見向きもしなくなったのである。ほとんどの場合、視覚エングラムと、これに連合した化学的エングラムとを作り出すにはたった一度の刺激があれば十分である。このような化学的エングラムが存在することは次のことからはっきり見てとれる。すなわち、再び各種の芋虫を与えてみると、ヒナ鳥は茶色や緑色をした芋虫は以前と同様に食べるのに、黒色と金色の芋虫はもうついばみもしないのである。視覚エングラムにエクフォリィとして作用する視覚刺激は、それ単独で、化学的なエングラムにも間接的にエクフォリィとして作用したわけである。二、三度繰り返されれば、どんなケースでも、二つのエングラムはしっかりと固定し、連合して、ヒナ鳥は、黒色と金色の丸まった芋虫にはもはやまったく眼もくれなくなり、ときには見るだけで逃げ出したり、警戒反応(警告の鳴き声など)を引き起こすこともある。

脊椎動物のなかで、もっとも低次な魚類になると、はっきりとわかるような固着したエングラムを生み出すためには、刺激が何度も繰り返し与えられる必要がある。しかし、エディンガー[8](訳注19)らの研究グループによる包括的な研究成果からわかるように、刺激を何度も繰り返し与えることで、一度に多くのエングラムを生み出すことができ、このように同時的もしくは継時的に生み出されたエングラムの間には、一方がもう一方に対してエクフォリィ作用を及ぼすという関係、すなわち連合が成立している。餌を与える人間という視覚刺激が繰り返されることによって生み出されたエングラムは、投げ与えられる餌という視覚‐化学的エングラムと連合する。そのため、前者のエクフォリィが起こると、それだけで後者のエクフォリィも生じて、たとえ餌が実際に与えられずとも、後者に対応する反応(泳いで近づいてくるなど)が引き起こされるのである。さらにまた、こうしてできたエングラムは消滅することもなく、エクフォリィの際に働く連合的なエクフォリィ作用が失われることもなしに、四カ月も潜在し続けたのである(同報告二〇頁)。一方で、この種のエングラムがたった一度の刺激で生み出され、少なくとも数時間ないしは数日間、残存することもある。実際、このことは、私自身がトレス海峡でコバンザメを観察した際に起こったことである。私がコバンザメの群れに餌をまいて一匹を無造作に釣り上げたところ、群れの仲間たちは、数日間、その餌に近づくのをやめたのである。何度やってみても結果は同じだった。エディンガーも、ブリームとウグイの一種について、同様の現象が見られることを報告している。(訳注20)さらにこの他にも、エディンガーは、たった一度の刺激だけで複数のエングラムが連合し、それが数日ないしは数カ月にわたって残存することが魚類でも起こることを示した信頼できる実験をいくつも報告している。とは言うものの、低次の動物の場合には、ほとんどの場合、刺激は繰り返し与えられることが必要であるし、このことは低次の動物になればなるほどいっそうよく当てはまることなのである。

時間性エクフォリィ

本章の表題は、「エクフォリィ刺激」ではなく「エクフォリィによる影響」である。(訳注21) ここまでエクフォリィ作用が生じると述べてきたものは、それを刺激と呼んでも差しさわりないものばかりだった。しかし、そろそろ、必ずしも刺激と呼ぶことはできないが、エクフォリィの性格を持つことが誰の目にも明らかな影響のほうに話を移さなければならない。

最初に、よく知られている事例から始めよう。この事例は、誰もが自分自身の経験から知っているはずであるし、仮に知らなくても自分で簡単に実験することができる。今、私が朝の八時に最初の食事をとり、午後一時に二度目の食事、そして夜の八時に三度目の食事をとる習慣であると仮定してみよう。それぞれの食事と結びついた複雑な刺激(ここでは詳細は不要なので省く)は、さまざまな反応を生み出し、そのなかには空腹感とか食欲とか呼ばれる反応もある。料理の見ためや味に左右される感情領域に属するこうした独特な反応は、ふつう、十分に食事をとれば、食事と食事の間には生じることはない。さて、何らかの理由で、この三度の食事以外に、気は進まないながら、一一時と五時に少し時間をとって軽食をとらなければならなくなったとしよう。たとえば医者からそう指示されたとかの理由で、何とかこれを実行して半年にわたって継続したとしよう。その後、以前のように、一一時と五時の軽食を抜こうとすると、もはやこの時刻にははっきりとした強い空腹感にとらわれるようになっている。したがって、このような時間、もしくは特定の長さの時間経過が、私の感覚領域に属する反応に対して、エクフォリィ作用を与えたと考えられるのである。

また、どうやら「時間」は、感覚領域に属する反応とは別に身体反応にもエクフォリィ作用を与えるようである。ただし、ここでの反応には、呼吸や心拍は含めないことにする。なぜなら、これらの場合、個々の反応の間に介在する休止時間が非常に短いために、本当にその間に被刺激性実体が沈静状態に復帰するのかどうか、それゆえ、そうした現象をムネーメ性の現象と見なしてよいのかどうか、きわめて疑わしいからである。こうした律動の本質は、エクフォリィとは異なる仕方でも説明できるし、それどころか、そうしたほうがもっとうまく理解できる。ただし、こうした律動が表面化する仕方は、さまざまな動物で遺伝的エングラムによる影響を受けているということは十分に考えられる。けれども、今はこれらの問題について、これ以上、深く考えるつもりはない。

これに対して、周期的な卵の成熟と子宮粘膜の変化のプロセスである月経の場合には、「時間経過」がエクフォリィの性格を具えているのは明らかである。動物界や植物界で見られるほとんどすべての「周期的」な現象では、遺伝的なものであれ、獲得されたものであれ、「時間」こそが反応の出現や消失を決定し、制御していると解釈するのが自然であるように思われる。

この点を明らかにするために、誰もが知っている例を取り上げることにしよう。ただし、ここで扱うのは遺伝的エングラムのほうである。いま扱っている問題はエングラムの起源ではなく、エクフォリィによる影響の本性だけなので、少しばかり先回りすることも許されると思う。

周知のように、温帯や寒帯のほぼすべての植物には「年周期」があり、成長の休止と進展が周期的に交替する。その切り替わりの時点は、たとえばわれわれの地域の広葉樹であれば、秋には葉を落とし、春には新しい芽や葉をつけることなどからはっきりとわかる。こうした周期が、われわれが四季と呼んでいる気候上の周期と連動していることには疑いの余地がない。それだけではなく、この周期に影響するのは、第一に、地理上の緯度、第二に、地域的な諸条件(標高、山沿いか海沿いか、支配的な風向き、生息場所の独自の特徴など)であることも言うまでもない。ここで詳しく述べる必要はないが、温帯や寒帯で、成長周期に影響するのは季節ごとの気温の変化である。一方、熱帯で、成長周期に影響するのは季節ごとの湿度の変化である。

われわれの気候帯の植物を調べてわかるのは、少数とはいえ、気温の上昇によって成長プロセスの必ず誘発される植物があるということである。灌木の中には、一月や二月に、穏やかな天気が一、二週でも続いて、たっぷり日差しを浴びると、まだ冬だというのに芽吹くものがある。さらにまた、ユキノハナ、クロッカス、シラ、サクラソウ、セイヨウオニシバリも花を開き、スイカズラは葉を広げ、ライラックの茂みは早くもほんのりと緑の色を帯びる。これらの植物は、暖房の入った部屋や温室でも成長を早め、花を咲かせることができる。つまり、園芸家の言葉を借りれば「促成」が可能なのである。ただ、植物によって促成に対する反応はさまざまであり、このことは、たとえ自然科学の素人であっても、注意深く観察すればすぐにわかることである。ほとんどの植物——たいてい何もしないでも一年の早い時期に芽を出す植物——は促成しやすいのに対して、なかには促成に抵抗を示すものって観察してみてもわかるはずである。

もあるし、ごく小さな影響しか見られないものもある。これと同じことは、野生の植物を多年にわたって観察してみてもわかるはずである。

一八九九年から翌一九〇〇年にかけて、ミュンヘンの冬は非常に寒い日が何日も続いた。三月から四月のはじめにもまだ雪が降り、寒さが厳しかった(四月に入ってさえ夜の気温が氷点下摂氏一五度まで落ち込んだときもあった)。ようやく暖かさが感じられるようになったのは、四月も半ばになってのことだった。そのため、ミュンヘンのイーザル谷では、例年の四月よりも植物の生育が遅れていた。日陰にある我が家の庭では、スノーフレークやクロッカスがようやく咲き始めたのは、四月も半ばになってであった。また、ほとんどの灌木でも、見慣れた緑の色を帯び始めたのが非常に遅く、アルタイヒョウタンボクは四月の半ば、スペインライラックは四月も下旬にさしかかる頃だった。庭には、ヨーロッパブナも一本あるが、枝のほとんどに葉が見えるようになったのは、五月一日のことだった。

一方、一九〇一年の冬から翌一九〇二年の春にかけての状況は、ほとんどあらゆる点で、一八九九年から一九〇〇年にかけての状況と対照的だった。冬の間を通して天候は穏やかで、春に寒の戻りがあるわけでも雪が降るわけでもなく、ときおり日も照って、過ごしやすい日が続いた。この年(一九〇二年)、我が家の庭では、スノーフレークが開花したのは三月一七日、クロッカスは三月二〇日であった。一昨年(一九〇〇年)と比べて四週間近く早かったことになる。同じ三月二〇日には、アルタイヒョウタンボクの茂みに緑の葉が見え始め、ライラックが葉を広げ始めたのは四月一〇日であった。また、例のブナに緑の葉を見たのは、この年は四月二三日で、一昨年(一九〇〇年)より一週間早いだ

年	スノーフレークが開花し始める	クロッカスが咲き始める	アルタイヒョウタンボクが葉を広げ始める	ライラックが葉を広げ始める	ブナが葉を広げ始める
1900	4月15日	4月17日	4月17日	4月17日	5月 1日
1901	欠	欠	欠	欠	欠
1902	3月17日	3月20日	3月20日	4月10日	4月23日
1903	2月25日	3月20日	3月 8日	3月26日	5月 4日
1904	3月13日	3月19日	3月25日	4月 8日	4月22日

けであった。つまり、同様の環境にあった他の多くの植物の成長期が一九〇〇年と比べて三、四週間ほど早く訪れた年であっても、ブナに関しては、あまり変わらなかったのである。

これと同様の結果は、続く数年、観察を続けても認められたが、これは植物学者や園芸家にとって周知の事実を再確認したにすぎない。上の表が示しているように、例のブナが葉を広げる時期は、一九〇〇年から一九〇四年の間で、四月二二日から五月四日という時間的には短い期間の振れ幅があるだけなのである。つまり、年ごとに変わる天候の影響に対して、他のほとんどの植物と比べて、ブナは、ほとんど左右されないわけである。

以上のことからわかるように、いくつかの植物の場合、年周期は気温の上下だけに左右されるわけではなく、第二の要因である時間的要因のほうに支配的な影響を受けるのである。ちなみに、この時間的要因の影響は、促成可能な植物にも見られるものの、こうした植物はその影響を容易に克服するのである。実際のところ、時間的要因の影響から容易に脱することができる植物は比較的少ない。植物生理学者の研究や園芸家の実験(9)からわかるように、比較的たやすく促成可能な植物であっても、成長の休止期間の初期には、気温という刺激を含めた外部の刺激に対して抵抗を示し、促成可能な状態になるまでに、その種類や地理的な品種によって多少異なるものの、ある一定期間の経過が必要なのである。

時間的要因の働きだけを純粋に観察するためには、気温という刺激要因を完全に遮断しなければならない。そこで私は、一歳になるブナ一本と、種から育てたブナの苗木二本をそれぞれ鉢に植えて、一九〇三年の初めから可能なかぎり同じ気温のもとで育ててみた。九月一日からは室内に入れて、夜の冷気や冷たい雨に触れさせないようにした。それでも、九月二二日から落葉が始まり、一一月一五日にはすべての葉が落ちた。その後も、この三本は、昼も夜も一定の温度に温められた室内で、冷たくない程度に温められた水だけを与えられて冬を越した。どれも、四月が終わるまでは、いっさい葉を開くことがなかった。ようやく葉を広げ始めたのは、二歳になったブナが五月一日、一歳になるブナの二本のうち、一本が五月二五日、もう一本が六月の中旬であった。このように遅れたのは、これら三本のブナが、冬の低温を完全に免れたことによる被害として説明される。よく知られているように、このような干渉による被害をまったく受けないのは、温暖な地域のごくわずかの植物だけなのである。ちなみに、二本のブナの苗木がいずれも、生涯でまだ周期性の影響を受けたことがないにもかかわらず、周期性を遵守したことから、ここで問題となっている傾向性の遺伝的性格が読みとれるのは興味深い点である。

「時間的要因」の意味

それでは、「時間的要因」とは何を意味するのだろうか。認識論的な考察を避けたければ、問い方を変えたほうがよいだろう。すなわち、一定の時間が経過すると、刺激の影響によく似た働き、あるいはその代わりとなる働きが生み出されるという時間による影響をどう考えればよいのだろうか。
われわれの経験から明らかなように、あらゆる生命現象は、時間的な秩序に従っている。たとえば、ある特定の有機体の興奮状態が、被刺激性の実体(神経実体など)を通して伝わるには、その距離が同じであれば、いつでも一定の時間がかかる。同様に、他のあらゆる反応の開始や経過にかかわる時間も、その状況に応じていつでも厳密に決定されている。これら経験的に確かめることのできる命題は、どこか謎めいた時間的影響の本質を解明する鍵を与えてくれる。つまり、植物や動物にとって、時間が経過するということは、その内部で、一定の数の生命プロセスが経過するということなのである。たとえば、時計がなくても、自分の心拍数と呼吸数の平均を知っていれば、何分経過したのか、また、数え続ける手間を惜しまなければ、何時間経過したのかもほぼ正確に言い当てることができる。

寒さをしのげる暖房と明かりのある地下牢に入れられた囚人は、外界との接触をいっさい断たれ、不規則な間隔でしか食事が与えられなくても、その気になれば、心拍数や呼吸数を使ったり、自分の爪や髪の伸びる速さをもとに時間経過を特定できるだろう。このように自分自身の身体を時計として使って、分単位、時単位、日単位、月単位で時間を計ることができるので、一年の経過をおおよそながら知ることができるだろう。

つまり、生命現象のスピードこそが、有機体にとって時間を計測する機器の役割を果たすのである。しかし、この種の「機器」を意識的に使うことのできない有機体の場合、どのようにして時間周期の経過を知るのだろうか。このような比喩的表現を避けて言い換えれば、生命プロセスのある特定の系列が経過し終わると、それに対応した特定の反応が起こるのはどうしてなのだろうか。答えは単純である。すなわち、代謝プロセスや他の生命プロセスのある特定の系列が経過し終わると、いつでも、有機体の状態は、ある特定のエングラムが成立した際に支配的だった状態と、全面的ないしは部分的に同じになり、そしてこの状態の再現が、当のエングラムにエクフォリィとして作用するのである。たとえば、中部ヨーロッパのブナは、五月から九月まで活発な成長を見せるが、九月に入ると、あるエングラムに対して、エクフォリィの生じる状態に達する。そして、このエングラムの継時的な反応として、栄養分を葉から枝や根に移動させ、葉を落とすのである。気温の影響も、当のエングラムに対するエクフォリィとして作用しないわけではないが、たとえそれが欠けても、ブナには秋になると上記のようなエクフォリィが出現するのである。

したがって次のように言うことができよう。あるエングラムに対するエクフォリィの働きは、明らかに時間経過それ自体によって起こるのではなく、当該エングラムに連合した特定の状態が出現することによって起こるのである。そして、この特定の状態は、われわれが起点とした時点から厳密に決まった数の生命プロセスが経過したあとに決まって出現するという意味で、時間的に決定されているのである。

ここで問題になっているのが各種エングラムのエクフォリィであるということは、エングラフィとして作用する刺激を繰り返し与えると、植物の落葉に関わるエングラムを、代謝に関わる別のエングラムと連合させることができるということからわかる。こういったエングラムを時間性エングラムと呼び、こうしたエングラムを顕在化するエクフォリィを時間性エクフォリィと呼ぶことにする。(訳注22) ブナの場合、こうしたエングラムの連合がきわめて起こりにくいが、その理由はよくわかっていない。(10) 一方、ほとんどの植物の場合、数年間、気温や光の影響を変えるだけで、落葉のエングラムや芽吹きのエングラムが、他の時間性エングラムと連合することが知られている。こうした現象は、植物の順応に関する理論から他にも数多く得られている。

段階性エクフォリィ

ある有機体がその生涯で特定の発達段階に達すること自体が、特定のエングラムに対してエクフォリィとして影響することがある。これもまた、いま上で述べた時間性エクフォリィと同様に解釈することができる。ここでも問題は、当該のエングラムと、特定の発達段階に現われる状態との連合なのである。人間の場合、胚の成熟がさまざまなエングラムに対してエクフォリィ作用を及ぼす。その反応は、たとえば、男子ならひげが生えたり、喉頭が変化したり、女子なら乳腺の発育だったりする。このようなエクフォリィは、本質的にさまざまなエングラムの連合に基づいている(この点については、第二部でもっと厳密に分析する)。この種のエクフォリィに関する時間的要因は、先に述べた時間性エクフォリィの場合に比べると、たいてい、背景にあってわかりにくい。こうしたエクフォリィは段階性エクフォリィと呼ぶことにする。(訳注23) というのは、ある特定の発達段階に達すると、特定のエングラムにエクフォリィ作用を与える状態が興奮性の実体に生じるからである。

時間性エクフォリィや段階性エクフォリィといった用語を使うのは、私の言いたいことを素早く、手間をかけずに伝えるためであって、他のエクフォリィと異なる独自のカテゴリを表現しているのではない。すなわち、これらのエクフォリィの特徴は、他のどんなエクフォリィとも同様に、エネルギー状況が部分的に復元されるだけで、状況全体のエングラムにエクフォリィとして作用するという点にある。これらの点については、本書の第二部でもっと詳しく、かつ深く掘り下げて、述べることにしよう。

注

(1) このように、私は概念を独自に定義して使うことにした。すでに、「記憶」とか「記憶像」といった立派なドイツ語があるにもかかわらず、それらを使わなかった理由は数多くある。そのなかでも特に大きい理由を二つ挙げると、第一に、そうした用語を私の目的のために使おうとすると、日常的な用法よりもかなり広い意味で理解されなければならず、そのため数々の誤解や無意味な論争に手を焼くことになる恐れがあったからである。第二に、ふだんは、より狭い意味で用いられているにもかかわらず、それどころか、「記憶像」のように、ほとんどつねに意識現象と結びつけられて使われている用語を、それよりも広い概念を表すために用いるのは事実から見ても誤りと思われたからである。

(2) 研究対象が他の有機体ではなく、自分自身の場合には、事情は異なる。このような主観的な観察については、あとで述べることにする。

(3) ダヴェンポート／キャノン「光による有機体の運動の方向と頻度の決定について」『生理学雑誌』第二一巻、一八九七年、三二頁。

(4) 「順応」という表現は、そもそも、ムネーメ性の現象とは無関係な他のさまざまな現象に使われている。したがって、私はこの表現をいっさい使わないことにする。同様に、「残効」という表現も、生理学者がこの表現を刺激の追随的作用にもエングラフィ作用にも区別せずに使っているので、以後、使わないことにする。

（5）オルトマンス「陽性の向日性と陰性の向日性について」『フローラ――一般植物学年報』一八九七年、八三巻。

（6）W・ビーダーマン『電気生理学』イエナ、一八九五年、一〇一頁。

（7）C・ロイド・モーガン『習慣と本能』ロンドン、ニューヨーク、一八九六年、四一頁。

（8）L・エディンガー「魚は記憶を持つか」ミュンヘン、一八九九年、アルゲマイネ・ツァイトゥング印刷所。

（9）特にE・アシュケナージ「発芽の年周期について」『植物学時報』一八七七年を参照。

（10）サイカチやハリエンジュなども、その故郷からより寒冷な地域へ移植しても、その成長周期を遅らせることができない。H・マイアー『北アメリカの森林』（ミュンヘン、一八九〇年）を参照のこと。

（訳注1）「エングラフィ作用」の原語は“engraphische Wirkung”、「エングラム」は“Engramm”。どちらも「刻み込む、書き込む」という意のギリシャ語“engraphō”に由来する。本書の題名ともなっている「ムネーメ」（Mneme）も、あえて訳さずにそのままの読みを用いた。この語そのものは、ギリシャ語で〈記憶・記憶力・記録〉を意味し、そのまま「記憶」と訳してもゼーモン以外の場合には問題がないはずだが、ゼーモン自身が注で述べているように、わざわざ一般的に用いられている語との区別を設けるために導入した術語でもあるので、単に「記憶」とはしがたい。

（訳注2）Wilhelm Kühne（1837–1900）はドイツの生理学者。「酵素（enzyme）」という用語をつくったことでも知られる。

(訳注3) エクフォリィには刺激であるものもあれば、刺激ではないものもある。「刺激である」ということは、エネルギーの働きがあるということにほかならない(第一章を参照)。ところが、エネルギーの働き(刺激)によらず、ある興奮状態が呼び出される(エクフォリィされる)こともあって、本章のあとで見るように、たとえば時間的に発動するものであったり(時間性エクフォリィ)、発達のある段階で発動するものもある(段階性エクフォリィ)。

(訳注4) 少しわかりづらいので補足しておく。この段落で必要だと言われているのは二つである。まず、原刺激とエクフォリィ刺激とは刺激として(質的・量的のいずれかの点で)別ものでなければならない。でなければ、エングラムが生じているというのではなく、ただ(原)刺激に対する反応があるというだけになってしまう。次に、エクフォリィ刺激は、その刺激単体では当の興奮状態を作り出すことができないことが示されねばならない。でなければ、その刺激それ自身が一個の原刺激であり、エクフォリィでも何でもないということになってしまう。

(訳注5) Charles Davenport(1866–1944)、Walter Cannon(1871–1945)はどちらもアメリカの生物学者。本シリーズ『感情』巻にキャノンによる論考が訳出されているので、参照のこと。

(訳注6) 「光順応」は"Lichtstimmung"の訳。

(訳注7) 「クリスチャニア」は、ノルウェーの首都オスロの旧名(一九二五年「オスロ」)。

(訳注8) 「タブラ・ラサ(tabula rasa)」は「文字の消された書字板」の意味で、経験に先立つ人間ないし心の状態を表す比喩としてしばしば用いられる。

(訳注9) X線がレントゲン(Wilhelm Conrad Röntgen 1845–1923)によって発見されたのは一八九五年のことである。

(訳注10) Charles Robert Richet(1850–1935)は、フランスの生理学者。一九一三年、ノーベル生理学・医学賞を

受賞。

（訳注11）Wilhelm Biedermann（1852–1929）はドイツの生理学者。

（訳注12）「ネーフのハンマー」とは、一連の断続的な誘導電流を急速に作り出す、実験生理学で用いられる装置。Cf. N. H. Alcock, *A textbook of experimental physiology for students of medicine*, 1909, 8.

（訳注13）Theodor Wilhelm Engelmann（1843–1909）はドイツの生理学者、植物学者。光合成が葉緑体で行なわれることを発見したことで有名。

（訳注14）「再生」は"Reproduktion"の訳。この語は生物に見られるさまざまな反復現象に対して用いられている。生殖、損傷部の復元などは、元々の形を再現（反復）するという意味で典型的な再生である。かつての経験を思い出すという経験もまた、過去の経験の繰り返しとして、意識現象としての再生として理解できる。また、個体発生のプロセスが系統発生のそれを繰り返すという（ヘッケル的な）考え方（「反復説」と呼ばれる）もまた、一種の「再生」を発生現象に見てとるものであった。

（訳注15）「三つの界」というのは、ここではゼーモンの師にあたるエルンスト・ヘッケル（Ernst Haeckel, 1834–1919）の提唱していた考え方を踏まえている。すなわち動物界・植物界・原生生物界の三つの界である。

（訳注16）ネーフのハンマー。五九頁、ビーダーマンからの引用を参照。

（訳注17）「二蹄行進」とは、左右の蹄跡が異なる軌跡をつくるように行進させる馬術のこと。

（訳注18）わかりづらいので補足しておく。もしワインの専門家と紅茶の専門家が、ワインと紅茶の刺激に対して同様に反応できるのだとしたら、それはエングラムへのエクフォリィ作用が問題になっているというよりは、味覚が過敏になっているとか、味覚が優れているというにすぎないかもしれないが、ゼーモンはこのことを否定している。彼らはそれぞれに異なった刺激質に対する専門家であり、単に味覚というレベルで優れているのではない。そしてその能力は、同じ質の刺激を繰り返し与えることで初めて得られるものだと言

っているわけである。

（訳注19）Ludwig Edinger（1855–1918）は、ドイツの解剖学者、神経学者。フランクフルト大学の設立者の一人として知られる。

（訳注20）「ウグイの一種」と訳したのは"Idus melanotus". これがどのような魚であるのかは判然としないが、Idus は英語で"ide"と書き、コイ科の淡水魚のことを言う（ウグイはコイ科である）。"melanotus"は「黒色の顔料」を意味するギリシャ語"melanos"に由来するラテン語と思われる。

（訳注21）これはおそらくゼーモンの勘違いだろう。本章のタイトルに「エクフォリィによる影響」という語句は含まれていない（第二版以降も書き換えなし）。（第三版に基づく）英訳は、"We have entitled this portion of the chapter 'ecphoric influences,' and not ecphoric stimuli."としているが、目次に記載の内容でもこの部分にこの語は出てこない。

（訳注22）「時間性エクフォリィ」は、"chronogen"を訳したもので、ゼーモンによる造語。「時・時間」を意味する"chrono-"と「発生・生成」を意味する"-gen"からなる。

（訳注23）「段階性エクフォリィ」は、"phasōgen"を訳したもので、ゼーモンによる造語。「段階・位相」を意味する"phasō-"と「発生・生成」を意味する"-gen"からなる。

第三章　エングラフィ作用の遺伝

遺伝の概念

ここまで述べてきたムネーメ性の現象に関する分析では、可能な限り、研究対象となる有機体個々の生涯で獲得されたエングラムに話を限定し、先行する世代から遺伝により受け継いだエングラムの話を持ち出すのは例外でしかなかった。この種のエングラムを完全に除外できなかった理由は、そもそも、どの有機体であっても胚の段階からエングラムはすでに存在し、あらゆる実験の過程に種々の仕方で入り込んでくるからであった。

いよいよ、今からこの種のエングラムの詳細な研究に移るが、本題に入るまえに、遺伝という概念について少し詳しく分析しておくのがよいだろう。遺伝という概念は、生物学者でなくても多少とも教養のある者ならば誰もが知っている。けれども、単純な概念であるように見えるために、かえって多くの人が明確なイメージを持てていないようである。

次の図が理解の助けとなろう。この図は、ある多細胞有機体の世代系列をたどったものである。どの個体も、その身体にいくつかの生殖細胞と、生殖に無関係な体細胞を含んでいる(動物の場合の体細胞は神経細胞、筋細胞、結合組織細胞などで、植物の場合には皮膜細胞、維管束細胞、基本組織細胞などである)。図では、それぞれの個体ごとに、生殖細胞には薄く影をつけ、体細胞と区別してある。もとをたどれば、生殖細胞も体細胞も、どちらも卵細胞に由来する。これは図では黒く塗りつぶして示してある。図の横座標*A*—*I*は、ある一定の期間を表していて、*B*、*C*、*D*、……、*H*のいずれかの点をとって短い期間に区切ることができる(それぞれの期間は、ここでは、わかりやすくするために同じ長さにしてある)。

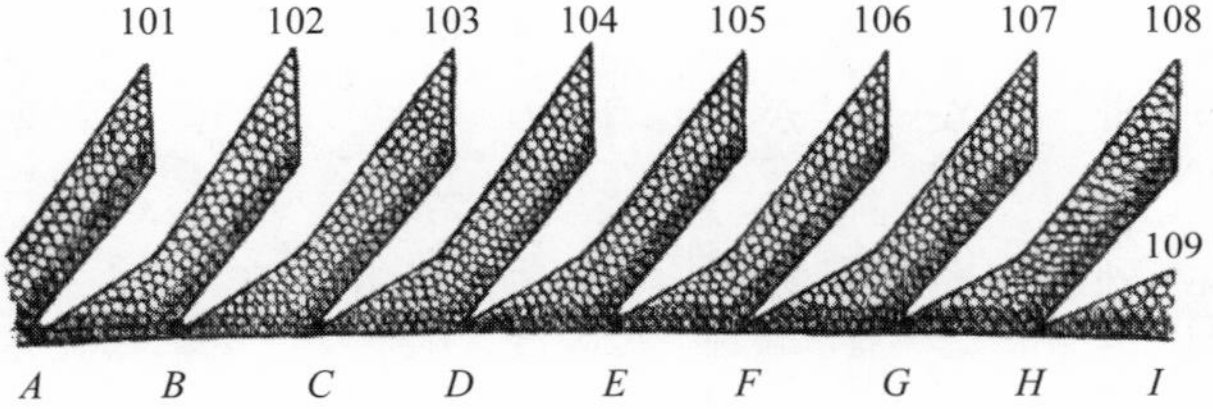

図では、単純化するために、子の有機体に生命を与える卵細胞の位置を、親の有機体の生存期間の真ん中、すなわち子が親から切り離される時点に描いてある。多くの有機体では、単為生殖による(すなわち、無精卵を介した)繁殖が起こり、それが何世代にもわたって継続される。たとえば、植物ではシャジクモの一種(訳注1)、動物ではミジンコ、アブラムシ、ブドウネアブラムシ、ワムシなどがそうした生物である。やはり単純化のために、ここではこうした形態の世代系列だけを取り上げる。受粉や受精による有性生殖については、繁殖の不可欠の条件でもなければ、以下の考察の本質ともさしあたり関係しないので考慮しない。

それゆえ、修正を加えれば、分裂や出芽による無性生殖によって形成される世代系列を表すようにこの図を用いることもできよう。その場合、親個体とその子孫とは胚細胞によってではなく、体細胞の集合体によって結びつけられることになるだろう。実際、こういった世代系列は、低次の動物や、特に植物では頻繁に見られるのである。いずれにせよ、世代間に絶対的な連続性が見られる点はどのような場合も変わらない。もちろん「すべての細胞は細胞から生じる」という命題が確立している以上、自然科学者にとっても素人にとっても、このようなことは別に新しい真理でも何でもない。[訳注2] とは言うものの、多くの読者には、先の図を見ることで、遺伝に関する共通のイメージを持ってもらえたはずである。こうしたイメージは、そもそも遺伝の問題が自然科学で特別な関心の的となって以来、多くの研究者がいろいろな仕方で述べてはきたものの、決して共有されるには至らなかったのである。あらゆる有機体の系統発生は、さかのぼって調べてみると、時間的にも空間的にも、いくつかの段階を経過する連続体をなしている。[訳注3] この場合、どの時間的段階にも、空間的段階として一つの個体が対応している。時間的連続性が絶対に途切れることはないのに対して、空間的連続性は、図の*A*、*B*、*C*、*D*などのどこかで分断が生じることがあると途切れてしまう。分断が生じることがあると言った理由は、こういった分断は、原則として、有性生殖の場合に限られるためである。無性生殖の場合にはまったく起こらないか、起こったとしても、ずっと後になってからである。

世代系列における個体の位置

こういった空間的連続性の分断は、あとで述べるように、多くの点で重要性を帯びてくる。けれども、このことで系統発生にまつわるわれわれのイメージが左右され、そのために、たとえ一時的にせよ、次のことを忘れてしまってはならない。すなわち、そもそも系統発生とは、途切れることのない一本の直線として表され、たとえ中断することがあっても、それは副次的なことにすぎず、すでにたどられてきた直線上でしか起こらないのである。

図の個体109の系統発生をさかのぼり、先行する個体を追跡してみれば、このような解釈の正しいことはおのずから明らかである。ところが、反対に、個体101から109へ向かって追ってみると、少し事情が異なるように見える。この場合も、確かに101から109までの個体に連続的な結びつきがあるのは間違いない。しかし同時に、よく考えてみると明らかになるのは、通常、個体101から出る直線は一つではなく、多くの直線が分かれ出るという事実である。すなわち、多くの有機体と同様に、個体102の誕生と同時か、それより前か後かに、個体101から分離する無数の子孫につながる直線が分岐する（同じことは個体102にも103にも、その他の個体についても当てはまる）。そうなると、全体としてみれば、放射状に伸びたおそらくは何百万もの直線（つまり子孫のすべて）が個体101で統合されていることになり、個体101を、ある単一の世代系列の系統発生における一つの段階としか見ないのは、適切な理解ではないと思われるかもしれない。けれども、そのような意見に対しては次のように反論できよう。そもそも、ある個体をある特定の世代系列における一つの段階と見なすことは、その個体が同時に他の世代系列における一つの段階になっていることを決して排除するものではない。鉄製の環が鎖状につながった三つの連鎖が、一つの環で交差しているところを想像してほしい。その一つの環を取り上げ、他の二つの連鎖との関係を無視して、ある一つの連鎖に属する輪として見ることに何のためらいも覚えないだろう。ちょうどこれと同じことなのである。

また、図のなかの個体のことは完全に無視して、ただ胚から胚までの連続的な細胞系列だけを描くほうが、合理的なのではないかと思う者もいるかもしれない。しかし仮にそうしたとすると、できた図には根本的な不備が生じてしまう。というのは、多細胞の有機体の場合、その連続的な細胞系列が再び単細胞の段階に戻っていくためには、個体段階の一部を経過しなければならないという基本的な事実がその図には含まれないことになってしまうからである。

さて、世代系列のうちで規則性をもって繰り返されるすべてのものが、広い意味で「遺伝した」と言われることが多い。ここで言う「すべてのもの」には、成長、代謝、運動などとして現われる生命現象のすべてが含まれる。

ところが、各段階の対応する時点に見られるこうした規則性は、性の別によらない（単為生殖もしくは栄養生殖による）世代系列においてさえ、絶対的なものとは言えない。このような規則性からの逸脱は、それが形態学的な性質に関するものであれ、機能的な性質に関するものであれ、個体的特性と呼ぶことにしよう。そして、この特性が、研究されている当の段階で、研究対象に加わった外的影響に起因すると特定できる場合には、それを「個体的に獲得された」と表現しよう。

ここまでは、性の別によらない（単為生殖もしくは栄養生殖による）世代系列から生じた個体だけを考えてきた。これに対して、有性生殖となると、あらゆる個体が一つの世代系列の通過点であるばかりでなく、途方もなく多くの世代系列の統合点でもあるために、話は複雑になる。たとえば、厳密な族外婚による場合、ある個体から五世代をさかのぼるうちに、すでに三二の世代系列があり、それが当の個体で合流しているのである。（訳注4）これらの系列は、各段階の対応する時点を見ると、その形態学的性質や生理学的性質に関してお互いに非常によく似ているが、完全には同じではない。こういう場合のさまざまな逸脱が、統合される系列に属する逸脱した諸性質の交配によって生じたのか（言い換えれば、その逸脱が遺伝したものなのか)、それとも、個体的に(つまり研究対象となっている現個体段階それ自体のうちで)獲得されたものなのかを決定するのは困難である。

エングラフィ作用が遺伝するケース1
――シューベラーによる穀物を用いた実験

上に述べたことは、ムネーメの遺伝を扱うわれわれの研究にとって、さまざまな点で重要である。最初に直面するのは、「ある個体の段階で生み出された(すなわち個体的に獲得された)エングラムが、その個体を超え、次世代以降の個体にまで維持されるものなのだろうか」という問いである。この問いにどう答えるかで、根本的な論点(遺伝)に関する立場が決まる。エングラフィの働きが遺伝する二つのケースを挙げて、この問いに対する答えとしよう。

最初に取り上げるのは、植物でエングラムが遺伝することを示したシューベラーらの観察と実験(1)である。(訳注5) すでに本書で用いられ、詳しく説明されてきた術語を使って、これまでの研究過程でわれわれが到達している観点からこれを述べてみよう。

この実験は、さまざまな穀物(小麦、大麦、ニワトリトウモロコシ)の種子を複数の異なった緯度で栽培したもので、それぞれに、エングラフィによる異なる影響が見られることを明らかにしたものである。ここでは、「一〇〇日春蒔き小麦」の栽培を取り上げ、詳しく見てみよう。(訳注6)

〈一次的沈静状態〉　この用語が示すのは、観察や実験が開始されるたびごとに、対象となる有機体の置かれている状態のことである。ここで言う「状態」というのは、実施する観察の性質によって、瞬間的な状態であったり、数時間、数日間、数カ月間、数年間にわたる状態の連続であったりする。

いま取り上げている一〇〇日春蒔き小麦のケースでは、成長期(すなわち、種子が発芽してから実がなるまで)の状態の連続である。これを生育速度の観点から見ると、北ドイツや中部ドイツの日光(すなわち日差しの影響)のもとでは、(種をまいてから実りまで)一〇〇日あまりが一次的沈静状態となる。

〈エングラフィ作用を調べる刺激〉　このケースでは、緯度の異なる地域で育てるので、日光(と気温)の強度や照射時間の違いが、エングラフィ作用を調べる刺激となる。当然のことながら、五月の中旬から八月の終わりまで、北緯五〇度で育てる場合と、北緯六〇度ないしは七〇度という緯度の高い地域で育てる場合とでは、状況はまったく異なる。緯度が高くなると、南中高度は低くなり、日差しも弱く、平均気温も低くなる一方で、夏の一日が長いため、日光を浴びる時間が長くなる。このことが、高緯度地域の日差しの弱さと平均気温の低さを補う要因となるし、(2) それどころか、次に見るように、往々にしてそれらを補う以上の結果をもたらす。

すでに先の章で述べたように、刺激と呼ばれているものは数々の刺激からなる複合体であるのがふつうであり、さまざまな要素に分解できる。たとえば、「日光」には、光の刺激、熱の刺激、化学的刺激が含まれているのを思い出してほしい。それゆえ、ある有機体がその成長期間全体にわたって受ける日光と気温の刺激の全体ともなれば、はるかに複雑なものとなる。とは言え、ある成長期間に存在する無数の刺激要素をまとめ、それを一つの全体として考えるほうが実用的であるし、論理的にも許容できるはずである。そこでこの全体を、ある特定の緯度での複合的な日光刺激と呼ぶことにする。

さて、ドイツで育てられ、その実がなるまでに一〇〇日あまりを要する一〇〇日春蒔き小麦の種子を、緯度で言えば一〇度ほど北のノルウェーのクリスチャニアで育てるとしよう。そうすると、複合的な日光刺激の変化が働いて、播種から実りまでの期間が世代を経るにつれて徐々に短くなり、最終的には、その期間がほぼ一定の長さで安定するのである。

シューベラーは、ドイツのエルデナで育てられた春蒔き小麦から播種用の種を収穫し、それを北方のクリスチャニアで栽培してみた(訳注7)。すると、一八五七年には、実をつけるのに一〇三日かかったが、一八五八年には九三日、一八五九年にはわずか七五日となり、最初の栽培に比べて、ちょうど四週間短くなったのである。シューベラーは、ビクトリア小麦でもトスカーナ小麦でも、これとほぼ同様の結果を得ている。ニワトリトウモロコシを栽培した結果について、シューベラーは次のように報告している。「ニワトリトウモロコシの種子を一八五二年五月二六日にシュトゥットガルトのホーエンハイム（北緯四八度五〇分）で蒔き、九月二二日、つまり一二〇日後に収穫した。クリスチャニアで、このトウモロコシは、次第に実を結ぶ時期を早め、一八五七年には九〇日で収穫されるまでになった。一方、ブレスラウ(訳注8)（北緯五一度七分）では、これと同じトウモロコシ（の種子）が実るには、もとは同じ夏、同じ苗床に蒔かれたにもかかわらず、一二二日かかった。ホーエンハイムで蒔かれた種子で一八五二年に見られた結果と、ブレスラウで一八五七年に見られた結果はほぼ一致している。一方、ホーエンハイムの種をもとに、ここ（クリスチャニア）で四年の栽培を繰り返すと、丸一カ月（三二日間）も早く実を結ぶ種となったのである」（前掲書八〇頁）。

シューベラーは、クリスチャニア（北緯六〇度）の植物の種子を（より緯度の高い）アルテン(訳注9)（北緯七〇度）で蒔き、やはり同様の結果を得ている。つまり、この場合にも、当然のことながら成長にかかる時間は短くなった。これに対して、逆に、北部で栽培された植物の種子をより緯度の低い地域で栽培すると、成長にかかる時間は長くなったのである。

こうした実験結果が、ある特定の緯度での複合的な日光刺激にエングラフィ作用のあったことを証拠立てているとは必ずしも言えない。なぜなら、実験対象の植物が緯度の異なる地域で栽培される限り、新しい複合的な日光刺激が絶えず原刺激として作用するため、目の前に現われた反応の変化が、実のところ原刺激による作用の結果にすぎないということもあり得るからである。とは言うものの、こうした実験結果が最初の栽培時にはまったく現われていないこと、しかも、世代を経るにしたがってよりはっきりと現われてくることを踏まえるならば、エングラフィによる影響があったと考えるほうが理にかなっている。

この場合、エングラフィ作用の効果を調べるための刺激(つまり、北緯六〇度の複合的な日光刺激)が取り除かれ、対象植物がかつて一次的沈静状態にあった状況に再び戻されたとき(つまり、対象植物の子孫をドイツに戻して栽培すると)どうなるかを見てみれば、それが決定実験となるはずである。この実験については、「エングラム複合のエクフォリィ」という標題のもとで、すぐあとに詳しく述べることにする。

〈二次的沈静状態〉 個体として生存している段階で見られる個別的な事象に関わるのではなく、そうした段階の経過をすべて集めた全体を(ここでは成長速度に焦点を当てて)考慮に入れて見えてくるムネーメ性の現象では、刺激現象を解釈するにあたって、二次的沈静状態は背景に隠れて見えにくい。しかし、今までと同様に考察を進めることが重要だとするのならば、実をつけたあと、その実から新たに発芽するまでの種子の状態を二次的沈静状態と呼ぶことができるだろう。この状態には、急速な成長速度の能力が潜在しているのである。

〈エングラム複合のエクフォリィ〉　すぐまえに述べたように、対象植物をかつての一次的沈静状態のもと（つまり、ドイツの地理学上の緯度）で改めて栽培すれば、エングラムが遺伝するという証明として決定的なものになる。すなわち、クリスチャニアの地で現われた、実質的により短期で成長できるという能力が、有機体に刻み込まれたものであって、それぞれの年に別々に加えられる刺激の単なる共時的な作用の結果だとは解釈できないことが証明できる。なぜなら、エングラフィとして作用したと想定される刺激要素がドイツの地には存在しないからである。発芽から種が実るまでの成長期間の経過の様子が異なることが、新たに獲得されたエングラム複合にエクフォリィとして作用するのである（この種のエクフォリィは、先に段階性エクフォリィと呼んだもので、その本質は、次章で詳しく考察する）。

さて、シューベラーは、二世代をクリスチャニアで育てた一〇〇日春蒔き小麦を、第三世代では、クリスチャニアとドイツ（ブレスラウ）の二カ所で栽培してみた。実がなるまでの日数は、クリスチャニアでは七五日間、ドイツ（ブレスラウ）では八〇日間であった。これは、クリスチャニアに持っていかず、高緯度の複合的な日光刺激によるエングラフィの影響を受けていない三世代前の種子を、同じ条件下で育てた場合より三週間ほど短い。ブレスラウのひ孫世代で実がなるまでに、クリスチャニアのひ孫世代より五日間、長くかかっているが、これは、ブレスラウではクリスチャニアほど日照時間が長くなかったことを考えれば容易に理解できる。

いずれにしても、子孫において成長にかかる時間は、先祖と比べて、同様の条件で栽培しても三週間ほども短くなっているわけである。したがってこれは、疑いの余地なくエングラムが遺伝したケースとして認められよう。

ちなみに、複合的な日光刺激を変化させた場合に多くの植物に見られる反応の変化は、成長や結実の速度の変化を生み出す傾向性に固有のものとは限らない。このような成長速度の変化だけが、先祖から子孫へと遺伝するエングラムではないのである。たとえば、形態学上の性質として現われる反応の変化には、種子の大きさや色、葉の大きさ、強度、抵抗力などがあり、これらも複合的な日光刺激の変化とともに変化するのである。シューベラーは、こうした場合、遺伝性の傾向性(すなわち、遺伝性のエングラム)の変化が、どれほどの範囲にわたるのかを、成長速度の変化のケースほど明確には特定していない。この点に関連する新たな研究は、私の知る限り、まだ行なわれていないが、大いに興味をそそられるものとなるであろう。

その代わり、シューベラーは、成長速度の加速とその反応変化の遺伝的転移について、その後、興味深い考察と実験を行なっている(3)。興味深いというのは、複合的な日光刺激を変化させるために、緯度の異なる地域で栽培するのではなく、標高の異なる地域で栽培したのである。海抜の高い地点で栽培する場合、複合的な日光刺激を制約するのは、緯度の高い地点での栽培とは違って、日照時間の長さではなく、日光の強度である。光の屈折性の大小は関係がない(4)。それまで平地で栽培されていた穀物を山岳地域で育てると、平均気温が低くなったにもかかわらず、この場合も、ある限界にいたるまで徐々に成長速度は速くなっていった。そしてその子孫を、高地で長年にわたって栽培したあとに再び平地で栽培すると、はじめのうちは、ずっと平地で栽培されてきた同世代よりも早く実をつけたのである。

エングラフィ作用が遺伝するケース2
——フィッシャーによるヒトリガを用いた実験

エングラフィの働きの遺伝を示す植物のケースに続いて、対象が動物(鱗翅《りんし》類《るい》)で、先と同様に非常に説得力のある研究の報告を見てみよう。ここでは、E・フィッシャーがヒトリガに対して行なった実験を取り上げたい。[5][訳注10] この実験は、結果の明瞭さと説得力の点で申し分のないものだからである。この実験のかなめとなるのは温度刺激である(つまり、サナギを摂氏八度まで冷却する)。この刺激によって誘発される反応は、個体の形成過程で顕在化する(つまり、サナギから羽化した蛾の羽の色素形成に変化が見られる)。

〈一次的沈静状態〉 一次的沈静状態は、フィッシャーのこの実験では十分に厳密に特定されていた。すなわち、実験のために収集された幼虫(五四体のサナギ)の半分は、通常の温度のもと何も処理されないままであった。これらのサナギのうち(羽化しなかった五体を除いて)、「羽化した成虫には、色や模様に特筆すべき変化は見られなかった。前翅の茶色の斑点にも、後翅の黒色の斑点にも、正常の形態からの逸脱は見られなかった」。したがって、このように正常の色をしたヒトリガの形成を一次的沈静状態と見なすことができる。

〈エングラフィ作用の効果を調べる刺激〉 フィッシャーの実験では、摂氏八度までの断続的な冷却がその刺激として使われた。サナギの段階でこの刺激を受けた有機体世代には次のような変化が現われた。羽化したほぼすべての蛾（四九体のうち七体は死んだ）には、「羽の部分に、個体によってまちまちで、その程度もさまざまであるものの、異常な変化が見られた。羽の模様の暗い部分が拡大して形成されたのである。前翅の茶色の斑点も後翅の黒色の斑点も拡大して、数匹のオスでは完全に混じり合ってしまっていた」――「羽の裏側にも、おもて側と同様の変化が見られた」。

〈二次的沈静状態〉　これは、刺激によって誘発された有機的実体の興奮が収まり、変化（すなわちエングラム）が潜在している状態のことであった。ここでは、冷却刺激を受けたヒトリガの世代が、いつ二次的沈静状態に入ったのかを詳しく探究する必要はない。しかしその子孫については、親の世代で与えられた刺激によって引き起こされた反応が再び自身に現われるまで（つまり胚からサナギになるまで）はずっと二次的沈静状態にある。なぜなら、この発達段階の期間には、発育に関しても、その他の生物学的現象についても、正常な状態から逸脱した反応を確認できないからである。

　これらの子孫に関しては、フィッシャーの論文に図示されているように、冷却刺激によって大きな変化を見せたオスの子孫と、変化が生じたもののオスほどではないメスの子孫とがある。これら二つのグループの異常な個体をかけ合わせてできた一七三体のサナギは、すべて通常の室温（摂氏一八―二四度）で保存された。

〈エングラムのエクフォリィ〉　このケースでも重要なのは、親世代でエングラフィとして作用した冷却刺激が除去されたあとに見られる段階性エクフォリィである。すなわち、サナギが羽化したとき、一七三体のうち一七体に異常な変化が認められ、しかもそれは親たちとまったく同様の変化だったのである。これらの子孫と親世代とを比較してわかるのは、「前者には、親世代の個体に見られた二つの変化が組み合わされるように現われており、オスの親の模様が強く現われている個体もあれば、メスの親の模様が強く現われている個体もあった。発達の異常が現われたのがほとんどオスの蛾だけであったというのも注目に値する。なお、子孫の羽の裏側にも、羽のおもて側と同様の変化が見られた」。

ちなみに、親世代に加えられた冷却刺激が、子孫のもとで形態発生的な反応として現われるエングラムだけでなく、別種の反応として現われる別のエングラムも作り出しているということは十分に考えられる。事実、異常を生じた一七体は最後に羽化した個体ばかりであって、最初のうちに羽化した個体はどれも完全に正常だった。つまり、発達速度の遅れという反応もまた、冷却刺激によって生み出されたエングラムとして遺伝した可能性があるのである。この点については、対照実験を行なえば確かめることができるし、ひょっとすると、まだ他にもエングラフィによる変化が生じているかもしれない。とは言え、先に述べたような形態発生的な反応として出現するエングラムが遺伝するということは現時点で確実である。

こうして今、われわれはエングラフィの働きが遺伝するということの完全に明瞭な証拠となる二つのケースを手にしている。しかも、その気になれば改めて追試することができる。実際、努力を惜しまずに計画的に実験を続ければ、いくらでもこうしたケースを増やしていくことができるのは間違いない。けれども、次に取り組む根本的な問いにとって数はさほど重要ではない。知られているケースはわずかであるものの、まさに膨大な数の遺伝したエングラムが存在し、その成立は実験的に検証可能なのである。

これまで述べてきたように、あらゆる有機体に絶え間なく与えられている無数の刺激には、共時的作用や追随的作用があるだけでなく、往々にして、エングラフィ作用がある。また、先ほど示したように、ときにはこうしたエングラフィ作用が個体の領域を超えて、途切れのない系統発生のもっとあとの段階にまで及ぶこと、すなわち遺伝することも明らかとなった。これらのことから必然的に導かれる結論は、あらゆる生命有機体(つまり何百万年もの歴史を持ち、途切れのない系統発生の何百万番目、何兆番目に位置するかもわからないような現存する有機体)には、先祖代々に継承されてきた無数のエングラムが所有されているに違いないというものである。

では、こういった観点から有機体を研究すれば、その有機的実体のなかに、遺伝的エングラムの性格を持つ性質を見つけることができるだろうか。当然、ある性質が遺伝するかどうかは、多くの世代を継続的に研究すれば容易に解明することができる。しかしある性質がエングラムであるかどうか、すなわちそれが以前の刺激作用の潜在した痕跡であるかどうかを決定するのは困難である。

反復可能な事象と反復不可能な事象

そもそも、遺伝的エングラムとは、先行する世代に加えられた刺激の作用の産物である。それゆえ、われわれが関わっているのは歴史的な事象であり、通常、こうした事象を実験的方法により検討することはできない。たとえどれだけ多くのケースで、有機体に遺伝するエングラムを作り出せることを示したとしても、有機体に見出される遺伝的傾向性のすべて、あるいは、少なくともそのほとんどがエングラム(すなわち、以前の刺激作用の潜在した痕跡)そのものであるということの証明にはならないのである。

ここに至り、世代から世代へと伝達されてきた傾向性の本質をめぐる問いにわれわれは直面することとなった。そして、ここがわれわれの研究にとって重要な分岐点なのである。これまでは、常に、直接的な実験を足場として論を進めてきた。今やその足場を捨て去り、推測の領域へと踏み込むべきなのだろうか。これはきわめて重要な問題であり、これに答えるためには、少しばかり寄り道してみなければならない。

そもそも人間の推論能力というものは、類推に頼る以外に方法がないという基本的な事実から出発しよう。経験として利用できるものは何であれ、すべて類推の産物である。われわれの持つ空間表象や時間表象、数学の「公理」や物理学の基本法則などは、すべて類推を源泉としている。たとえば、石を空中に放り投げれば地面に落ちてくるということをわれわれが知るのは類推によるほかない。なぜなら、重力や位置エネルギーといったものは、人間の精神にとっては、一次的なデータとして知ることはできないからである。そういった知識は、類似の経験を数多く積み重ね、これらの多くの経験を統合する類推の成果でしかない。エネルギー保存の法則についても同様であり、要するに人間のあらゆる推論について同じことが言える。

さて、人間の推論能力に対して客観として与えられる事象は二種類に分けられる。すなわち、反復される(あるいは反復させることが可能な)ものと、一度しか起こらず、反復されることのないものである。

このうち、厳密に言えば、実験によって検証できるのは前者の反復可能な事象だけである。たとえば、落体の法則は、新たな経験によって絶えず確証される。それを証明するための実験の前提や条件があらゆる点にわたり変更されても、常に同じ結果が得られるのである。このように次から次へと新たな経験によって確証されてゆく推論は反証できないものであり、蓋然的な推論とは性格が異なる。

これに対して、反復されることのない現象は、新たな直接経験による検証、少なくとも直接的な検証を受けつけない。たとえば、大昔に、水性の媒体から固体成分の沈殿によって（貝殻）石灰岩の地層が形成されたということを、新たな直接経験によって示すことはできない。実験による再現は、あくまでも再現であって実証とは違う。確かに、現在では水生生物としてしか知られていない棘皮《きょくひ》動物のような生物が、沈殿してできた地層に見出されるのに対して、陸生生物は見出せないという議論を持ち出せば、地層形成の蓋然性の証明ははるかにいっそう確かなものとなる。けれども、筋金入りの懐疑家を論破するには、どれだけ見事に構成された間接的な証明より、直接的な実験的証明によるほうが、はるかに効果がある。たとえば、今のケースの場合、現在でこそ棘皮生物は水生生物であるとしても、（太古の）三畳紀の棘皮生物が水生であったどうかはわからないと反論されてしまうかもしれない。

しかし、学問上でも生活上でも、少なくともひねくれていない人間に対しては、反復不可能な現象もまた、それが絶対的な強制力を持つように見える推論の基礎となっているということは、いくらでも例を挙げて示すことが可能である。いやしくも、ものを考えることのできる人間が、化石となった動物や植物がかつて実際に存在したのであって、ただの自然のいたずらなどではないということや、あるいは化石となった脊椎動物が神経を有していたということを本気で疑うようなことなどあるだろうか。こうしたことのすべては、確かに直接的な実験によっては証明することは不可能である。だから と言って、それを疑うようなことができるだろうか。

近頃、ある生物学者のサークルでは、歴史的な方法、間接的な推論に基づいた方法を低く評価し、それの持つ科学上の価値を否定するのが流行となっている。しかし、あらゆる歴史的な現象、反復不可能な現象を調べるために利用できる唯一の方法はそれしかないのである。したがって、そういう学者連中には、そんな風変わりな楽しみをいくらでも追いかけさせておけばよい。そうしたところで、それ以外の多数の者が、学識のある者もない者も、歴史的な現象、反復不可能な現象に注目したり熟慮したりするのをやめてしまうわけではない。

いったいどれほどの現象が、厳密な意味で正確に反復されるのかという問題をここでは論じるわけにはいかない。無機物の世界では、数多くの出来事が斉一的に反復可能である。当然、実証結果においても、そもそも逸脱などというものが関与することも、それを考慮することも想定されていない。

一方、有機物の世界では、ある出来事が反復するごとに逸脱は大きくなる。一つの同じ有機体が対象として使われたとしても、実験をするたびに変化が生じてしまうのである。だからといって、別々の有機体、たとえば同じ種に属する二個体を扱うと、はじめから相対的に大きな違いがある。いずれにせよ、反復のたびに生じる逸脱が、ごくわずかで小さいものとして無視できる現象の基本的特徴を考える場合には、有機体の世界でも反復可能な現象について語ることができる。とは言え、有機的な出来事の反復可能性は、厳密に言えば、虚構にすぎないということは忘れてはならないのである。

直接的な実験による推論のほうが、間接的な歴史的推論よりも優位にあることは十分に納得のいくことであるとしても、われわれが後者を放棄しないのは、それが反復不可能な歴史的事象の関連性を解明する唯一の手段であるからである。また、うまく行けば、その結果は、誰をも納得させる点で、直接的な実験による推論によって得られる結果にもほとんど引けをとらないほどの確実性を持つからでもある。そういうケースでは両者の間にほとんど違いがないくらいである。化石は、以前に生存していた動植物の痕跡であり、「自然のいたずら」などではないという歴史的推論の結果はまったく異論の余地がない。「これと比較すれば力学の推論のほうがより確実に証明できる」という主張は、それ自体として正しいとは言え、実際上、ほとんど意味をなさないのである。

遺伝的な傾向性の大部分がエングラムである
——蓋然性の証明

ここまでの考察の成果をエングラムの遺伝という問題に適用してみよう。当然のことながら、エングラムが最初に成立した出来事の多くは反復不可能な事象である。いま生きている動植物の世代から遠く隔たった先祖のもとでエングラムが獲得された場合なら確実に反復不可能である。こういうケースでは、ずっと以前にエングラムが獲得されたことを実験によって直接に証明することはできない。この場合、間接的な推論の手助けがあって初めて究明することが可能になるのである。

有機体に遺伝した「傾向性」の大部分がエングラムとして解釈できるという蓋然性の証明を始めるにあたって何よりも真っ先に考えなければならないのは、いったいどうやってエングラムを識別するかである。

エングラムに関する一番確実な基準は、エングラムの成立する段階を観察することである。その段階というのは、1. エングラムが存在する以前の有機体の状態(一次的沈静状態)、2. エングラフィ刺激の出現、3. 二次的沈静状態(潜在段階)、4. エングラムの顕在化する段階(エクフォリィ)の四つである。

いま問題としている歴史的に与えられたエングラムの場合、エングラフィ刺激が出現したのは過去のことであり、目のまえの研究対象の有機体は、すでに二次的沈静状態にある。したがって、われわれが研究できるのは第三段階の潜在段階と、第四段階の顕在化段階だけである。そのため、実際にエングラムが存在しているという推論を適切に行なうには、次の二つの要因を考慮しなければならない。すなわち、第一に、ここで問題になっているのは、ある時点では潜在化し、ある時点では顕在化する有機的実体の性質であるという事情を踏まえる必要がある。また第二に、潜在段階から顕在段階への移行が誘発される仕方に注目しなければならない。言い換えれば、この誘発がエクフォリィという性格を持つことが証明されなければならないのである。

エングラムの潜在段階

いまわれわれが問題にしている遺伝的性質には、すべて潜在段階があり、当の性質は誘発的な影響を受けるたびに、対応する興奮状態に入る。

もちろん、あるエングラムが顕在化した反応そのものは、原刺激によって誘発された他の何らかの反応と区別することはできない。区別があるとすれば、反応を引き起こした側に見出されるだけである。それでは、ある誘発的な影響がエクフォリィとして作用したのか、それとも原刺激として作用したのかを区別する手立てはあるのだろうか。ここから蓋然性の証明を始めなければならない。

すでに本書の初めのほうで見たように、あるエングラムが存在しているということは、対応する反応を誘発するのにもとの原刺激の出現をもはや必要とせず、以下のいずれかが出現すればよいということから確認できる。すなわち、(a)量的に変化した原刺激、(b)質的に変化した原刺激、(c)連合したエングラムにエクフォリィとして作用する刺激(連合的エクフォリィ)、(d)特定の期間の経過(時間性エクフォリィ)、(e)次々と生成する世代の連続的な系列のどこかに現われる特定の発達段階(段階性エクフォリィ)、のいずれかである。

代替的エクフォリィ

さて、あらゆる有機体、原生生物、植物、動物には興奮能力の傾向性があるが、それを顕在化する刺激が、いま述べた五つのカテゴリ(a—e)のいずれかに属する可能性の大きいものは無数にある。

初めに挙げた、エクフォリィによる影響の二つのカテゴリ、つまり、原刺激の単なる量的な変化もしくは質的な変化が問題となっているカテゴリ(a、b)は、あとの三つ(c、d、e)と比べて、重要性がないわけではないし、実際ごくふつうに見られるものである。しかし、これらが原刺激に多かれ少なかれ類似したものであるために、いま問題にしている証明については、連合的エクフォリィ、時間性エクフォリィ、段階性エクフォリィほど決定的な論拠をそこに見出すのは難しい。とは言うものの、まずは、これら二つのカテゴリ(a、b)に属するケースを論拠として取り上げてみよう。多くの鳥類では、穀物やその他の小さな物体を見ると、これをついばむという反応は生来のものである。これが、当の物体の視覚的刺激がエクフォリィとして作用する遺伝的エングラムによるものだということは、私には最初から確かなことであるように思われる。しかし、視覚的刺激だけでは当の反応を誘発するのに十分ではないということもある。また、人工孵化器で孵《かえ》されたニワトリやキジのヒナの多くでは、静止した穀物の視覚的刺激に対しても、それをついばむという反応が現われるのにそれなりの時間がかかることも知られている。けれども、このような反応は、先に生まれたヒナが手本を見せたり、人間が母鳥の真似をして、ヒナの目のまえで、指の爪や鉛筆などでエサのある場所を軽くつついて見せたりすることで引き出すことができる。特に、人工孵化器で孵されたダチョウのヒナは、クレイポールによると、エサのある場所を人間が叩いてやらないと、目の前に撒かれたエサをついばまないそうである(6)(訳注11)。こうした現象に関する説明のなかでもっとも確からしいのは、遺伝したエングラム、ついばむことがその反応であるようなエングラムにエクフォリィが働いたと認めるものであるように思われる。この場合、エクフォリィ刺激は、質的に少し変化を加えられた一次的刺激である(母鳥がついばんで見せる代わりに、爪や鉛筆でエサのある場所をつついて見せたのだから、これは代替的エクフォリィである)。

また、数多くの遺伝した傾向性や、それらの傾向性を誘発する影響がエクフォリィの性格を持つということをより説得的に証明する観察としては、次のケースが適切だろう。すなわち、ヒナ鳥は、クチバシが水に触れただけで、生まれて初めての水との接触であるのに、雨が降らない時期に鳥が行なう水浴びの儀式の全行程をやり通すのである。モーガン(前掲書九七頁)はこうした観察ケースを数多く報告しているが、ここでは、その中からシャルボニエによる観察の一つを引用しておこう。「観察者の育てていた一羽のカササギのヒナが生後五週ほどになったとき、水を入れた鉢を鳥籠のまえに置いてみた。すると、ヒナは、二、三度、水の表面をつつくと、鉢の外側で、水に入ることもまったくないまま、鳥が水浴びのときにやる仕草を行ない始めたのだった。頭を引っ込め、羽と尾を振るわせて羽ばたき、しゃがみ込んだり、翼を広げたりしたのである」。このような、一見すると奇妙に思われる出来事も、遺伝したエングラムが原因となっていると考えてみれば納得がいく。つまり、水と接触したその刺激が、ヒナの体表のごく一部に生じただけでエクフォリィとして作用したのである。

継時的に連合したエクフォリィ

これまで挙げられた例では、多かれ少なかれ、直接的なエクフォリィが問題となっていた。しかし、それに劣らず、有機体には、間接的であるとしか言いようのないエクフォリィによる影響によって初めて誘発される遺伝的傾向性も数多くある。連合的に結合した複数のエングラムを想定すれば難なく説明できるケースを最初に一例として挙げよう。P・ユベール[7][訳注12]は、芋虫が変態のための複雑なマユを作り出す一連のプロセスについて次のような報告をしている。マユがおおよそ第六段階まで完成した時点で、まだ第三段階までしかできていないマユの中に当の芋虫を入れ換えると、その芋虫はまったく戸惑う様子も見せず、マユ作りの第四段階、第五段階、第六段階を繰り返した。ところが、第三段階まででき上がっているマユから取り出して、第九段階まで完成しているマユに入れると、マユ作りの作業の大部分が不要になるはずなのに、第四段階から第八段階を飛ばして、第九段階から作業の続きを始めることができなかった。つまり、当の芋虫は、中断させられた第三段階から再びスタートし、結局、そうして作られたマユには、第四段階から第八段階までが二重に存在することになったのである。なぜ、こんなことが起こったのかは、複雑なマユ作りの作業が、継時的に連合した(遺伝的)エングラムの連鎖が現われたものにほかならないと考えれば、無理なく説明することができる。すなわち、あるエングラムがエクフォリィの作用を受けると、今度はそれが、継時的に連合していた次のエングラムにエクフォリィとして作用するのである。(8)

これまでに検討してきたエングラムは、筋肉の収縮という反応として顕在化するものであった(すなわち、ヒナ鳥がクチバシでついばんだり、羽を広げたり、芋虫がマユを複雑な手順で作り出すなど)。しかし、すでに強調したことながら、あらためて念を押しておきたいのは、目下の関心事である原理的な問題にとっては、被刺激性の有機的実体が興奮状態にあることを示す反応が、筋肉の収縮なのか、細胞の膨圧の変化なのか、分泌事象や他の代謝プロセスなのか、細胞分裂や他の成長事象なのか、はたまた、感覚(その出現は直接には自分自身にしかわからない)なのかは、まったく関係がないということである。

時間性エクフォリィ

次に、時間的影響(すなわち、ある特定の期間の経過)によって対応する反応が引き起こされる遺伝的傾向性に話を移そう。このような時間性エクフォリィ(本書八九頁)によって顕在化する遺伝的傾向性は、動植物界には数多く見られる。たとえば、すぐに思いつくのは、女性の月経や、たいていの動物に見られる発情期である。なかでも、こうしたエングラムによって顕在化する反応の主なものは成長現象である。また、多くの鳥類には「渡りの本能」が生まれつき具わっているが、これも同様に、時間性エクフォリィによって誘発される遺伝的エングラムの運動反応である。

一方、植物のいわゆる「成長期」も、時間性エクフォリィが非常に重要な役割を担っている現象である。このことは、「促成」に応じない植物、すなわち他の影響を与えても、成長反応を促すことができない、もしくは難しいという植物を見れば容易に納得できよう。たとえば、暖房によって常に一定の温度が保たれた部屋に置かれたブナのケースでは、このような状況下にあっても、一一月には葉が枯れ、落葉してしまう。この場合、こうした反応を引き起こす直接の刺激(すなわち、気温の低下)がないにもかかわらず、このような反応が起きるのである。この現象の明快な説明としては、落葉という反応を引き起こす通常の冷却刺激がなくても、時間性エクフォリィによって落葉として顕在化するような時間性エングラムが内在しているというものである。こうした実験で用いられた対象が、直接に種から育てられ、常に一定温度に置かれていた標本であるということから、このエングラムが遺伝的なものだということが容易に証明されよう。この標本は、その個体としての生涯において、こうした成長反応に関してはまだ何一つエングラフィ作用をこうむっていないからである。

また、一日周期の葉の運動も、通常、それを誘発する光刺激がなくても、時間性エクフォリィによって引き起こされる。プフェファー(9)は、ここで問題となっているのは個体的に獲得されたエングラムであると考えたが、それは間違いであり、以下に、遺伝的傾向性であることを証明しよう。まず、それまで完全な暗闇のなかに置かれていたアカシア属のある植物の若芽に対して、あるグループでは六時間の周期で、別のグループでは二四時間の周期で、人工的に照明を当てることと暗闇に戻すことを繰り返した。[訳注13]こうして断続的な照明を与え続けて三―四週間が経過したのち、これらの若芽は、ずっと照明が当てられる環境か、ずっと暗闇である環境かのどちらかへ置かれた。どちらも、しばらくは葉の運動を続けたが、その運動周期は私が誘導しようとした六時間でも二四時間でもなく、一二時間おきであったのである。したがって、この一二時間という周期が、この植物に生まれつき具わっているものであるということが、この実験によって明確になったと考えてよいだろう。[10]一方、最初から完全な暗闇に置かれていた若芽や、ずっと明るいところに置かれていた若芽には、そもそも周期的運動が見られなかった。すなわち、暗闇に放置された若芽の場合、葉を折りたたんだままで、葉を広げることはなかった。ずっと照明を当てられていた若芽の場合は、葉を広げるには広げたが、個体によってばらつきはあるものの、一三五―一八〇度の角度を維持し、そのまま葉を閉じることはなかった。

こうした観察を通じてわかるのは、対応する反応が周期的な葉の運動として顕在化するようなエングラムがエクフォリィを受けるには、周期的に照明を当てたり暗闇に置いたりすることが必要だということである。しかし、周期的な照明や暗闇の刺激は、エングラムのエクフォリィに必要なのであって、当の個体のもとで当のエングラムを作り出すのではない。このことは、その刺激が終わったあとに、葉の開閉運動が、当の刺激の働きかけの周期（つまり六時間、二四時間の周期）ではなく、それとは異なる一二時間の周期で生じているということから証明できよう。なぜなら、実験で用いた若芽のどれ一つとして、この一二時間周期にさらされたことは一度もないからである。一方で、当の個体に至るまで何世代にもわたって、この植物は一二時間周期にさらされてきただろうから、この周期は遺伝性のものだと考えることができるのである。

段階性エクフォリィ

先に、個体的に獲得されたエングラムについて述べた際に、エクフォリィによる影響には、段階性エクフォリィがあるということを学んだ(本書九〇頁)。われわれがこの種のエクフォリィに出くわすのは、その圧倒的大多数が遺伝的傾向性の顕在化するケースである。この段階性エクフォリィによって顕在化する遺伝的傾向性は、原生生物、動物、植物それぞれの界のあらゆる有機体におびただしく存在している。そんな中の一例を挙げてみよう。ゼレンカによると、(訳注14)ある種のナマコの胚の成熟は九段階に分けることができ、各段階で存在しているすべての細胞が、その都度、九回にわたって次々と二つに分裂するという。(訳注15)こうして細胞の数が五一二個となる段階に達すると、規則に従うかのように、形態学者たちが原腸形成と呼んでいる事象が起こる。すなわち、一方の胚の極で、急速な細胞分裂が見られ、この部分が陥入して空洞をつくる。これと同時に、全部の細胞がその外側に繊毛を発達させ、有機体は胚の膜内で回転を始める。以上のことから次のように言うことができる。すなわち、ナマコを構成する細胞が五一二個に達した段階、あるいはその段階のエネルギー状況が、いくつかの形成的反応(すなわち、原腸形成や繊毛の形成)や運動的反応(すなわち、繊毛の運動)として顕在化する遺伝的傾向性に対してエクフォリィとして作用するのである。

しかし、心に留めておかなければならないのは、段階性エクフォリィという概念は、個々のどの事例についても、いっそう正確な分析を依然として必要としているということである。ある有機体の特定の発達段階としてわれわれが念頭に置いているのは、ある特定の瞬間に有機体のとる形態学的・生理学的状態の全体のことである。有機体の発達というものは、同じ種に属するメンバーの場合、ある程度は規則的になされるのは確かであるが、厳密に同一であるかと言えば、そんなことはあり得ない。双子でさえ、それぞれの対応する段階ないしは状態の全体は、よく似ていたとしても同一ではないのである。したがって、個別の具体的なケースを超えて一般的な仕方で、ある段階の全体を正確に特定することなど不可能なのである。そういった一つの段階の全体は、ゆるぎのない絶対的なものでもなく、いつも同じ仕方で繰り返されるものでもない。それゆえ、厳密に言えば、エクフォリィとして働くのは有機体の状態全体としての特定の段階だと考えてはならない。むしろ、エクフォリィがその出現と結びついている個々の契機を、状態全体の内部で探究するほうが自然だろう。

脊椎動物の胚では、ある発達段階に達すると、水晶体が形成される。ハープスト(11)とシュペーマン(12)がそれぞれ独立に明らかにしたように(訳注16)、水晶体形成の成長反応を引き出すのは、有機体の状態全体のある段階への移行ではなく、外胚葉に対して、そのすぐそばの眼胞(しかもその網膜層)によって加えられる刺激である。シュペーマンは、眼杯が外胚葉に達しない場合には、そもそも水晶体の形成が生じないことを実験によって証明している。またその場合、外胚葉も暗く沈着したままで明るくならず、角膜上皮を形成しない。けれども、外胚葉が眼杯に接するやいなや、接触した部位で水晶体の形成が始まるのである。

こうしたケースでは、エクフォリィによる影響はより明確に限定することができる。しかも、その影響は、ある段階に全体的に移行したということによってではなく、ある特殊な段階(眼胞の網膜層が外胚葉に接触することが、本来の誘発的な契機として取り出されるような段階)に移行したということによって限定される。ただし、この場合、それがどのようなエクフォリィ刺激なのか（つまり、接触刺激なのか、化学的刺激なのか、はたまた何か他の刺激なのか）はまだわからない。エクフォリィのメカニズムが全く知られていない段階性エクフォリィは無数にあるが、そうしたケースよりもむしろ、ハープスト（前掲書）によって集められた上記のケースやまた別のいくつかのケースから学ぶことのほうが多いのは確かである。とはいえ、段階性エクフォリィのメカニズムが全く知られていないこと、またそのメカニズムがもっとよく知られているような場合でも、それが特殊な器官形成上の発達段階と常に関連しているということを踏まえると、多くのケースでそれが知られるようになるまでは、段階性エクフォリィという概念は緩く総称的に用いるのがよいと思われる。

遺伝的な傾向性にエングラフィ作用を与える可能性

ここで、これまでの考察から明らかになった重要点をまとめてみよう。原生生物、植物、動物の有する興奮性の実体には「興奮傾向性」がある。この性質は、通常は潜在状態にあるということを特徴としているが、個体的に獲得されたエングラムとまったく同じように、特定の影響によってこうした潜在状態から活性化されて、やがては遅かれ早かれ、再び潜在状態に戻る。そして、エクフォリィとして働く影響が繰り返されるたびごとに、当該の興奮状態も繰り返し現われ、対応する反応として顕在化する。

最後に、このような興奮傾向性のうちに遺伝的エ、ン、グ、ラ、ム、の存在を見出すわれわれの解釈にとって決定的に重要なのは、そうした性質を活性化する影響の本性である。先ほど詳しく述べたように、それはまぎれもなくエクフォリィの性格を持っている。しかも、直接的エクフォリィもあれば、連合的エクフォリィ、時間性エクフォリィ、段階性エクフォリィもある。

以上のことから、われわれが問題としてきた遺伝的な興奮傾向性は、あらゆる点から見て、エングラムと同じふるまいを見せるということが結論として明らかとなったと言えよう。さらにまた、この傾向性は何か不変のものとして与えられるものではなく、刺激によるエングラフィ作用を通じて変化する場合があり得るという点でもエングラムと一致するのである。

それゆえ、こうした傾向性をその本性からエングラムと同一視することには何ら問題はない。ただ、われわれがその由来を突き止めることができないということだけが、問題といえば問題なのである。

エングラムとして解釈できない遺伝的傾向性は存在するか

さて、残る課題は、われわれがエングラムと同一視する遺伝的な興奮傾向性をより正確に限定し、エングラムとは見なされ得ない他の遺伝的傾向性と区別する特徴を特定することである。もしエングラム特性にとって典型的な事柄が遺伝的エングラム一般にも見出されるなら、そこに当の弁別的指標を求めるのは十分に自然なことである。当のエングラムの特徴として考えられるのは、第一に、潜在状態を持つということ、第二に、誘発する影響が繰り返されるたびごとに当該の興奮状態が繰り返し生じるという事情、第三に、誘発する影響を、特にエクフォリィとして特徴づけているような特性、最後に、エングラムにエングラフィ作用による影響を与える可能性である。

それぞれの特徴の有無に応じて、遺伝的な興奮傾向性を遺伝的なエングラムと解釈するか、それ以外のものとしてこういったエングラムから区別することができないだろうか。

第一の潜在状態を持つか持たないかは、求めている指標としては使えない。なぜなら、ここで考察されるべき有機的実体の性質全部をわれわれは傾向性とか先行的傾向性とか呼んできたからである。こうした名称がすでに、このような問い全体において扱われているのが、そもそも、潜在的であるのが常態であるような能力だけであるということを含意している。

エングラム一般に言える第二の特徴は、誘発的な影響が繰り返されるたびごとに、当該の興奮状態が繰り返し生じるということであった。では、こうしたことが当てはまらないような遺伝的傾向性などあるのだろうか。もちろん、一度ないしは数度、誘発が繰り返されたのちに徐々に傾向性が消えてゆくということも確かに考えられなくはない。とは言え、有機体の被刺激性実体が持つ傾向性で、対応する興奮状態に繰り返し陥っただけで消耗し尽し、その他の状態変化も伴わないような傾向性を私は知らない。

確かに、興奮が急速に繰り返され、長期的に持続することで、ある種の疲労状態が生み出されて、興奮そのものや、興奮によって引き起こされた反応が弱まるということもあるかもしれない。しかし、有機体に十分な休息をとらせれば——少なくとも有機体がまだ若々しさを保っている限りは——消耗し尽してしまうなどということはないし、それどころか、たいていの場合は、逆に傾向性の増大が起こる。そもそも多くの傾向性は、有機体の個体としての生涯でたった一度だけ活性化するにすぎない。たとえば、個体発生における発達段階を駆け抜ける様子や、個体としての生涯でふつうは一度しか出現しないさまざまな本能を考えればよいだろう。けれども、これらのケースでも、傾向性が消耗し尽してしまうのではなく、単にこうした傾向性にエクフォリィ作用を及ぼす状況が消失しただけなのである。このことは、すでに経過し終えた状態に有機体を人為的に逆戻りさせると、いちど活性化した傾向性が再び活性化するということによって証明される。また、胚や成長し終えた動物に無数に見られる器官の再生の事例を引き合いに出せば、傾向性というものが、たとえ個体としての生涯のうちでふつうは一度しか活性化されないとしても、だからと言って消え去ってしまうものではないということを示すには十分であろう。同じことは、対応する反応が運動領域や分泌領域に属するような興奮の傾向性についても言える。すでに述べたように(本書一一八―一一九頁)、通常その生涯では一度しかマユを作らない芋虫に、部分的にせよ全体にせよ、何度でもマユを作らせることができるのは、傾向性が消失していないからなのである。

以上のことから、あらゆる遺伝的傾向性には、潜在状態の所有が認められるだけでなく、繰り返し活性化しても弱くなったり消失したりすることがないばかりか、むしろいっそう強固になるという特性もまた同様に認められるのである。

第三の特徴については、もしかしたらうまくいくかもしれない。つまり、エクフォリィによって活性化が起こるということが、遺伝的エングラムを他の遺伝的傾向性から区別するものであるとすれば、エクフォリィによる活性化を云々できない遺伝的傾向性があるのではないだろうか。

残念ながら、この問いに対して正確に答えることはできない。なぜなら、誘発する影響がエクフォリィによる影響であると確実に言えるのは、エングラフィ刺激がわかっている場合に限られ、比較によってエクフォリィによる影響をその刺激から区別できる場合だけだからである。しかし、われわれが直面している困難の核心というのは、エングラフィ刺激が遺伝的傾向性の大部分ではわからず、それゆえ、特に直接的な活性化が問題となるような場合には、特別に好条件がそろわない限り、このような活性化がエクフォリィの性格を持つかどうかを確かめることができないという点にある。たとえば、クチバシが水に触れたことをきっかけにして、カササギのヒナが水のないところで入念に水浴びの振舞いを見せたことを思い出してほしい(本書一一八頁)。間接的なエクフォリィ、すなわち連合的エクフォリィ、時間性エクフォリィ、段階性エクフォリィの場合には、ある活性化がエクフォリィの性格を持つという蓋然性を証明することができる。しかし他方で、活性化する契機となるエクフォリィの性質があまり目立たないようなケースをわざわざ選んで、当該反応のエングラム特性を否定することは許されない。

遺伝的傾向性を考える場合、もちろん被刺激性それ自体を含めて考えてはならない。そもそも、被刺激性はエングラムの獲得の前提であって、エングラムは、被刺激性を基礎にして初めて構築され得るからである。しかも、エングラフィによる影響をこうむるという根本性質は、被刺激性の特殊な形成をもたらす。つまり、現在、われわれが個々の有機体に見出す被刺激性は、数百万年の歴史を経て無数のエングラムが混入されており、エングラムによって変化させられているのである。

すでに本書の初めのほうで定義したように、一次的沈静状態とは当該の有機体がその都度の観察や実験を始めるときに見出される状態のことを言うにすぎない。母体から切り離されたばかりの有機体を対象として選んだ場合であっても、この有機体は、ただ個体的なムネーメに関して白紙であるにすぎない。こうした有機体を初めてある刺激のもとに置き、その作用を刺激の単純な共時的作用と呼ぶとしても、この刺激の原刺激としての性格は、相対的なものであって絶対的なものではない。多くのケースでは、このように実験を工夫しても、遺伝的エングラムのエクフォリィが問題となるか、あるいはこうしたエクフォリィが一次的被刺激性、つまりエングラフィ作用に先立つ被刺激性と混じり合ってしまうことになるだろう。したがって、そもそも何らかの刺激があった際に、エクフォリィに由来する付加物を確実に排除することなど、われわれにはできないのである。自然発生により生じた有機的実体を対象に、それも生じたばかりの状態で研究することができれば、その場合には、いやその場合にのみ、エクフォリィに由来するいかなる付加物をも排した純粋な刺激作用がわかることになるだろうが、それはどだい無理な話である。このような困難がある以上、活性化する影響がエクフォリィの性格を持つか持たないかによって、エングラフィに由来する遺伝的傾向性を、エングラフィに由来しない傾向性(仮に存在するとして)から区別するどんな実験も失敗に終わらざるを得ない。

最後に残っている四番目の特徴は、エングラムとして解釈できる遺伝的傾向性は、エングラフィによる影響を受け、どれが受けないのか――このように問うてもわれわれの目的には達しない。確かに、ある傾向性にエングラフィに基づく影響を与える可能性があれば、その傾向性が遺伝的エングラムであると推論するのは自然である。しかし、逆に、エングラフィによる影響を与えることが不可能だということは、当の傾向性が遺伝的なエングラムではないということの証明にはならない。なぜなら、エングラフィによる影響を与えることができないのはわれわれの実験が不完全であるからかもしれず、「エングラフィによる影響を与えることができないから、この傾向性は遺伝的エングラムではないのだ」というたぐいの推論を、新しく工夫された実験がひっくり返すことはいつでも起こり得るからである。そもそも、遺伝的な傾向性にエングラフィに基づく影響を与える難しさは、生物によって非常に異なっている。高度に組織化の進んだ生物には、エングラフィによって変更するのがたやすい無数の遺伝的傾向性が存在するが、他の生物でも同様にエングラフィによる影響を与えることができるとは限らないのである。

なかでも、高次の動物には、中枢神経系の特殊なあり方がそのエクフォリィに必要となるような遺伝的傾向性がある。これにエングラフィによる影響を与えるのは、それほど分化していない傾向性と比べて容易である。けれども、エングラフィによる影響もいっさい受けないような遺伝的傾向性のカテゴリや、また、完全に堅固で変更を加えることができない遺伝的傾向性だけしか持たないような有機体群を私は知らない。実際、バクテリアの場合でさえ、多くの遺伝的傾向性にエングラフィによる変化を加えることができるし、それどころか、エングラフィによる遺伝的に長く作用する影響さえ、比較的簡単に作り出すことができるのである。ほかの多くの遺伝的傾向性、たとえば、鞭毛虫のような他の単細胞生物に見られる走光性や、植物に見られる多くの屈性、成長速度などの傾向性についても事情は同じである。

確かに、新たに加わったエングラムが当該有機体の個体としての生涯のうちで効力を持つだけでなく、その子孫へも受けつがれる、そういうエングラフィによる影響を与えることができたのは、結局、比較的少数の傾向性だけである(一〇一頁と、一〇七頁のケースを思い出されたい)。しかしこのことは、これまでの実験が不完全であり、あまりにも短期間しか検討されなかったことが原因なのであり、いまわれわれの辿っている思考の筋道にとっては重要ではない。

以上のことをすべて踏まえると、遺伝的傾向性を、エングラムとして解釈されるものとそうでないものとの二つのカテゴリに分けることは不可能であると私には思われる。それゆえ、特別な仕方で形成された被刺激性の形態は、どれもエングラフィに関して複雑なあり方をしていると見なさねばならない。こう考えた上で、続けて私たちは次のように問わなければならない。こうした解釈は、いったいどこまで通用するのだろうか。すなわち、具体的なケースでは、どこまで首尾一貫して通用するのだろうか。また、こうした解釈は、われわれの理解にとって、つまりキルヒホッフ的な意味で「完全に、できるだけ単純に記述する」ことにとって、何を成し遂げたことになるのだろうか（訳注17）。遺伝的傾向性をエングラムと見なすという解釈に対して、いかなる事実もこれと矛盾するものではないということが証明され得るのならば、そしてこのような解釈が、有機的出来事のこうした側面に新しい光を投げかけるのならば、これによって、われわれが取り組んでいる蓋然性の証明にも、新たな重要な一項目が加わることになる。

これらの課題は、本書の第三部で取り組むこととする。すなわち、個体発生においてムネーメのプロセスが働いている様相を探究し、個体発生——正常なそれにせよ干渉によって変更を加えられたそれにせよ——の謎めいた現象も、再生現象も、どれもムネーメの機能であると解釈することによって、よりよく理解できるようになるということが示されるだろう。

しかし、こうした課題に取りかかるまえに、第二部において、ムネーメの根本現象を体系的に整理することを通じて、理論構築のための基礎を固め、拡張しておくことにする。

注

（1）F・C・シューベラー『ノルウェーの植物世界』クリスチャニア、一八七三年。
（2）「クリスチャニア（北緯六〇度）の環境では、平均気温が摂氏一五・五度で、オオムギ属が実をつけるのに九〇日を要する。ナイル河畔では摂氏二一度の暖かさがあるのに同じく九〇日である。ノルウェーのアルテン（北緯七〇度）では、オオムギ属は、やはり通常は九〇日を経て実をつける。平均気温はここでは六月は摂氏九・一度、七月と八月は摂氏一二・六度である。七月には太陽は沈まず、「決して沈むことを知らぬ」（"nescit occasum"）北極星と競合する」F・C・シューベラー『ノルウェーの植物世界』クリスチャニア、一八七三年。
（3）F・C・シューベラー『ノルウェーの庭園』クリスチャニア、一八八五年（ノルウェー語版）。『生物学中央雑誌』（一八八六年）に報告されている。
（4）標高の高い地点の日光に対して行なわれたH・ザムターによる紫外線の強度の実験は、次のことを明らかにした。水銀を混ぜた亜鉛でできたバルブを帯電させ、その放電速度によって紫外線の強度を計測すると、海抜三一〇〇メートルでは平地よりも大体二倍の大きさになる。当然こうした強度の違いは、スペクトラムのなかで、屈折性の小さい側では小さくなる。とは言え、（屈折性の小さい）赤外線でも、地上とは強度が異なっている。
（5）E・フィッシャー「獲得形質の遺伝に関する実験的研究」『昆虫学年報』第六巻、一九〇一年。
（6）L・モーガン『習慣と本能』ロンドン、ニューヨーク、一八九六年、三八頁および一六七頁を参照。
（7）G・J・ロマーニズ『動物界における精神発達』ライプツィヒ、一八八五年、一九二頁。

(8) 当該エングラムのエクフォリィは、まだマユ作りをしたことのない芋虫では、継時的に連合したエングラムのエクフォリィとしてしか起こらない。このような芋虫を、作り始めのマユに入れても、あるいはまた、初めてマユを作り始めたばかりの芋虫を、自分の作り始めたものより作業の進捗しているマユに入れても、どちらの場合も、その個体としての生涯のうちではまだ出くわしたことのないマユの見た目や触感に接するだけで、遺伝的エングラムの連鎖における対応する点にエクフォリィとして作用することはない。しかしこの芋虫が、その個体としての生涯のうちで、すでにマユ作りをした経験があるなら、つまり、こうした対象(マユ)に関して個体的に獲得されたエングラムをすでに所有していれば、それらもエクフォリィとして作用する。要するに、マユを作るために糸を出す反応として現われるエングラムの継時的な連なりだけが遺伝しているのであり、マユの見た目や触感によってアクセスできる性質のエングラムは遺伝していないのである。

この芋虫の置かれた状況をわれわれに馴染みの経験と比べて説明するならば、非常に長いあいだ復唱していない詩をわれわれが暗唱しなければならないというのと似た状況である。確かに、最初から終わりまでを通して言うことはできるが、指定された箇所から始めたり、その続きを言うことは、まず一度ではできない。しかし、一度でもある部分を暗唱して繰り返せば、そうして復元された部分の内部であれば、任意の箇所から始めたり、その続きを言うことができるのである。

(9) W・プフェファー『葉組織の周期的運動』ライプツィヒ、一八七五年。

(10) この実験についての詳細な報告は、あとに残しておく。

(11) C・ハープスト『動物の器官発生における形成的刺激』ライプツィヒ、一九〇一年、五九頁。

(12) H・シュペーマン「眼の発達に関する実験のいくつかの顕微鏡標本」生理学・医学協会議事録、ヴュルツブルク、一九〇一年。

（訳注1）「シャジクモの一種」と訳したのは“chara crinita”。“chara”はシャジクモの総称で“crinita”は「髪のある」の意。英語では“hairy stonewort”と言う。

（訳注2）「すべての細胞は細胞から生じる」（“omnis cellula e cellula”）は、ドイツの病理学者ルドルフ・フィルヒョウ（Rudolf Virchow 1821–1902）の著作『生理的組織学および病理的組織学を基礎とする細胞病理学』（一八五八年）に見られる言葉。

（訳注3）以下でしばしば現われる「系統発生」の語は“Entwicklung”を訳したもの。「系統発生」の語はE・ヘッケルに由来する“Phylogenie”の訳語として用いられるのがふつうであり、その場合には「個体発生」（“Ontogenie”）と対に用いられる。本文中では、個体やその部分の発達ではなく、無数の個体を含んだ種の世代系列が話題となっているので「系統発生」の語を借りる。

（訳注4）人間に限らず、十分に遠くの先祖までさかのぼってその血統が交わらない雌雄二つの個体が血縁を結ぶことをここでは「族外婚（exogame Vermischung）」と呼ぶ。これによって新たに生まれた個体 i に対して、n 世代前に祖先として存在する個体は 2^n で与えられる。五世代前であれば三二の個体が祖先として存在し、この三二の個体から親子関係を降って線で結んでいけば、三二の線が最初の個体 i に結びつく。

（訳注5）Friedrich Christian Schübeler（1815–1892）はノルウェーの植物学者。

（訳注6）「一〇〇日春蒔き小麦」は“100tägiger Sommerweizen”を訳したもの。“Sommer”とあるが、春に種を蒔き初秋に収穫するので、冬を越す「秋蒔き小麦（Winterweizen）」と区別される。原文には“Triticum vulgare aristatum”というラテン名の記載があるが、詳細は不明（大意としては「芒《のぎ》のついたありふれた小麦」）。

（訳注7）エルデナはドイツ北部に位置する都市。北緯はおよそ五三度。クリスチャニア（現在のオスロ）は北緯六〇度ほどなので、だいたい一〇度の違いがある。

（訳注8）ブレスラウは、現在はポーランドの都市であるヴロツワフのドイツ語での名称。第二次大戦以前は

ドイツ領。

(訳注9)「アルテン」はノルウェーの都市アルタの旧称(一九一八年以前)。

(訳注10) Emil Fischer(1868–1954)はスイスの昆虫学者、医者。

(訳注11) Edward Waller Claypole(1835–1901)はアメリカの地質学者。モーガンの前掲書のうちに、クレイポールからモーガンが個人的に聞いた話としてダチョウのヒナの話が出てくる。

(訳注12) Pierre Huber(1777–1841)はスイスの昆虫学者で、博物学者フランソワ・ユベール(François Huber 1750–1831)の子。原注7では、ロマーニズ(George John Romanes 1848–1894)の著作(ドイツ語訳)への参照が指示されているが、その当該箇所はダーウィンの草稿からの引用である。ちなみに、ユベールの芋虫とマユに関するこの報告は『種の起源』(第七章「本能」)でも取り上げられている。

(訳注13)「アカシア属のある植物」と訳したのは“Acacia lophanta”(原文ママ)。綴りとしては“lophantha”がおそらく正しい。“lophos”(頂、鶏冠)と“anthos”(花)の合成語。現在では“Paraserianthes lophantha”と呼ばれることが多く、“acacia lophantha”という名称は一九世紀の文献にしばしば見られる。

(訳注14) Margarethe Leonore Selenka(1860–1922)は、ドイツの女性動物学者、人類学者。フェミニスト運動でも知られる。

(訳注15)「ある種のナマコ」としたのは“synapta digitata”。“synapta”はオオイカリナマコ属で、“digitata”は「手、指のついた」の意。

(訳注16) Hans Spemann(1869–1941)は、ドイツの発生学者。一九三五年、ノーベル生理学・医学賞受賞。

(訳注17) Gustav Robert Kirchhoff(1824–1887)はドイツの物理学者。力学は現象の真の原因を説明するのではなく、むしろそれを単純かつ完全に記述するものだという考えを持っていた。「完全に、できるだけ単純に記述する」という箇所はその思想を指したもの。

ゼーモン

齋藤さかえさん（東北大学東北メディカル・メガバンク機構）からは、訳出の過程である程度できあがった原稿に目を通していただき、多方面にわたる有益なコメントを多数いただいた。多忙のなか、決して読みやすいとも言えない文章に目を通すという厄介なお願いを聞いてくださったこと、お礼もうしあげる。（訳者）

人間の能力とその発達の探究

フランシス・ゴールトン

寺町朋子［訳］

フランシス・ゴールトン(Francis Galton 1822–1911)は、一八二二年に、九人きょうだい(そのうちの二人は早世している)の末っ子として、イギリスのバーミンガム州ラーキーズ(Larches)で生まれた。父親は裕福な銀行家でクエーカー教徒でもあった。父親と同い年の母親の甥には、あのチャールズ・ダーウィン(Charles Darwin 1809–1882)がいたので、ゴールトンはダーウィンの一三歳年少の従兄弟ということになる。少年時代のゴールトンは、当時の記録や彼自身の自伝(一九〇八年)によると、きわめて早熟で学業も優秀であったようである。そこで彼を医者にしようとした父親の願いにそって、一六歳のときに病院の見習いとなり、その後、ロンドン大学やケンブリッジ大学で医学を勉強していた。ところが、ゴールトンが二二歳のとき(一八四四年)、父親の突然の死によって、彼は莫大な遺産を相続することになり、医学の道を離れ、自分の興味にそった自由奔放の人生を送ることとなったのである。

二八歳(一八五〇年)になった彼は、当時、未踏の地であった南西アフリカ内地の探検を二年間にわたって行った。この探検の各地で実にさまざまな人種に出会ったことが、のちの個人差への関心につながっていったとも考えられる。従兄弟のチャールズ・ダーウィンの『種の起源』(一八五九年)の影響を受け、遺伝に興味を持つようになり、一八六九年には『天才と遺伝(Hereditary genius: An inquiry into its laws and consequences)』という著作(邦訳については「イントロダクション」注(13)を参照)を刊行し、その中で、優れた軍人、文人、科学者、詩人、音楽家などの家系研究(特筆すべきは、パーセンタイル法などの数量化による統計手法を使っている)により、才能が遺伝するということを主張すると同時に、後年、厳しい批判を受けることになる優生学(eugenics)と呼ばれる思想を展開し、人類の改良の必要性を唱えるようになった。

本書『人間の能力とその発達の探究(Inquiries into human faculty and its development)』(一八八三年)は『天才と遺伝』出版後の多方面にわたる発表内容(知覚能力、イメージ能力、連想能力など)を三七章にわたって集めたものであり、そのほぼすべてで個人差に重点が置かれている。今回訳出したうちの第一一章「特異性に対する無視」は色の知覚能力の個人差を扱ったものである。その上で、「形而上学者や心理学者による「自分たちの心的操作、本能、真理は自分たちだけに特有なものではなく、ほかの人たちとも同じである」という仮定がいかに間違っているかがわかるであろう」(一四二頁参照)というように、個人差の重要性を強い調子で唱えている。

残りの第二三章「連想」、第二四章「精神測定実験」、第二五章「意識の控えの間」では、ゴールトン自らが連想に関する独創的な実験を行い、それを数量化して分析すると同時に、冷徹なまでの内観作業を加えて、ふだん意識できない心の無意識のはたらきを解明しようとしている。こうして、連想実験をまとめた上で、第二四章の終わりで、「ことによると、これらの実験から最も強い印象を受けるのは、種々雑多な心の働きがなかば無意識状態でおこなわれるということに加え、完全に意識下に沈んでいる心的操作にはさらに深い層が存在し、それによって、別の方法では説明できないような心的現象も説明できると信じるのに十分な理由が得られたということかもしれない」(一六一頁参照)とまとめ、無意識の研究の足がかりを築いたのである。このようなゴールトンによる無意識への関心やアプローチは、フロイト(Sigmund Freud 1856–1939)による無意識の研究に先んずるものであり、その後の心の探究の原点になっているのである。

［高橋雅延］

第一一章　特異性に対する無視(訳注1)

人間の能力を測定に委《ゆだ》ねる意義は、不思議なことに、われわれが自分の個人的特異性を知らないまま生きている傾向があり、親友でも往々にしてそれに気づかないことにある。高音が聞こえないことに高齢者が気づいていないのは前に述べたが、(訳注2)色覚異常という特異性ですら、ドルトンの論文が一七九四年に発表されるまで、そのような異常が存在するとは思われていなかった。(訳注3)二九歳かそこらの者が、赤色と緑色を区別できないのに、色覚に異常があることを知らず、しかも自分の異常を友人に感づかれないままでいることなど、同年代の若者にはとても信じがたいことのように思える。しかし実際のところ、色覚異常者が自分の異常に気づいていたり、友人に感づかれたりすることはまずない。そのため、色覚異常者に、その異常の存在を納得させるのは難しい。かつて私は、そのような興味深い事例を経験したことがある。その男は、身体検査に加え、色合わせ法による検査を受けていた。彼は自分なりに解釈した結果を教えてくれた。それによると、厳密すぎる検査による判定では完璧には少し及ばなかったかもしれないが、自分の色覚は実際上、きわめて良好とのことであった。いっぽう、検査技師が断言したところでは、純粋な赤色と純粋な緑色の彩度をある程度弱めると、この男は両者を区別できなくなったというのである！　このように、色覚異常は検出が困難なことが多い。なぜなら、検査用の色相や明度は、色覚が正常でなくとも別の手段で識別される可能性があるからである。ふつうの色素はけっして純粋なものではないので、検査用の色の場合でも、部分的な色覚異常者がたまたま感知できるような色相によって識別されることが起こり得る。われわれは、ろうそくの明かりのもとで黄色がわからなくなるとは思ってもいない。なぜなら、夜分に絵画を見ても、日中に近いくらいか、日中とほぼ変わらないくらい楽しめるからである。しかし、白いテーブルクロスの上に置かれた黄色いサクラソウは、ろうそくの光のもとで見ると、黄色がまったく消えてマツユキソウのように白く見える。

能力の遺伝を私が調査するなかで、おもしろく感じることが多かったのは、自分のライバルたちをやすやすと引き離した人びとの無邪気な発言であった。彼らは自分の成功を努力の賜物と見なしていたのである。つまり、いっぽうには並外れた天性の能力やエネルギーがあり、もういっぽうには自分の特別な仕事に対する並外れた天性の愛情があったわけだが、こうした生まれつきの才能がどれほど自分の後押しとなっていたかに、まったくと言っていいほど気づいていなかったのである。

以下の章では、心的イメージ作用や視覚化された数字[(訳注4)]、音と色の結びつき[(訳注5)]、観念の特殊な連想などに関して非凡な精神的特徴をもちながら、自らの特異性に気づいていない人びとについて考えることにしよう。もちろん、これらひとつひとつのトピックに説明が必要なので、ここでそれらを先取りしてしまうことはできない。だが最終的には、形而上学者や心理学者による「自分たちの心的操作、本能、真理は自分たちだけに特有なものではなく、ほかの人たちとも同じである」という仮定がいかに間違っているかがわかるであろう。人びとの間の個人差はとてつもなく大きいのである。自分自身の心の特異性を無視したまま生きることを防ぐ方法は、われわれが心の特異性を他者に気づかせることができるのと同じように、自分自身も特異性に敏感になるという習慣を身につけることしかない。これがうまくいく成功例は、本書のもっとあとのほうで取りあげる。

ここでは、よく知られた遺伝形質である色覚異常について、それがクエーカー教徒ではほかの集団のほぼ二倍認められるという事実との関連から意見を述べたい。色覚異常者の割合は、一般の集団では三・五パーセントなのに対してクエーカー教徒では五・九パーセントである(1)。ことによると読者は、クエーカー教徒における色覚異常者の割合は、もっと高いと予想したかもしれない。ほとんどすべてのクエーカー教徒は、父方も母方も五、六世代前に世界のほかの地域から隔絶された男女の集団に属するメンバーの子孫である。クエーカー教徒の特に強硬な考え方のひとつに、美術は世俗の誘惑であるというものがある。そのため、彼らの最も特徴的な慣習は、地味な色の服を着ることである。生まれながらの画家の場合、それが理由で仲間から追い出されることには絶対に承服できなかったであろう。だがいっぽうで、クエーカー教徒たちの考え方やそれに付随する慣習を受け入れることは、自分の生来の美的性質に対する裏切りと感じたことであろう。それゆえ、クエーカー教徒の本来の家系には、色というものに対する愛情と関連する気質を具えた者はほとんどいなかったと思われる。したがって、色覚異常者の割合がクエーカー教徒の間ではほかの集団より高いであろうと考えることは、実に理にかなっているのである。

そのうえ、クエーカーはメンバーが減少しつつある教派で、メンバーの脱会や死亡により年々弱体化している。とりわけ、クエーカー教徒以外の相手と結婚すれば、当然、キリスト友会(訳注6)から追い出される。脱会者の大半が、先祖返りで美的関心が高まり、そのためクエーカーの慣習を続けるのがもはや煩わしくて耐えられなくなった人びとである可能性はきわめて高い。このようなわけで、キリスト友会の現在のメンバーは、おそらく最初の段階から過度に高い割合の色覚異常者を含み、しかも生まれつき色覚異常のない者の多くが年々抜け落ちてきた子孫からなる同族集団なのである。これら両方の事情が、すでによく知られている色覚異常の遺伝傾向と組み合わさったに違いなく、色覚異常はクエーカー教徒集団の特徴のひとつとなったのである。色覚異常があることを自分の個人的特異性として初めて発見したドルトンは、死ぬまでクエーカー教徒であった。いっぽう、光の波動説を見出し、なかんずく色に関する論文を書いたヤング(訳注7)は、クエーカー教徒の両親のもとに生まれたが、外部の相手と結婚したことによりクエーカーを脱会した。

第二三章　連想

人間の心の(舞台)装置(訳注1)は、おもに記憶と記憶同士を結びつけるつながりからなる。これはすべて経験の産物なので、各人の経験に応じた大きな個人差があるに違いない。私は、次の章で説明する方法を使って自分の心の装置を調べようと努めてきた。その章では、この心の装置のいかに大きな部分が子どものころの記憶で構成されているかがわかるであろう。このことは、初期教育による結果の多くが永続的な影響を残すことを示している。これと同じことが、心的イメージ作用について私が尋ねた回答者の返信からも浮き彫りになっている。彼らの回答には、特定の言葉から決まって呼び起こされる心的イメージが、子どものころの出来事の経験や空想だとされるものが数多くあった。たとえば、ある回答者は、文学的・哲学的能力のかなり優れた人だが、心のなかで(揺り)木馬に注意を向けると左手を思い出すという。その木馬は、いつも頭を同じほうに向けて子ども部屋の壁際に立っており、壁のほうからまたがらなくてはならなかったからである。政治家で歴史家、学者でもある別の回答者は、自分に関わる日々のすべてを、子ども部屋にあった世界史の略図の心的イメージに委《ゆだ》ねていた。そのイメージが、幼少期以降に手に入れた情報を支える大きな土台を作りあげてきたという。

われわれの抽象概念は、その大部分が外的経験からもたらされるので、そのような抽象概念の特徴が、過去に個人が経験した出来事に左右されるのは間違いない。たとえば、「家」や「家庭」といった話し言葉は、それを聞いた者が過去に何らかの方法で知ることになった「家」や「家庭」に由来する概念を呼び起こすはずなので、これらの概念が、社会的地位や居住地の異なる者の間で同じということはあり得ない。というわけで、抽象概念の特徴は、大部分がわれわれの育ちに依存しているのである。

しかし、そもそも「抽象概念」という表現が使われている場合の多くにおいて、それが正しい表現なのかどうかには疑問が残る。むしろ、「累積概念」のほうが適切ではなかろうか。合成肖像技法によって得られた理想的な顔は、これらのいわゆる抽象概念との共通点が非常に多くあるように思われる。合成肖像写真は、すでに説明したとおり、多くの肖像写真を重ね合わせたものであり、すべての写真に共通する顔の特徴がはっきりと現れている累積のイメージを形づくっている。いっぽう、少数の者にだけ共通するような特徴は相対的に薄れてしまうため、ほとんど気づかれないものとなり、たった一人にしかない特徴は、その痕跡をまったく留めていない。

この抽象概念と合成肖像写真の類似性については、「一般的イメージ」に関する論文[1]で指摘した。のちの研究により、その適用範囲は拡大され、また、その裏づけも得られている。この私の見解に対するひとつの反論は、いわゆる一般化というものは往々にして単なる代表例にすぎず、私たちの記憶は、見たものの全体ではなく特定の出来事によって過度に影響されやすい、というものである。つまり、どれかひとつの記憶が目立つ理由は、その事例が鮮明であった、あるいは何か特異なものであった、あるいはまた、それを見たときのわれわれの心構えが、ほかならぬその類いの印象を受けやすかった、ということである。私は合成肖像写真において、これとまったく同じ問題で苦労してきた。一人の肖像写真の特徴が鮮明だったり、ほかの写真と異なっていたり、照明が一時的に強かったりすると、とどのつまりは、その写真が突出することになる。これらは、まさに記憶の場合に似ていると私には思われる。けれども、合成肖像写真にともなう問題は、特徴の鮮明な写真の焦点を少しぼかしたり、特異的な特徴をもつ写真を除外したり、照明を標準的な強度に抑えたりすれば、難なく克服できるのである。

第二四章　精神測定実験

心のそれぞれの作用における最初の段階を調べようとすると、たいてい、心の自由な働きを邪魔せずに心を観察することの難しさが立ちはだかる。その難しさは、古くからよく知られている「同時に二つの物事に注意する」さいの難しさをはるかに上回る。というのは、とりわけ心の基本的な作用というものがあまりにも微弱ですぐに消え去るために、それを厳密に観察するのに必要な労力がこのうえもなく大きいからである。思考過程に注意を向けながら、同時に何事にも邪魔されずに自由に考えることなど不可能に思える。けれども、これから述べる実験は、このような困難を克服できたという特徴を具えている。私の方法は次のようなものである。まず、ごく短時間、二つか三つの観念が思い浮かぶまで心を自由に活動させる。続いて、それらの観念の痕跡や名残がまだ脳内にあるうちに、すばやく全神経を集中させて、それらに注意を向ける。すなわち、心の活動を止め、それらの観念を詳細に調べあげ、正確な内容を記録するのである。その後、時間のある折に記録を集めて分析し、結論を引き出す。（訳注1）ここで重要なことは、二つの観念のうちの二番目が一番目の観念から引き出されるのではなく、もとの対象からつねに直接導き出されたという点である。この点は、ともすれば空想に浸りたいという誘惑に絶対に流されないという態度によって徹底された。もちろん、一番目の観念が必ずしも単純な観念要素であったというわけではない。確かに、それはときとして、連想で起こりがちな視覚的イメージであったり、身についた態度や感じ方であったりもした。しかし、この一番目の観念に浸りすぎるあまり、第一義的に注意を向けなければならない、もとの対象が入れ換わってしまうようなことはなかった。

ここで付け加えておきたいのは、実験がことのほか大変で厄介であったこと、また、実験をやり抜くには断固たる意思が必要で、実験には細心の注意を払ったということである。それでも、おかげで苦労が十分に報われた。実験の結果は、心の作用の数や心の作用が生じる底知れぬ深層について、思いもしなかった興味深い見方を与えてくれた。それは、以前にはほとんど意識していなかったものである。この実験から受けた一般的な印象は、自宅の地下でたまたま衛生設備の全面的な修理がおこなわれているときに、われわれの多くが経験することに近い。すなわち、われわれは排水管やガス管、水道管、排気管といった各種配管の複雑なシステムに初めて気づく。これらの衛生設備は快適さを支えているが、ふだんは見えないところに隠されており、問題なく働いている限り、われわれは何ひとつ悩まされることなどない。

私がおこなった最初の実験は完璧なものではなかったが、この問題に対する強い関心を呼び起こすのに十分なものであり、それがきっかけとなって、先ほど一部を説明した実験手続の形式を思いついた。その最初の実験とは次のようなものであった。何度か機会を見つけて、しかも、必要とされる類いの集中力がずば抜けて高まっていると感じたとき、私はペルメル街(訳注2)を四五〇ヤード(訳注3)あまりのんびりと歩き、その間、目を引いたあらゆる対象をひとつずつ吟味したのである。つまり、その対象から直接に連想される観念がひとつか二つ生じるまで、自分の注意をその対象に留まるに任せた。そして、これらの観念を手短に心に留め、次の対象に移った。こうして、自分の心がけっしてあちこちにさまよわないように気をつけた。目にした対象の数は、約三〇〇にのぼったと思う。というのは、その後、同様の条件下で同じような歩行を繰り返して対象の数を推定しようと努めた際にも、約三〇〇という数値を得たからである。こうして心をよぎった数えきれない観念を思い出そうとしても、きわめて漠然としか思い出せなかった。とはいえ少なくとも、私のこれまでの生涯の出来事の数々が心のなかを通り過ぎたことは確かであった。自分の心の一部を形成しているなどとは思いもしなかったさまざまな過去の出来事が、改めて問題にするに及ばないほど非常になじみ深いものとして去来したのである。脳というものは、以前に思っていたよりもはるかに活動的であることがわかった。また、脳が日々働いている範囲が予想外に広いことにもおおいに驚かされた。二回目の実験に向けて、できる限り心が新鮮なままであるように、最初の経験をあれこれ考えないようにして数日の間隔を置いてから、私はもう一度歩いてみた。一回目と同じく今回も、生じた観念の多様さや、それらが象徴する出来事の多さに強い印象を受けた。なにしろ近年、それらの出来事を意識して気にかけたことがなかったからである。しかし、このような心の活動に対する感嘆の念は、そのときに得られた別の観察結果によってひどく色あせてしまった。要するに、大部分は同じ観念の繰り返しだったのである。私の心の舞台に立つ役者が多かったのは確かなのだが、想像したほどの人数ではなかった。つまり、劇場にいる役者たちは大行列をつらね、行進して舞台の下手から出ていき、舞台裏を回って、上手から再び舞台に登場するように思われた。そこで私は、こうしたすばやく去来する観念の重複傾向や特徴についてもっと知るため、それらをまとめて統計的に分析する方法を考え出すことにした。そして、私が最終的に採用した方法は、すでに述べたとおりのものである。まず適当な単語のリストを用意し、一語ずつ別々の小さい用紙に書きつける。実験に取り組んでいないときには思考からそれらの単語を締め出すように気をつけ、実験を始める前に数日あけてから、用紙の一枚を慎重に書籍の下に置く。ただし、用紙が完全に隠れてしまわないようにしたので、前屈みになると単語が見えるが、そうしないうちは、その単語が何なのかまったくわからなかった。加えて、私は小型の計時装置を用意した(訳注4)。単語を目にした瞬間に、この計時装置のスプリングを押して作動させ、その単語から直接連想された観念が二つか三つ心に生じると、スプリングを離して装置を止めた。やってみると、少なくともふつうは、観念が三つ以上になると、思うように正確には思い出せないことに気づいた。しかしときには、いくつもの観念がほぼ一緒に生じ、三つ、さらには四つもの観念を記録することができた。いっぽう、ひとつしか記録できないこともあった。先に述べたように、二つ目の観念は、ひとつ目の観念から引き出されず、いつもその単語自体から直接に連想された。それというのも、自分の全神経を単語だけに集中していたので、ひとつ目に連想された観念は意識にちらりとしか現れなかったからである。二つの観念が生じた時点で装置を止め、それらの観念を書き留め、かかった時間を記録した。ほどなく、私はこれらすべてをきわめて整然と機械的におこなえるようになった。つまり、単語を提示する前に、心を完全に落ち着かせて無心の境地ながらも集中した状態に保ち、いわば準備万端で敏感に反応できるようになったのである。装置を止める際も、次に起こる心の反動に気をとられて動揺することもなかった。装置を止める前の気分は、ただあるがままの状態を引き延ばしたというものであり、これは心の自由な働きをまったく邪魔しなかった。このように、わざわざここで説明するまでもないが、練習で思いついた数々のちょっとした予防策を取ることによって、客観性の点で申し分ない実験がおこなえたのである。しかし、それは気の進まない実に骨の折れる作業であり、予定どおりにやり遂げられたのは、ひとえに強い自制心のおかげであった。リストの単語の数は、初めはもっと多かったが、最終的に七五語に落ち着いた。私は、まったく異なる状況下で四回の連想実験をおこなうため、イギリスや外国で約一カ月ごとの間隔をあけて、これらの単語の連想について検討した。以前の実験で浮かんだ観念が思い出されて、少しでも記録に値するほど連想が左右されるようなことはまったくなかった。というのは、実験の手続きそのものが、それまでの記憶を追い出すのにたいそう効果的であったからである。もちろん、実験のとき以外はこれらの単語について考えないようにも注意していた。したがって、得られた結果は、同じく注意して集めた、ほかの一連の統計的な結果と同様に信頼できると思われる。

これらの結果を共通の統計データに取りまとめるため、まず、連想された観念が形成される速さを調べた。五〇五個の観念が形成されるのに合計で六六〇秒かかった。言い換えれば、およそ一分あたり五〇個、一時間あたり三〇〇〇個である。これは、空想にふけるときに、次々に生じる個々の連想に思考がついていく場合と比べると、あまりにも遅いと言えよう。このたびの実験では、思考の邪魔にならないように、単語を静かにゆっくり提示しなければならず、そのため、単語を理解するのに長い時間がかかってしまった。さらにまた、名詞というものはあまりにも抽象的すぎて、すぐさま適切な観念を思いつけないことが多かった。たとえば、「馬車」という名詞の概念を即座に理解するのはとても難しい。なぜなら、馬車の種類は非常に多く、二輪馬車もあれば四輪馬車もあるし、無蓋《むがい》馬車もあれば有蓋馬車もあるからである。(訳注5)そのうえ、どれひとつをとっても、さまざまなタイプがあるため、ひとつに絞ることのできない多くの選択肢が存在している。こうした曖昧な感覚のなかで、どれを考えればいいのか迷ってしまうのである。しかし、馬車という観念を、たとえば「ランドー馬車」(訳注6)に限定すると、連想はより迅速に起こる。たとえば、「道から戸口までやって来る「ランドー馬車」」と言えば、そのような「ランドー馬車」の融合したイメージが、まったく迷わずに形づくられるのである。

二番目にわかったのは、七五個の単語リストを使った四回の実験で、五〇五個の観念が生じたということである。なお一三件の試行では、私の設定した一件の試行あたり最大約四秒の間に、書き留められるほど明確な観念が何も思い浮かばなかった。これら五〇五個の観念のうち、異なるものは二八九個だけであった。**表I**の上段には、五〇五個の観念について、重複して出現した回数(四回、三回、二回、一回)別の個数を割合(パーセント)とともに示している。また、表の下段には、同じことを別の形式で示している。すなわち、二八九個の異なる観念について、出現した回数(四回、三回、二回、一回)別の個数を割合(パーセント)とともに示している。

表I　連想の重複

連想の総数	重複して出現した回数			
	4回	3回	2回	1回
505	116	108	114	167
割合(パーセント)	23	21	23	33
異なる連想の総数	出現回数			
	4回	3回	2回	1回
289	29	36	57	167
割合(パーセント)	10	12	20	58

自分の観念に多くの重複が見つかることは十分に予想していたが、二三パーセントが四回の実験で四回ともまったく同じ連想を引き出し、二一パーセントが四回のうち三回で同じ連想を引き出すなどとは思いもしなかった。なぜなら、意図的に時間や地域の事情がまっ

たく異なる条件下で実験をおこなったからである。このことから、心に蓄えられている観念の種類が私の予想よりもはるかに少ないことがわかるし、われわれの心の道路にはたいそう深い轍《わだち》がついているという印象も抱かせる。つまり、意識にのぼらないような微弱な観念がわずかであったことや、観念の重複が多かったことから結論できるのは、心というものが、なじみのある道を絶えず旅しており、脇道に逸れたときの印象は記憶に留まらないということである。心の歩みはとても軽く一瞬で過ぎ去るので、私が説明してきたような実験以外に、これをうかがい知ることができる方法はない。どうやら心は、古くから蓄えられている観念を繰り返しつぶやくことにいつも携わっているらしい。そして、これらの観念のどれもが、ちょっとでも注意を向けられないと忘れられる傾向にあり、ことによると二度と取り戻せないのかもしれない。ある対象を記憶に留めるものは、けっしてそれを初めて観察したときの興味や注意の強さではない。われわれは『ブラッドショーの鉄道時刻表』(訳注7)を熟読し、旅行で利用する汽車について最大限の関心を払って調べる。しかし、その旅行が終われば、ずいぶん熱心にそれまで検討していた時刻や関連した諸々のことは完全に忘れ去られてしまう。同様のことが、トランプゲームのホイスト(訳注8)や多くの似たような例でも起こる。私の理解するところでは、対象が記憶のなかで一定の場所に留まり続けるためには、それに対して強い関心が持続的に保たれなくてはならない。つまり、心は対象にたびたび注意を向ける必要があるものの、それが意識的か無意識的かという点は、あまり重要ではないのかもしれない。注意が向けられなければ、原則として記憶は沈み、レテ川(訳注9)にすっかりのみ込まれてしまうのである。

何らかの出来事がきっかけとなり、長年の間、完全に眠っていた記憶を呼び起こすようなことは、私の個人的な経験ではきわめてまれであり、おまけにあまり満足のいくものでもない。ところが、まさにこの一連の実験において、完全に消えたはずの記憶が、ときを別々にして三つもの異なる場面で現れた。それは次のようなものであった。私が子どものころ、父は、その当時学校でまったく教えられていなかった物質科学を私が多少なりとも学ぶべきだと気にかけていた。そのため、大きな薬局の店主と話をつけ、私が店主の実験室で何日間か化学の手ほどきを受けられるようにしてくれた。自分の知る限り、私は長年にわたりこのことを考えてもみなかった。しかし、さまざまな単語から呼び起こされる一過性の連想をくわしく調べるなかで、心に生じた二つの視覚的イメージ(蒸留器と、テーブルや灯りの独特の配置)とひとつの匂いの感覚イメージ(塩素ガス)をたどると、ほかならぬ、あの実験室に行き着いたのである。これら三つのイメージがなじみ深く感じられることには気づいたが、それらの起源についてはまったく思いあたらなかった。もしもいくつかの出来事が不思議にも同時に発生し、不意にそれら三つの連想を呼び起こすとともに、私の記憶に残存しながらも突き止められていない二つか三つの付随する事象をも呼び起こしたとしたら、驚くほど鮮やかな心的知覚が生じたであろうし、それは長年の完全な忘却からいわば超自然的な力を借りてよみがえったと、私も間違って思い込んだに違いない。おそらく多くの者が、そのような事例に遭遇すると、ひとたび知覚された物事はけっして記憶から完全に消えることはなく、息を引き取る瞬間や何らかの興奮状態のときには過去の人生のあらゆる出来事が再び現れることがあるという証拠として心に焼きつけたであろう。この見解に対して、私はまったく意見を異にする。圧倒的に多くの場合には、完全な忘却が起こると思われる。われわれの人生の思い出とされるものは、私が思うに、忘却を免れた人生の数あるエピソードの思い出にすぎない。そのようなエピソードは、何百万もあるわけではないだろうが、おそらく何十万はあると思われる。確かに、実験で解明しようとした一過性でなかば無意識の観念は、鋭い注意や何らかの適切な連想によって、ひとつ残らず鮮明になり得た。しかし、脳内をよぎらなくなって久しい観念は、それらを思い起こさせる現在の連想がないので、跡形もなく消え去ると私は確信している。幼なじみと会って、一緒に経験した当時の出来事に関する昔の記憶を比べてみると、めいめいがどれほど多くのことを忘れているかがわかるし、二人の記憶が一致することはない。たとえば、当時の出来事のなかで、どちらか一人にとって特に重要だと思われた人物やエピソードが、もう一人には完全に忘れ去られていることもある。若いころの記憶は、そのような記憶を列挙しようとしたら誰にでもわかるように、実のところ、きわめて貧弱なものなのである。

私の連想観念は、大半が他者と共有されていない私自身の経験によるものなので、他者が私の実験を繰り返した場合、間違いなく、連想観念の内容は大きく異なるはずである。つまり、誰にでもわかるように、ふつうは二人の大人の心の中身を完全に一致した形で取り出すことなどできない。けれども、私が言いたいのは、その差異を測定可能な形で表現できるということである。まったく同一の文であっても、二人にまったく同じ影響を及ぼすことなどあり得ない。また、その文に含まれるいずれかの単語から浮かび上がる第一印象も、二人の間で大きく異なるはずである。

私は苦労の末、それぞれの連想観念が私の人生で初めてそのリスト語に結びついた日を可能な限り突き止めた。うまく特定できたものが一二四例あり、それらの年代は**表Ⅱ**のように分布していた。

表からわかるように、最も早い時期に生じた四八個の連想のうち、四回の実験で毎回出現したもの

表Ⅱ　人生の異なる時期に形成された連想の相対数

異なる連想の総数		出現回数								最初に形成された時期
		4回		3回		2回		1回		
	（%）		（%）		（%）		（%）		（%）	
48	39	12	10	11	9	9	7	16	13	子どものころや若いころ
57	46	10	8	8	7	6	5	33	26	それ以降の大人の時期
19	15	—	—	4	3	1	1	14	11	最近の出来事
124	100	22	18	23	19	16	13	63	50	合計

が一二個、すなわち四分の一もあった。また同様に、大人になって初めて形成された五七個の連想のうち、一〇個、すなわち約六分の一が毎回出現した。しかし、ごく最近に初めて形成された残りの一九個の連想では、四回の実験で毎回出現したものはひとつもなかった。したがって、若いころに形成された連想のほうが定着の度合いが強いということがわかるし、連想が最初に形成された日が現在に近いほど定着の度合いが弱いということも数値として測定できたと考えられる。

表の二段目の右から二つ目のセルに記されている三三という数値は、一連の数値のなかで突出している。それは、もっぱら大人になってから見た場所の視覚的記憶のせいである。この点についてはあとで言及しなければならないので、ここでは触れないことにする。この突出した数値を差し当たり無視すれば、連想の半数が、大学卒業までの時期に形成されたことが見て取れるであろう。容易に想像がつくように、これらの多くは、イギリスの学校教育を受けた者に共通する出来事のようである。それどころか、すべての連想に目を通すと、いかにそれらがまさしくイギリス的な観念で満ちているか、しかも特に私が生まれ育ち、ずっと生きてきたイギリス社会の階層に行き渡っている観念で満ちているかが、たやすく理解できたのである。これがよくわかる例として、当時強い印象を受けたひとつの出来事を挙げたい。私が滞在していた田舎の邸宅には、とても感じのよい老若男女の一行がいた。彼らの教養や多才ぶりは、間違いなく社会の平均以下ではなかった。ある夜、われわれはラウンドゲーム(訳注10)をおこなうことになった。そのゲームでは、まず各自が、何らかの歴史上の出来事を表現した、できる限り滑稽《こっけい》に見えるなぐり書きの絵を描く。次に、それらの絵をシャッフルして順々に回し、描き手がなぐり書きの絵で描写しようとした歴史的出来事について自分なりに解釈した史実を各自が書き留めていくのである。私は、われわれの観念がほぼ同じであることに驚いた。「クヌート王と波」(訳注11)や「塔の王子」(訳注12)など、同じ史実がまったく別々に二人同時、ないしは三人同時に書かれていたのである。このことが示しているのは、われわれが初期教育によってどれほど狭く束縛されているかということである。先の表に載せた数値が、一般にも広く当てはまるものとして認められるならば、それらは連想の定着に及ぼす初期教育の多大な影響を、やはり測定可能な形で示していると言えよう。当然のことながら、私は、ここで述べたわずかばかりの実験によって、普遍的に適用可能な統計的定数を決定できるなどという乱暴な宣言をしているのではない。私の主たる目的は、従来、あまりにも曖昧で捕らえどころのなかった心的現象の部類であっても、純粋な統計的探究によって確実に把握できることを示すことなのである。

　これまでに述べた結果は、データを集めて取りまとめただけのものなので、結果について、よりくわしく述べるためには、それらを整理する必要がある。

　何度か試してみたところ、連想された観念は大きく三つのグループに分類できることがわかった。ひとつ目は、言葉の音がイメージされたもので、引用句や人名などである。これは単なるオウム返しのような記憶にすぎず、瞬時に意味もなく機械的に出現することが多かった。二つ目のグループは、それ以外のあらゆる種類の感覚的イメージであった。たとえば、イメージ上の鐘の音、記憶に残っている寒さによる震え、どこか特定の土地の匂いなどであったが、これらのすべてを合わせたよりもはるかに頻繁に生じたのは視覚的イメージであった。最後の三つ目は、適当な名称がないため、強いて言えば「演劇のような」表象と名づけたものである。これに含まれるのは、イメージのなかで自分が何かの役を演じる場合や何かの役が演じられるのを見る場合、もしくは、はるかに多いのは、イメージの劇場で自分が舞台に立つ役者であると同時に観客でもあるという場合である。つまり、私は今にも筋肉の動きが起こりそうな感覚を抱くのと同時に、脳内の操り人形――私自身の一部――がその役を演じる様子を見ており、その場にふさわしい心の態度を感じるのである。これは私の場合、連想を一般化するためにきわめて頻繁におこなう方法である。実際、ともかくも何らかの観念をこの「演劇のような」表象に変換するまでは、それを完全に理解したと感じることはめったになかった。たとえば、実験のひとつで、私は「屈辱」という単語を見て、心のなかで自分が目を半分閉じ、頭を垂れ、両方の手のひらを上に向けるというパントマイムのような恐れ入った姿勢になると同時に、その自分の姿を、そのような立場にある心の操り人形として意識したのであった。この「屈辱」という単語は、ほかのグループを説明するうえでも役に立つ。「屈辱」という単語から、「ダビデ」とか「ダビデ王」(訳注13)という言葉が、四回の実験のうち三回、思い浮かんだ。また、単語の読み間違いなのか、おそらくは「建物の基礎」という言葉との単なる音韻の類似性から(訳注14)、四回の実験のすべてで、建築中の家の土台のイメージが連想された。

表Ⅲ　単語の性質と(単語から即座に浮かんだ)連想観念の性質との関係

各系列における単語の数		感覚的イメージ	「演劇のような」表象	純粋に言語的な連想		合計
				人名	慣用句や引用句	
26	「寺院」系列	46	12	32	17	107
20	「屈辱」系列	25	26	11	17	79
29	「午後」系列	23	27	16	38	104
75						290
	「寺院」系列	43	11	30	16	100
	「屈辱」系列	32	33	13	22	100
	「午後」系列	22	25	16	37	100

連想の性質についてはこれくらいにして、次はリスト語の性質に目を向けよう。実験終了後、単語が三つのグループに分けられることがわかった。ひとつ目に含まれるのは、「寺院」「アボリジニ」(訳注15)「地獄」など、何らかの心的イメージをすぐに引き出しやすい単語であった。二つ目には「屈辱」「嫌悪」「沐浴《もくよく》」など、「演劇のような」表象にうってつけの単語が含まれていた。三つ目に含まれるのは、「午後」「能力」「異常(な)」といった抽象的な単語で、私の心のなかでの表象もまちまちなうえに不完全なものであった。これらの結果を**表Ⅲ**の上半分に示すと同時に、わかりやすくするため、それらの数値の割合(パーセント)を表の下半分に示した。

この表から、「寺院」系列の単語から浮かぶ連想の半数近くが感覚的イメージであることがわかる。しかも、ほぼすべてが視覚的イメージであった。また、この系列では、ほかの系列よりも人名が多く出現した。視覚的イメージについては、先の**表Ⅱ**における視覚的記憶のことが思い出されるであろう。**表Ⅱ**では、二段目の右から二つ目のセルの特に大きな三三という数値に注目した。この数値は、ほかの数値の全般的傾向から予想されるより二〇ほど大きい。これはひとえに、大人になってから初めて見た場面の視覚的イメージによるものと思われる。また、私の考えでは、子どものころや若いころに見た場面は、記憶に鮮明に刻まれたとしても、そもそもその数がけっして多いものではなく、その後に膨大な経験を重ねることで記憶の後ろのほうに押し込まれた可能性を示している。もっとも、すでに見たように、これは連想のほかの形式には当てはまらない。聖書の語句、日常の言い回し、詩の一部など、幼い時期に覚えた言葉の記憶は数えきれないほどあるので、きっかけさえあればすぐさま思考に浮かび、競合するすべての記憶に先んずるのである。「屈辱」系列と結びつく連想の大きな特徴は、「演劇のような」観念や感覚的イメージであり、感覚的イメージも大部分が「演劇のような」性質にまとめられる。たとえば、「嫌悪」という単語からは、四回の実験のうち三回で、ナショナル・ギャラリーが所蔵するセバスティアーノ・デル・ピオンボの有名な絵『ラザロの蘇生』(訳注16)でマルタが取っている姿勢のイメージが心に浮かんだ。マルタは開いた墓を見ないように顔をそむけて立ち、さらに視野に入らないよう、両手を顔の前にかざしている。今となっては、心のなかで私がその絵をどの程度までそのように見たのか覚えていないし、その絵に自分自身の人格をどの程度まで投影して、自分の一部である私自身の脳内の操り人形が、役者が聖史劇(訳注17)を演じるかのようにそれを演じていたのかも覚えていない。実のところ、私はその連想を感覚的イメージの項目に入れたが、本当は「演劇のような」表象の項目に入れて、そちらの数値を増やしたほうが適切だったかもしれない。

「午後」系列からは、単なる言葉遊びのような連想語が圧倒的に多く、自分は抽象概念の意味を把握するのがいかにも遅いということがわかった。というのも、思考内容がまとまるより先に、慣用句が浮かんでしまったからである。このようなことはときどき起こり、そうなると単語に集中できなくなってしまい、何も記録をつけられなかった。一三件の試行では、こうしたことが起きたか、ひとつ目の観念のあとに生じた二つ目の観念があまりにも支離滅裂で曖昧すぎて記録できなかったかのどちらかであった。そのため、これらに関する言及は、先の表では割愛せざるを得なかった。これらのことから私の一般化能力がひどく不完全なものであることが有無を言わさず示されたが、同様の実験をおこなえば、ほとんどの人が同じことに気づくに違いない。高い知的能力の証しとして、非常に抽象的な観念を迅速に把握して容易に処理する能力ほど確かなものはない。とはいえふつう、われわれは抽象概念をきわめて不完全にしか把握できず、大変苦労しながらその縁《へり》にしがみつくだけなのである。

観念が現れる順序を調べると、以下のことがわかる。第一に、「演劇のような」観念は、ほかの種類よりも断然早く出現する。第二に、多くの場合、言語的な連想がいち早く生じるが、全体的に見ると、一番目に出現する頻度が二番目よりも少しばかり高いという程度である。第三に、感覚的イメージは、単語から一番目に思い浮かぶ場合より二番目に連想される場合のほうが明らかに多い。要約すれば、私の感情に最もすばやく訴えるのは、身振り言語なのである。

数多くの実験者によりおこなわれた実際の記録を詳細に公表するのは、それらを取りまとめて統計的な形式に落とし込めるのなら非常に有益であろう。そう考えると、およそ個人の記録を単独で公表することなど、ばかげているかもしれない。とはいえ、個人の記録であっても、それはある個人の思考の基盤を不思議な明瞭さで白日のもとにさらし、その個人の心の構造を、おそらく本人が世間に公表したいと思うよりも鮮明かつ正確な形で示すものなのである。

先に述べた「一般的イメージ」に関する論文の要約作業がまだ残っている。私が示したいと思ってきたのは、どうすれば通常の意識から外れた心的操作のすべての階層を明るみに引き出して、記録し、統計的に処理することが可能であるのか、また、どうすれば思考の最初の段階につきまとう不明瞭さに穴を開けて明瞭にすることが可能であるのか、ということであった。そこで私は、連想が生じる速さ、連想の性質、連想が最初に形成された時期、連想の重複傾向、連想の相対的な優先順位を数量化して示した。さらにまた、長く忘れられていた光景が突然意識にのぼる現象に関して、多くの場合、それがどのように説明できるかを示す例も挙げた。ことによると、これらの実験から最も強い印象を受けるのは、種々雑多な心の働きがなかば無意識状態でおこなわれるということに加え、完全に意識下に沈んでいる心的操作にはさらに深い層が存在し、それによって、別の方法では説明できないような心的現象も説明できると信じるのに十分な理由が得られたということかもしれない。つまり、これらの実験から、心的連想の驚くべき数の多さや迅速さに関する洞察を得られるし、それでいて連想の種類がけっして無限ではないこともわかる。われわれが蓄えている観念の範囲が通常はごく限られていることや、心が働く際には同じ手段を絶えず繰り返すため、必然的に心の轍がますますくっきりしたものになり、心の柔軟性が年齢を重ねるにつれて低下することも明らかになるのである。

第二五章　意識の控えの間《ま》

私が何かをじっくり考えようとしているときの過程は、以下のようであると思われる。どの瞬間にも私の完全な意識のもとに存在しているさまざまな観念が、意識のそばにありながらも完全には意識できずに存在している多くのほかの観念から、最も適切なものをひとりでに引き寄せるようである。私の心には拝謁の間《ま》が存在するようで、そこでは君主たる完全な意識が同時に二、三の観念の謁見をおこなっている。この意識の届く範囲のすぐ向こうには控えの間があって、多少なりとも関連する観念たちが呼び出されるのを待っている。この控えの間で待機している観念は、拝謁の間にある観念に最も近いものから機械的ながらも論理的な方法で呼び出され、拝謁の機会を得るようである。

この場合、思考がうまく進むかどうかは、以下の点にかかっていると思われる――ひとつ目は、控えの間に多くの観念が存在していること、二つ目は、考慮中の問題ともっぱら深い関わりのある観念以外のものがまったく存在しないこと、そして三つ目は、呼び出しの命令を出す論理的な仕組みが理にかなっていることである。控えの間に観念が群がるかどうかは、自分ではまったく制御できないと私は確信している。なぜなら、そもそも観念が湧いてこなければ、自分でそれを作り出すことも、力ずくで集めてくることもできないからである。考慮中の問題が魅力に欠ける場合には、異質な観念を排除するときに心の労力や意思の力を費やす感覚が必ずともなう。しかし、それ以外の場合には、放っておいても異質な観念の排除は自動的に進む。というのは、侵入してくる観念は、まとわりつくものが見つからなければ、控えの間に留まることができず、引き下がるしかないからである。好きな活動にのめり込んでいる者は、注意を集中するために労力をつぎ込んでいるそぶりなど見せない。それどころか、自分の注意をよそに向けさせるような妨害があると立腹するものである。

これらすべての結果として、心というものは少しも努力せずとも、よい働きをすることが多い。観念を組み立てる際にも、努力して心を働かせる場合より、しばしば、よい結果がもたらされるものなのである。なぜなら、優れた観念構成の本質とは、さまざまな観念が、最も移行しやすい形で結ばれるという点にかかっているからである。われわれが長い間、同じ問題を熟考し続けていると、一時的にしろ、いくつかの思考過程や思考の近道、かけ離れた連想になじんでしまう。だが、そのようなものは他者の心をひきつけないし、ふだんの本人の心をもひきつけない。したがって、一時的に陥っているそうしたなじみの感覚を捨て去ってから、執筆や演説を始めるのがよい。十分に時間を置いてから再びその問題に立ち戻ると、自分の内にあるさまざまな観念が落ち着いていることがわかる。つまり、それらの観念は、偶然にできた相互のつながりを失った結果、本人の心に恒久的に具わっている観念の結びつきのなかに置かれ、他者の心にも届くものとなるのである。

脳は、思いがけない観念を突発的に思いつくことはあるものの、本来、よどみなく自動的に働くものである。けれども、過去の努力や現在の努力がなければ、申し分なく働くことができるかどうかは疑わしい。ここで言う努力の特質とは、おもに控えの間にある内容を意識の届く範囲に少しでも近づけることにあると思われる。そうすれば、意識はそのすべての内容を見て取り、論理的能力によって、それらを順次吟味し、拝謁の間に呼び出すのに最もふさわしい観念を選択するのである。

並外れた流ちょう性と鮮やかで迅速なイメージ能力は、一流の演説家や作家になる人びとが生まれつき自然にもっている才能である。というのは、この才能なしには、彼らがそのような職業で成功できたはずがないからである。私の知っている五人の新聞編集者は次々と幻想が移り変わるのを見るというのだが、この興味深い事実からわかるのは、二つの形式の流ちょう性、すなわち文学的流ちょう性と視覚的流ちょう性につながりがあるということである。もっとも、流ちょう性は病的な能力であるかもしれない。それというのも、流ちょう性はアルコールによって著しく高まるし(酔った詩人は、語ることに飽きることがない)、さまざまな薬物によっても高まるからである。それに、妄想や狂気、情動の昂進状態でも流ちょう性が認められる。罵詈雑言の流ちょう性ときたら途方もなく、その手の悪口はとめどなく続く。

流ちょう性の才能がある人びとは、細部に至るまで精通した主題の執筆や演説に備えて、いったいどのような準備をするのであろうか。私が数人に尋ねてみたところ、通常、次のような方法が取られるようである。まず、その主題に関連するさまざまな話題についてざっと考えをめぐらせ、私が控えの間と呼んできたものに同種の観念が十分に満たされるまで、その作業をおこなう。次に、観念同士が独自の結びつきでつながることができるように、それらを離合集散するままに任せておく。そうしていると、主要な話題同士をつなぐように見える何らかの線が、なんとなくちらちらと思い浮かんでくる。このあと、観念同士のつながりが、徐々にではあるが確実に意識のなかへと入り込んでくるので、それらが適切になるように、あちらこちらを省いたり引き延ばしたりすることで、主題の各部の間に確固とした一本のつながりが築きあげられる。こうなると知的な労力は無用となり、観念同士の構成は自動的によどみなく進む。これが私の考えるふつうの方法ではあるものの、けっして万人に共通する方法ではない。というのは、観念を最も容易に組み立てる条件は人によって大きく異なるからである。このような観念の組み立て方の違いは、ほかの系統的な調査で認められるのと同じように、精神や人体の構造に個人差があることの明確な証拠を与えているように思われる。

宗教的な熱望に対して導かれる内なる答えの少なくとも一部が、心の受け入れ態勢がととのったときに自動的に生じる幻想や思考、言葉と同様の源から生じると考えるのは、しごくもっともなことである。敬虔な者が自らの心を神聖なものに同調させ、雑念を締め出し、静けさのなかで待ちつづけながらじっと瞳を凝らす。すると、次第に暗闇が消え、心の静けさが破られ、宗教的な答えが聞こえてくる。このありさまは、あらゆる宗教の敬虔な信者がたびたび述べているところである。これは、演説家や作家の心に自動的に思い浮かぶ通常の観念や、イメージに関する章で述べた幻想と共通していると私には思われる。いずれの場合も、分割不能な個人の心が分裂し、その分裂した心の一部がほかの部分と、あたかも他者と会話するのと同様に話をかわすのである。

一部の個人や民族は生まれつきほかの人びとより想像力に秀でており、彼らは、およそあらゆる種類の幻想を抱きがちである。彼らは空想力に富み、雄弁で、詩才があり、信じやすいたちである。これらの「熱狂的な」能力は、すべてが一緒に結びついているように思われる。これについては熱狂に関する章で立ち戻りたい。

信仰心のなかに病的なものがあることはすでに指摘したが、ほかに、想像力に富んだ女性、特にヒステリー傾向を患っている女性が陥りやすい病的な霊性状態のようなものもある。医者にはよく知られていることだが、この状態には、実に不思議なことに、信じられないほどの虚偽行動がつきものである。下劣な詐欺をおこなうようには見えない地位にある貴婦人たちにも、この種の霊性状態が認められ、彼女たちは、注目されたいという奇妙で無意識の願望にとりつかれているように思われる。法悦状態の者、幻想を見る者、信仰のため断食しながらもこっそり盗み食いをする少女は、みな多くの場合、この範疇に入る。

注

第一一章

（1）Transactions of the Ophthalmological Society, 1881, p. 198.

（訳注1）このタイトルの「無視（unconsciousness）」は、ふつう「無意識」という訳語があてられることが多いが、本章の内容からは「気づかないこと」「気に留めないこと」という意味合いのため、「無視」と訳した。

（訳注2）二〇二〇年三月現在、日本眼科学会では「色覚異常」が使用されているが、日本遺伝学会から「色覚多様性」という呼称が提唱されている。

（訳注3）化学者ジョン・ドルトン（1766–1844）は二六歳ごろになるまで自身が色覚異常であることに気づかなかったという。

（訳注4）視覚化された数字（visualised numerals）はのちに数型（number forms）と呼ばれるようになった。

（訳注5）聴覚と視覚などの異なる感覚モダリティを同時に体験する共感覚（synaethesia）のこと。

（訳注6）クエーカー教徒が自分たち「クエーカー」を自称する際の名称。

（訳注7）医師トマス・ヤング（1773–1829）は、今日に通じる色覚の三色説の原型を唱えた。

第一二章

（1）"Generic Images," Proc. Royal Institute, Friday, April 25, 1879. その一部は付録に掲載〔本書には未収〕。

（訳注1）ここで言う装置（furniture）とは、生まれてから獲得され蓄積された知識全体のことを指している。

第二四章

（訳注1）その時点の感覚によって新たに認識された何らかの対象。

（訳注2）ロンドン市内の中心部にある一地域。

（訳注3）約四〇〇メートル。

（訳注4）一九世紀末までにはヒップ・クロノスコープなどの計時装置によって、きわめて微小な時間の計測が可能になっていた。

（訳注5）「蓋」とは、おおいかぶせる幌のことで、この幌の有無でも馬車の種類が区別される。

（訳注6）乗客が向かい合わせに乗る幌つき四輪馬車。

（訳注7）一八三九年から一九六一年まで発行されていたイギリス全土の鉄道時刻表。

（訳注8）ブリッジのもととなったゲームで、一回のプレイ中には特定の切り札を覚えておかなければならない。

（訳注9）ギリシア神話に登場する「忘却」の川で、その水を飲むと過去を忘れるとされる。

（訳注10）ペアを作らずに単独でおこなうゲーム。

（訳注11）一一世紀のイングランド王クヌートが、海の波に「満ちてはならない」と命じたが潮は満ちてきたことから、王の力も及ばない物事があることを示した逸話。

（訳注12）一五世紀のイングランド王リチャード三世が二人の甥を塔に幽閉して殺したとされる逸話。

（訳注13）旧約聖書にダビデ王が「屈辱」や「自己卑下」を表す場面がいくつか見られる。

（訳注14）「屈辱」は abasement であり、「建物の基礎」は a basement なので発音が類似している。

（訳注15）オーストラリアの先住民。

（訳注16）マルタはラザロの妹。

（訳注17）イエス・キリストの生・死・復活を主題にした中世の劇。

記憶を求めて——脳・心・過去

ダニエル・L・シャクター

北川 玲［訳］

ダニエル・シャクター（Daniel L. Schacter）は、一九五二年六月一七日生まれで、現在ハーバード大学心理学科の教授である。また、化学者、エンジニア、慈善家として著名なウィリアム・ケナン（William R. Kenan, Jr 1872–1965）の名前を冠とした冠教授でもある。シャクターは一九七四年にノースカロライナ大学チャペルヒル校を卒業し、その後、トロント大学の大学院で学び、一九七七年に修士の学位を、一九八一年に博士の学位を得た。彼の博士論文を指導したのは、記憶研究の大家として知られているエンデル・タルヴィング（Endel Tulving 1927–）であった。大学院生のシャクターは、一九七八年、本書にも記されているように、タルヴィングにつきしたがって、イギリスのオックスフォード大学の客員研究員となっている。博士の学位取得後はトロント大学の記憶障害ユニットでディレクターとして勤務し、一九八七年にアリゾナ大学に移り、一九九一年からはハーバード大学に教授として勤務している。二〇一三年にはアメリカ合衆国でもっともオリジナリティある研究を追求した学者が選ばれる、栄誉のある National Academy of Science のメンバーにも選出されている。

本書『記憶を求めて――脳・心・過去』（*Searching for memory : The brain, the mind, and the past*, New York : Basic Books, 1996）は、過去二〇年間に大きく変貌した記憶研究に関して、実験により行動データを取得する心理学的アプローチに加え、脳に関する認知神経科学的アプローチも加えた二〇世紀末時点での成果である。本書をつらぬくテーマは、シャクターが「記憶のフラジャイル・パワー(記憶のもろさの力)」と呼ぶ記憶のあわせもつ不思議な弱さと力強さであり、これが我々の人生の様々な場面でその方向性を決定していることが示されている。ともすれば記憶の専門書というと、エビングハウス流の様々な実験室実験の研究から事実を精査し、それらの事実を説明する仮説や理論だけを紹介するというものが多い。本書もそういう視点を外しているわけではないが、本書を他の類書と異ならせているのは、シャクターが芸術に現れる記憶の現象や個人生活における事象、障害者の臨床にまで目を向けた研究を行い、その成果から記憶という不思議な現象をとらえて説明しようとする研究者としての姿勢であろう。本書について、マサチューセッツ工科大学の認知科学者であるスティーヴン・ピンカー(Steven Pinker 1954-)は、「記憶について我々が知り得ることに関する胸躍る記念碑的著作」と絶賛している。確かに、本書のような広範なテーマを扱って、科学的に語れる心理学者は(もちろん心理学者以外にも)、シャクターを除いていないであろう。

本書は一〇章から構成され、記憶にそなわった様々な「パワー(力)」が我々の生活のありように、深く、本質的に影響していることを、幅広い観点から解説している。その範囲は、脳損傷や心理学的トラウマに起因する健忘症、起こってもいない出来事の「記憶」であるフォルスメモリ(虚記憶)、想起できなくなった記憶の復元にかかわる回復された記憶、意識化されない潜在記憶の日々の生活への影響、情動と記憶など幅広く、これらの現象に関わるシャクター自身の研究も含まれている。今回訳出したのは、これら一〇章のうち、第六章「潜在記憶の隠された世界」と第七章「情動的記憶——過去が執拗につきまとうとき」の二つの章である。ここには、エビングハウス、ゴールトン、ゼーモンをはじめとする無意識の記憶に関する膨大な過去の研究の蓄積の上に、シャクターらによって初めて「潜在記憶」という名称の与えられた無意識の記憶のはたらきの数々が実証的研究とともに詳細に描かれている。一読すれば、誰もが人間生活における記憶の重要な役割に関するシャクターの鋭い眼差し、その知識の深さ、それらをもとに記憶のメカニズムを明らかにしようとしている方向性を感じ取れるはずである。それと同時に、このことがシャクターの研究の立場をきわめて特異で、創造的なものにしていることも理解できるはずである。

シャクターの著作には、五年後の二〇〇一年に出版され邦訳もされている『なぜ、「あれ」が思い出せなくなるのか――記憶と脳の七つの謎』(*The seven sins of memory: How the mind forgets and remembers*. Houghton Mifflin.)もあり、本書とともに、優れた著作に与えられるアメリカ心理学会のウィリアム・ジェームズ賞を受賞している。なお、シャクターは、本書で取り上げているゼーモンに関して、*Stranger behind the engram: Theories of memory and the psychology of science* 1982 と *Forgotten ideas, neglected pioneers: Richard Semon and the story of memory* 2001 を著し(いずれも未訳)、いちはやく英語圏にゼーモンの仕事を紹介している。

なお訳中の文献で「in press(印刷中)」となっているものについては、巻末の「参考文献」で刊年や標題などを追補した。

〔厳島行雄〕

第六章　潜在記憶の隠された世界

一二月のボストンは日の暮れが早い。たいていの人にとって、これはニューイングランドの冬がより陰鬱に感じられる原因のひとつなのだが、私はさほど嫌いではない。日の入りが早くなれば、ハーバード大学のキャンパス北端に近い私のオフィスの窓から夕日を眺められる。ボストンの街並みのシルエットが空にとくに美しく映えるのが冬の夕暮れ時なのだ。一九九三年一二月のそんな夕方、私は疲れ果てて休憩を取り、窓の外を眺めていた。だが、ぼうっとして過ごす楽しいひとときは一本の電話に遮られた。

電話の相手はローワン・ウィルソンと名乗った。ニューヨークの一流法律事務所クラバス・スワイン・アンド・ムーアに所属する弁護士だと言う。彼の事務所は大規模な訴訟で巨大コンピュータ企業IBMの代理人を務めており、どうやらその件に記憶の問題が関わっているらしい。話を聞こう、手を貸すことも考えようと私は答えた。

人は記憶に頼っていると意識しないで過去の経験から情報を引き出すことは可能でしょうか？　ウィルソンの最初の質問を聞いたとたん、私ははっとした。この十年間、まさにこの問題について科学者として取り組んできたからだ。過去の経験を思い出しているという自覚がまったくないのに、その経験の影響を受けている場合の記憶を、私や共同研究者たちは潜在記憶(implicit memory)と呼んでいる。潜在記憶について、私はさまざまな実験をおこない探求してきた。ええ、思い出しているという自覚なしに過去の経験の記憶を利用することは可能だと断言できます。私は答えたが、怪訝に思った。いったいなぜ弁護士がこんなことを知りたがるのだろう？

ウィルソンにはもっともな理由があった。彼が携わっている訴訟には、思い出しているという自覚がなくても記憶をたぐり寄せられるという考えの現実性が決め手となる部分があったのだ。この訴訟には、知的財産に関する論争が絡んでいた。従業員が職務を果たすなかで発展させた考えや知識に対する権利は、誰に帰属するのか？　この問題は、かつてＩＢＭに勤めていた電気技師ピーター・ボニーハードの頭のなかにある専門知識が、どのような扱いをされているかに大きく依存していた。ボニーハードは一九八四年から、ＩＢＭの画期的な新技術の開発で中心的な役割を果たしていた。コンピュータのディスクから情報を読み取る技術で、業界ではＭＲ（磁気抵抗）ヘッドとして知られている。信じられないほど小さく薄いデバイスで、磁気をベースとした方法により、ディスクに貯えられた情報を解読する。ＭＲヘッドは従来の技術よりはるかに多くの情報をディスクに搭載でき、その技術的、経済的効果は莫大だ。この開発に寄与したボニーハードはＩＢＭで高く評価されていたが、彼の能力を求める会社は他にもあった。一九九一年、ボニーハードはＩＢＭを退職し、ディスク・ドライブやヘッドの製造に特化したライバル社のシーゲイトに入社した。

ＩＢＭは、ボニーハードがシーゲイトでＭＲヘッドの担当として働くことに異議を唱えた。ＩＢＭ社員だったとき、彼はＭＲヘッドの製造や機能に関する企業秘密の情報に大量に接しており、それを社外に漏らさないと誓約していた。独自のＭＲヘッドの開発を狙うシーゲイトの挑戦に深く関わっている彼は、企業秘密を漏らすつもりがなくても実質上それは不可能だ、とＩＢＭは主張した。これがローワン・ウィルソンの抱えている訴訟の核心であり、彼が私に助言を求めた理由であった。ボニーハードは新しい職場で、自分でも気づかぬうちにＩＢＭの秘密情報を漏らすのではないか、とウィルソンは考えていたのだ。

ＩＢＭとシーゲイトの争いは解決し、ボニーハードはＭＲヘッドの開発に直接関わることができなくなった。私は今までこの訴訟について言及する機会がなかったが、本件は記憶のもろさの力(memory's fragile power)を理解するうえで重要な問題を提起している。人は思い出していると自覚していないときに、過去の経験の記憶をどの程度まで示すことができるのだろう？　そうした潜在記憶があるという証拠は何か、そして潜在記憶は日常生活での行動や思考にどのような影響を与えているのか？　潜在記憶の存在は、心や脳にある記憶の本質や構造について、何を語りかけているのか？

この一五年間、心理学や神経科学はこうした問題に答えるべく、著しい進歩を遂げてきた。潜在記憶に関する研究により、過去の経験の影響の測り方も、記憶の本質についての考え方も、非常に大きな変革を遂げたと言っても過言ではない[1]。潜在記憶というものに至るまでの道のりは——私個人としても、この分野全体としても——二〇年ほど前、オックスフォードの古い街での出来事にまでさかのぼることができる。

健忘症の患者が学習できるのはなぜか？

一九七八年が明けて間もなく、私はオックスフォードに到着した。初めてイギリスに来た私は、瞬く間に心を奪われた。オックスフォード大学に属するカレッジのひとつ、オール・ソウルズ・カレッジの荘厳な塔や複雑なつくりの尖塔にも、壮麗なボドリアン図書館の黄金色の石壁にも、そして何世紀もの歴史を誇る古い店やパブに通じる石畳の小道にも。トロント大学の大学院生として入学した私は、幸運に恵まれていた。私の指導教授のエンデル・タルヴィングが一年間の予定で客員研究員としてオックスフォード大学に招かれたため、私はこの一年のほとんどを彼と過ごすことになったのだ。

タルヴィングは私がローレンス・ワイスクランツ教授と毎週会えるよう計らってくれた。ワイスクランツは、脳が知覚し記憶するしくみにおける世界的権威のひとりである。彼の共同研究者でロンドンの神経心理学者であるエリザベス・ワリントンと二人で、記憶の研究者たちが関心を寄せながら解明できずにいた健忘症の患者に関する論文を最近いくつか発表していた。二人は実験で、健忘症患者とボランティアの健常者グループに、「table（テーブル）」や「garden（庭）」などありふれた単語のリストを学習させた。その数分後、今度はそのリストに含まれる単語と、含まれていない単語を混ぜたものを見せた。健忘症患者はどの単語が先のリストに含まれていたのかを思い出せず、非常に苦戦したが、これは驚くことではなかった。健忘症患者が最近提示されたリストに含まれる単語を再認しづらいことは、すでに先行研究で明らかにされていたからだ。だが、ワイスクランツとワリントンはさらにもう一つ、別の記憶テストをおこなった。今度は「tab――」や「gar――」など、単語の最初の三文字を示し、その続きを答えさせたのだ。このテストで、健忘症患者が先のリストにある単語を書いた数は、当てずっぽうで書いた場合に期待できる数よりも多かった。(2) さらに驚くことに、いくつかの実験では記憶に問題のない健常者と同数の単語を書いたのだ。この奇妙なパタンはどう説明したらよいのだろうか?

ワリントンとワイスクランツは、健忘症患者にとって三文字の手がかりがとくに役立ったと思われる理由をひとつ示唆した。通常ならなんの関係もない記憶がよみがえり、正答を思い出す妨げとなるのが、手がかりのおかげで患者たちは混乱を免れたという理由だ。だが、患者の様子にも注目すべき点があった。三文字の手がかりを与えられた際、患者たちは先のリストの単語だと思い出したようには見えず、それどころか、単語当てゲームをしているような感じだった。つまり、しばしばリストで見た単語の記憶を答えていたものの、ふつうの意味で「思い出している」わけではなかったのだ。

ワイスクランツは、脳を損傷した別のタイプの患者について、さらに驚くべきことに気づいた。彼は後頭葉の損傷により視力をほとんど失った男性の研究を始めていた。後頭葉とは脳の後方にあり、我々を取り巻く外界を知覚するのに必要な部位である。脳損傷の影響を受けるはずの視空間の一部に光を見せても、この男性は何も見えないと言うのが常だった。ところが、光った場所を「推測」するよう言われると、じつに正確に言い当てるのだ! 彼はなんらかの形の無意識的知覚ができるように思われた。ワイスクランツは注目に値するこの能力を盲視(blindsight)と呼び、健忘症患者に見られる無自覚な記憶と何らかの関連があるかもしれないと示唆した。(3)

私は胸が躍った。こうした所見は、重度の健忘症患者HMが新たな運動技能(motor skills)を習得できたことを示す、一九六〇年代のブレンダ・ミルナーらによる先駆的な研究と合致するものだったのだ。HMは動く標的を追跡する練習を積み、記憶になんの障害もない者と同様に、正確さをどんどん増していった。もっとも、HM自身はこの課題を以前にもやったことがあるなどとは自覚していなか

った。(4)

記憶の研究者たちは、この驚くべき発見に初めて接しても、あまり関心を示さなかった。HMが新たな運動技能を習得できたのは、運動学習は海馬とその周辺の内側側頭葉(medial temporal lobe)(HMの脳はこれらを取り除かれていた)の部位に依存しない特殊な記憶だからだ、という解釈が一般的だった。ほとんどの記憶研究者は、運動学習は他の記憶とは違うとして片づけ、この件をさらに追求しなかった。にもかかわらず、健忘症患者を対象としたワリントンとワイスクランツの発見は、知覚における盲視の例証とともに、HMの運動学習の残存には、きわめて深い意味があることを示唆していた。直観に反するこうした現象が、通常は意識に隠されている無意識の記憶や知覚という地下世界の存在を私に感じさせたのだ。

哲学者や外科医、精神科医は、この興味深い隠された世界について、散発的に観察を発表していた。フロイトその他の精神分析学者たちが何十年も前に、抑圧された願望、空想、不安の宝庫としての無意識について理論化していたことも、私は十分承知していた。だが、私に言わせれば、健忘症患者の自覚なき記憶も、盲視の自覚なき知覚も、抑圧された衝動や願望とはなんの関係もない。しかも、フロイト派による無意識の概念を科学的に調べ、解明しようという動きはほとんど見られなかった。フロイト以前にも、イギリスの内科医ロバート・ダンが一八四五年、溺れかけて救出されたが何ひとつ記憶を有していない女性について報告していた(おそらく脳に酸素が送られなかったせいだろう)。この女性が、服の作り方をいちいち覚えられないにもかかわらず、学習して腕利きの裁縫師となったいきさつを記すダンの文章には、やや驚きが込められていた。一九一一年、フランスの偉大な哲学者アンリ・ベルグソンは、過去の意識的な記憶を、我々の行動に無意識的に影響を与える習慣(habits)と区別した。過去は意識と無意識という基本的に異なる二つの形で生き残る、と彼は熱を込めて主張したのだ。ベルグソンや他の学者が臨床の場で観察し理論化したものを、科学的方法を使って吟味するのは、私にとって胸躍るものであった。(5)

トロントに戻ってから、私は他の研究者たちが健忘症患者について記述していた独特の記憶を目の当たりにした。一九八〇年の夏、臨床心理学者のポール・ワング博士に頼まれて、ある患者を検査することになったのだ。その患者は事故で重度の頭部損傷を受けていた。彼をミッキーと呼ぶことにしよう。ミッキーは最近の経験をほとんど何も覚えていなかった。私は検査用テーブルをはさんで彼と向き合い、これからおもしろい雑学を教えてあげようと言った。あらかじめ百科事典などを漁って、あまり知られていない事実を拾っておき、ミッキーに次のような質問をしたのだ。「野球の試合が初めておこなわれた場所は?」(答え、ホーボーケン)、「握手の回数で世界記録をもっている人物は?」(答え、セオドア・ルーズベルト)。ミッキーが知らないと言うと——彼はほとんどの質問の答えを知らなかった——私は正答を教えた。ミッキーはこうした雑学に興味を持ち、私とのゲームを楽しんだ。その後、私は検査室を出て、二〇分後に戻ってきた。ミッキーはさっき私が検査したことをうっすらとしか覚えていなかった。私がいろいろ話した雑学もまったく思い出せなかった。ところが、野球の試合が初めておこなわれた場所をきくと、彼は自信をもって「ホーボーケン」と答えた。握手の回数で世界記録をもっている人物を尋ねてみると「セオドア・ルーズベルト」だと言う。ミッキーはどこでその知識を得たのかわからず、たいてい「なんとなく、それっぽいから」と答え、姉から聞いたのかもしれないと言うこともあった(6)。

ミッキーとの出会いにより、ワイスクランツ教授の話や医学雑誌で知ったとおり、健忘症患者は最近の経験を意識的に思い出せないだけで、実際にはその経験から影響を受けることもある、と私は心から確信した。ちょうどその頃、タルヴィングと私は、ワリントンとワイスクランツの実験について考え続けていた。健忘症患者は、最近学習した単語の手がかりとして一部の文字を示されると、なぜ好成績を収めるのだろう？ こうした手がかりが健忘症患者に残されているなんらかの無意識的な記憶に働きかけるのだとしたら、健忘症を患っていない者にも同様の何かが見つかるのではないだろうか？

答えを出すべく我々は実験を計画した。我々の論理は単純なものだった。もし文字手がかりが健忘症患者に残されている記憶の一種に働きかけるのであれば、健常なボランティアの参加者に単語を学習させ、その後に手がかりを見せて単語を推測させたら、やはり同様の記憶を引き出せるかもしれない。ワイスクランツの観察によれば、健忘症患者は文字手がかりつきのテストを推測ゲームとしてやっていたという。それゆえ、大学生たちにも推測ゲームだと言ってテストをやらせたら、彼らもワリントンとワイスクランツが健忘症患者に見つけたのと同じ類いの記憶に頼るかもしれない。

実験をおこなったのは一九八〇年の夏だった。実験の流れを知るために、次の単語を五秒間ずつじっくり見てほしい。「assassin（暗殺者）」「octopus（タコ）」「avocado（アボカド）」「mystery（ミステリー）」「sheriff（保安官）」「climate（気候）」。さて、あなたは自分の用事を片付けに行き、一時間後に戻ってテストを二つ受ける。まず、一連の単語を見て、さっきのリストにあったかどうかを尋ねられる。

その単語は「twilight（たそがれ）」「assassin（暗殺者）」「dinosaur（恐竜）」「mystery（ミステリー）」だ。おそらくこのテストは難なくこなせるだろう。次に、文字が一部抜けている単語を見て、空欄をなんとか埋めて単語を完成するように言われる。示されるのは「ch---nk」「o-t-us」「-og-y---」「-l-m-te」だ。このうちの二つ、「chipmunk（シマリス）」と「bogeyman（ブーギーマン）」[訳注1]は苦戦するだろうが、残りの二つはすぐに答えを思いつけるだろう。それはもちろん、先の学習リストで「octopus」と「climate」を見ていたからだ。このような記憶をプライミング（priming）という。リストの単語を見たために、単語を完成するテストで正答を思いつく能力が準備《プライム》されるからだ。

テストは単語リストを見せてから一時間後、または一週間後におこなった。当然ながら、意識的な記憶では、一時間後よりも一週間後のほうがはるかに正答率は低かったが、単語完成テストにおけるプライミングは、一時間後も一週間後もまったく変わらなかった。この発見から、興味深いことが読み取れる。単語を見たという意識的な記憶以外の何かが、単語完成テストにおけるプライミングに関わっているのだ。しかも、最初の学習段階で見た記憶のない単語だと参加者が言っていても、プライミングが生じるのも興味をそそられる。実際、プライミング効果の大きさは、参加者にとって見覚えのない単語でも、見覚えのある単語でも同じであった。これらの結果から、プライミングは意識的な記憶とは無関係に生じる、と我々は結論した。他に考えようのない、説得力のある結論だった。[7]

それはまるで雪崩に遭ったような感じだった。ワリントンとワイスクランツが健忘症患者に文字手がかりのある課題を与えて実証した奇妙な記憶について、理解の手がかりが得られたのだ。この種の記憶は健常な成人にも潜んでいるらしく、単語完成テストにより、その存在をうかがい知ることができる。天文学者が、おそらく存在すると言われていながら確認できなかった新しい星か銀河全体を発見したら、まさにこんな気分だろう。探査の待たれる新たな世界がいきなり目の前に開けたのだ。

私はまた、日常生活に現れるプライミングにも注目し始めた。これには意図的ではない盗作も含まれるかもしれない。この数十年でおそらく最も知られた例は、ビートルズのメンバーだったジョージ・ハリスンと彼の一九七〇年代のヒット曲「マイ・スウィート・ロード」に関わる騒動だ。ハリスンにとって不運なことに、彼のメロディーはシフォンズが一九六二年に歌った「ヒーズ・ソー・ファイン」にとてもよく似ていた。訴訟を起こされたハリスンは、「マイ・スウィート・ロード」を書く以前に「ヒーズ・ソー・ファイン」を聞いたことがあると認めたものの、故意に借用したという点は否定した。一審裁判官は二つの曲が偶然の産物と言うには似すぎているとし、「ハリスンの作品は、彼の潜在意識にある記憶を故意にではないが真似したものにちがいないと法廷が感じたことを受け、たしかに著作権侵害に当たると判決を下した(8)」。

この種のプライミングは、あなたも経験があるかもしれない。職場の同僚か友人に自分の考えを話してみたところ、興味のなさそうな反応をされたり、頭から否定されたりした。ところが、それから数週間か数カ月後、今度は相手が意気込んで、あなたの考えを自分がたった今思いついたように言ってきた。あなたは声に怒りをにじませ、相手にとって不都合な真実を伝える。相手はむきになって否定するか、とたんに記憶が意識によみがえり、ばつが悪そうに謝るか、どちらかだろう。ジークムント・フロイトは、まさにそのような経験をしている。彼は長年、ベルリンの外科医ウィルヘルム・フリースと熱く波乱に富んだ友情関係を保っていた。フロイトは、何か思いついたり洞察したりすると、たびたびフリースに打ち明けており、彼からの賛同が精神的な支えとなっていた。人は誰しも基本的には両性の素質をもっているという、きわめて重大な洞察をフリースに語ったとき、フロイトは感嘆されると思い込んでいた。ところがフリースは、「二年前に私が発見してきみに話したのに、きみは認めなかったじゃないか」と言ったのだ。結局、フロイトは当時のやりとりをはっきり思い出し、「こんな形で独創性を譲り渡さざるを得ないのはつらいものだ」とコメントしている。こうした観察に触発され、最近の心理学者たちは意図的ではない盗作の類いを実験室で実現できるようになり、それをプライミングに直接結びつけている(9)。

一九八〇年代初頭にはプライミングの研究が激増し、科学雑誌には興味深い論文が次々に掲載された。プライミングはさまざまなテストで生じた——先に学習したリストにあった単語や物体を意識的に思い出させるのではなく、一瞬だけ提示した単語や物体を同定したり推測したりするテストでも認められたのである。たとえば、ラリー・ジャコビーとマーク・ダラスは、(単語の意味や連想されるものに焦点を当てる)深い符号化と(単語の個々の文字に焦点を当てる)浅い符号化をおこなったところ、プライミングの量が変わらないことを発見した。この結果は注目に値する。深い符号化は浅い符号化よりもはるかに成績の優れる顕在記憶を生じさせるからだ。もっとも、プライミング効果は容易に排除できる。参加者が学習課題に取り組む際、ターゲットの単語をテープで聞くだけで印刷されたものを見なかった場合、その後の視覚的に提示される単語テストではプライミングがほとんど、もしくはまったく見られなかった。単語の実際の形の知覚に関する何かがプライミング発生の鍵となっていたのだ(10)。

単語を完成させる我々の実験結果と合わせてこうした研究結果を考えてみると、プライミングという新しく謎に満ちた現象は、研究者が長年探求してきた記憶とは異なる規則に従っていることが示唆される。謎の一部は、記憶のテスト時に参加者に与えられる指示にまでさかのぼれることが明らかになってきた。たとえば、健忘症患者に単語の最初の文字などの手がかりを与え、先の学習リストにあったターゲットの単語を思い出すよう指示すると、成績は非常に悪い。だが、同じ手がかりを与え、単語を推測させるか、または最初に思い浮かんだ単語を書くよう指示すると、患者は記憶に問題のない人々とまったく遜色のない成績を収めるのだ。また、健常なボランティアの参加者にターゲット項目を思い出させるテストでは、符号化の深さが記憶保持に影響を与えるが、最初に思いついた単語を答えるテストでは、符号化の深さによる影響はほとんど見られないのである(11)。

科学者は上質なミステリーを好む。プライミング効果の意味するものを探ろうとする研究者が大勢現れた。タルヴィングと私の見解はすでにはっきりしていた。プライミングは意識的な想起とは無関係に思われるため、過去のある特定の出来事を思い出させるエピソード記憶システムには依存しないはずだと我々は考えた。このシステムは、今まで本書で述べてきたことのほとんどに主要な役割を果たしている。去年の感謝祭のディナーでの出来事、ゴルフの一ラウンド中にティーショットを打った場所、学習リストで「octopus」という単語を見たことなどを思い出せるのは、エピソード記憶のおかげだ。健忘症患者にはエピソード記憶がほとんど、もしくはまったくないが、それでも正常なプライミングをしばしば示す。したがって、プライミングの起源はエピソード記憶システム以外に存在しているにちがいないと我々は結論づけた。でも、それならどこにあるのだろうか？

調べてみる価値がありそうなのは意味記憶だった。意味記憶とは、概念、連合、そして世界に関する一般知識を構成している事実の複雑なネットワークだ。ミッキーのような健忘症患者は、初めて野球の試合がおこなわれた場所は「ホーボーケン」だと覚えられるが、その事実を知ったエピソードは思い出せないため、意味記憶が関わっている可能性がある。また、プライミングの実験で「octopus」のような単語を見ると、電力サージ(訳注2)の一種が「octopus」という意味表象を興奮または活性化させ、意味記憶が急によみがえるのかもしれない。おそらく健忘症患者は、エピソード記憶が正常に機能せず、最近の学習エピソードで「octopus」という単語を見たと意識的には思い出せなくても、こうした意味記憶を刺激するサージから恩恵を受けているのだろう。この考えは確かに理にかなっているが、問題も見えてきた。プライミングが意味記憶に依存しているのであれば、学習時に深い意味的な処理をおこなうことで、浅い非意味的な処理より多くのプライミングが発生するはずだが、そうならないのはなぜなのか？　プライミングはなぜ学習時に単語を実際に見ることに依存するのだろう？　さらに、プライミングは非常に長続きする可能性があり、我々が日常生活で常にさまざまな単語と接していることを考えると、意味記憶に保存されている単語のすべてが長期にわたり準備状態にあるなどあり得ないのではないか？　プライミングはきっと「今はまだほとんどわかっていない別の記憶システムの働き」を反映しているのだろう。(12)

それが何なのかわからないまま、我々は新たな記憶システムの存在について考えた。心には複数の記憶システムがあるという考えは、だいぶ前から存在していた。ベルグソンは一九一一年、意識的な記憶を習慣と区別した際に、この結論に達していた。しかも、同様の区別をしていた哲学者は彼だけではない。一九世紀初頭には、あまり名の知られていないフランスの哲学者メーヌ・ド・ビランが、記憶は概念、感情、習慣の三つの異なるシステムに分割できると論じていた。だが、多くの実験心理学者たちは、記憶システムは万能でひとつしかないとする考えに固執していた。記憶システムが複数あるという動かしがたい証拠が出ない限り、システムはひとつと考えるほうが簡潔で経済的だからだ。一九六〇年代から七〇年代にかけて、短期記憶(今ではワーキングメモリと呼ばれる)は長期記憶とは異なるシステムに依存しているのかどうか、激しく議論がかわされた。早い段階から、私はシステムが異なるという証拠に言及していたが、誰もが納得したわけではなかった。一九七二年、タルヴィングがエピソード記憶と意味記憶を区別するよう提唱したところ、一部の心理学者は長期記憶をさらに二つのシステムに分けるこの考えに反発した。そして今回、我々はさらに第三のシステムを加えるよう提案したのだ。とても容認できるものではない、と一部からは思われた。反対する研究者は、プライミングは分化していない単一の記憶システム内で生じるものであり、さまざまな方法で調べることができると信じていた。したがって、異なる記憶システムの働きを考えるなど非経済的であり、明らかに間違っているというわけだ(13)。

こうした問題に関し、活発な論戦が繰り広げられた。しかも、新たな証拠が現れ、火に油を注ぐこととなった。すなわち、健忘症患者は、いつ、どこで学んだのか覚えていなくても、知覚技能(perceptual skills)を習得できるという証拠だ。ニール・コーエンとラリー・スクワイアは健忘症患者と健常なボランティアを対象に、ありふれた単語の鏡映像を読ませる研究を行った。最初のうちは、誰もが読むのに苦労したが、練習を積むにつれ、たいていの参加者は読む速度が速くなっていった。健忘症患者はどの単語を読んだのか、意識的には思い出せないという問題があったものの、正常な練習効果が得られた。[14] そこで二人は、このような技能学習は健忘症患者に残されている「手続き(procedural)」記憶システムに依存するものだと主張した。このシステムは、たとえば自転車に乗る、キーボードで単語を打つ、ジグソーパズルを埋める、単語の鏡映像を読むなど、ものごとの「やり方」だけに関与している。この手続き記憶システムは、やはりプライミングに関わっているのだろうか？　それとも、エピソード記憶、意味記憶、そしてタルヴィングと私が示唆している第三の記憶システムに加え、第四の記憶システムとすべきものなのだろうか？

一九八〇年代半ばには、複数の記憶システムの存在をめぐって激しい論争がおこなわれ、論争の当事者のどちらかいっぽうにくみせずにプライミングや技能学習について語るのが困難になっていた。プライミングという胸躍る新しい現象や、記憶がなくても習得できることについて、研究者たちが記憶システム論争で対立する二派のいずれにもくみすることなく論じられる用語が、この分野には必要だった。一九八四年、私はこの問題に真っ向から取り組むことにした。それは共同研究者のピーター・グラフと共に、ある新たなプライミングの実験結果をまとめていたときだった。グラフと私は、我々や他の研究者が実験で観察してきたことを語るために、どうしても新たな用語が必要だという認識に至ったのだ。

我々は候補をいくつか検討し、区別したいことを最も端的に言い表せそうなものに決めた。すなわち、潜在記憶(implicit memory)と顕在記憶(explicit memory)である。[15] 健忘症患者がプライミングや技能学習を示すとき、顕在記憶は有していないものの、最近の経験のある側面を潜在的に覚えている。

大学生が「o-t--us」を見て「octopus」と単語を完成していながら、「octopus」を学習リストで見た覚えはないと言う場合、はっきりとは(顕在的には)覚えていない経験から潜在的な影響を受けていることがわかるのである。

日常生活において、潜在記憶は今まで考えられてきたよりも顕著な役割を果たしているのかもしれない、と私はまもなく考え始めた。たとえば、人があるものを別のものより好む理由を探ろうとした社会心理学者たちが、さまざまな絵をほんの一瞬(見えたかどうかもわからないほどの短い時間)だけ見せる実験を行ったところ、参加者は見たことのない絵よりも一瞬だけ見せられた絵のほうを好むことが明らかになった。だが、参加者はどの絵を見せられたのか顕在的に覚えているはずがない。こうした知見にはサブリミナル知覚めいたものが感じられ、これをもっともらしく利用したのが一九五〇年代の狡猾な広告戦略だった。映画館のスクリーンに「コカコーラ」と「ポップコーン」の文字をほんの一瞬だけ見せる。観客には見えるはずもないのだが、とたんにコカコーラとポップコーンが欲しくなって売店に殺到するだろうという作り話だ。このサブリミナル効果は広告業界によるでっち上げの一環だと判明したが、コカコーラとポップコーンがなぜか欲しくなる理由として、潜在記憶が反映されているという考えは生き残った。(16)

一九八〇年代半ばには、数々の十分に統制された研究により、好みや感情が顕在的には記憶していない接触や経験によって形成され得ることが示された。たとえば、架空の人物に対してネガティブな単語を(訳注3)意識的知覚に残らないほど短時間提示すると、その後、参加者はその人物に対し敵意をいだいた。なんらかの形の記憶が原因となっているのだが、本人はネガティブな情報を「思い出した」などとはまったく感じていなかった。また、健忘症患者の研究でも、顕在的には思い出せない情動的経験の潜在記憶が存在することが明らかにされた。たとえば、脳炎患者のボズウェルが重度の健忘症を患っていることは前の章で述べたが、その彼がある実験に参加した。実験をおこなう研究者のひとりは「良い人」(ボズウェルに特別のおやつをくれる人)、別のひとりは「悪い人」(おやつを欲しいと言ってもくれない人)、そしてもうひとりは中立的にふるまう人と決めてあった。その後、ボズウェルはこの三人についてなんの顕在記憶もなく、顔見知りという意識もなかった。だが、三人のうちの一人の写真と一度も会ったことのない人の写真を二枚一組にして彼に見せ、気に入ったほうを選ばせたところ、最も多く選ばれたのは「良い人」で、選ばれる回数が最も少なかったのは「悪い人」だった。(17)

外科手術で全身麻酔を受けた患者についても、興味深い報告が得られている。無意識状態にある患者は、手術中に何を言われても、何をされても、知覚できず注意を向けることもできないというのが一般通念である。だが、一九六〇年代におこなわれたある実験では、執刀医が手術中に、「まずいな、患者はもたないかもしれない」と不吉な言葉を発し、「危機的状況」を演出した。この「危機的状況」にさらされた患者のなかには、のちに手術中のことを聞かれて非常に動揺した者もいた。これは、手術台に無意識状態で横たわっている間に、ある種の潜在記憶が形成されたことを示唆している。(18)

いっぽう、危機的状況とは反対に、麻酔をかけられている間に「すぐに回復する」と声をかけられた患者は、そうではない患者よりも術後の入院期間が短かったことが後年の研究で示されている。医師の言葉を顕在的に記憶している患者はひとりもいなかったにもかかわらずだ。のちに私と共同研究者は実験をおこない、手術中に単語のリストを読み上げられた患者は、術後の入院期間中に実施したテストで、その単語にプライミングを示すことを実証した。予想どおり、患者はその単語の顕在記憶をまったく有していなかった。(19)

また、潜在記憶は先に考察した記憶の歪曲にも関連があると思われる。想起した情報の起源――たとえば、誰が何を言ったのか、それは実際に起きたのか、単に想像しただけなのか――を忘れたとき、我々は不正確な情報源を作り出し、そのために誤想起をすることがある。定義上、潜在記憶に情報源の想起は含まれない。したがって、ある考えがふと思い浮かんだり、ある情動を感じたりすると、その理由を理解しようとして、もっともらしいが正確ではない情報源を作ってしまうのかもしれない。(20)

既知感(déjà vu)という不思議な経験に潜在記憶が関与している可能性もある。明らかに初めての出来事なのに、以前すでに同じことがあったとふと感じるのは、ほとんど誰もが経験している。説明のつかないこの馴染みの感覚は、一九世紀後半に初めて既知感と呼ばれ、心理学者と精神科医の間で活発な議論がおこなわれるようになった。ある理論によると、既知感とは目の前の状況によって活性化された経験の断片の影響を反映したものだが、顕在的に想起することはできないという。たとえば、会社の同僚と話していて、以前にも同じ会話をしたことがある――だが、覚えてはいない――とふと感じた場合、会話の言い回しか内容が、かつての会話で語られた何かの潜在記憶の引き金となったのかもしれない。そして、この奇異な感覚を理解したいという気持ちだけが残る。(21)

さらに、潜在記憶の研究は、乳幼児がどのようにして経験から学ぶのかという、記憶のもうひとつの重要な面に新たな視点をもたらした。発達心理学者たちは、前言語期の乳児が――新生児ですらも――驚くほど学習できることを示してきた。新生児が(乳の出ない)乳首を吸啜《きゅうてつ》することで、聞こえてくる音に対する反応がわかる装置を用いた研究では、日齢三日の乳児が母親の声を聞くと、聞き慣れない声よりも頻繁に吸啜することが明らかにされている。この嗜好性は、乳児が母親の声に関する情報を記憶にとどめていることを示している。妊娠女性を対象とした別の研究では、出産までの六週間、ドクター・スースの絵本を繰り返し声に出して読んでもらった。すると新生児たちは、母親が初めて読む物語よりこの作品のほうが好きだと頻繁に吸啜することで示したのである。母親がドクター・スースの物語を朗読していたことについて、何かを符号化して保持しており、それが吸啜行動に影響を与えたのだ。(22)

こうした実例は、乳児が子宮内での経験を顕在的に記憶していることを示すものだろうか？　いや、そうではない。内側側頭葉を損傷した健忘症患者や手術麻酔時の患者も、顕在的には記憶していない過去の経験から影響を受ける場合があり、乳児の最初期記憶(early infant memory)の徴候の多くにも同じことが言える可能性がある。

確かに、年少乳児でも、ある特定のエピソードの具体的な詳細を保持できることを示す研究もある。たとえばキャロライン・ロビー・コリアーらは、月齢二カ月から五カ月の乳児が片脚にひもでつなげたカラフルなモビール(訳注4)を動かす方法を学習できることを見いだしている。赤ん坊がキックするとモビールはすぐに回り、音楽が鳴り出す。赤ん坊はこれが楽しくてしかたがない。実験の翌日か翌々日に再び実験室に連れてこられると、二カ月児ですら自ら何度もキックする。モビールに関するなんらかの情報を記憶にとどめていることを示すものだ。さらに、三カ月児では実験の一週間後であっても、六カ月月児では二週間経っていても、何度もキックする。

ロビー・コリアーはまた、モビールの動かし方を覚えた翌日に、前日とは見た目の異なるモビールを見せると、乳児たちはあまりキックしないことも明らかにした。さらに驚かされるのは、前日に乳児が初めて遭遇したモビールには、裏地に四角い模様のある生地が使われていたのに、その翌日には裏地に丸い模様のあるモビールをあてがったところ、六カ月児はモビールを「ぽかんとして眺めるだけ」だった。だが、実験二日目も前日と同じく裏地に四角い模様のあるモビールをあてがうと、赤ん坊たちは頻繁にキックしたのである。(23)

こうした知見は、乳児は対象物の詳細と、それを経験したときの状況に関するなんらかの情報を記憶にとどめておけることを示すものである。それでは、赤ん坊は自発的にキックするとき、過去にモビールで体験したことを「思い出して」いるのだろうか？　それとも、なんらかの潜在記憶、おそらくは手続き反応または運動反応を示しているに過ぎないのだろうか？　何を覚えているのか赤ん坊は話してくれないが、顕在記憶よりは潜在記憶に近いと思われる乳幼児の記憶の例が報告されている。五カ月児を対象としたある研究では、トーン音が聞こえるとミルクを飲むために横を向くよう条件づけをした。ところが、お腹がいっぱいでミルクを飲めなくなってもなお、乳児たちはトーン音が聞こえるたびに横を向く動作をしたのだ。(24)トーン音が聞こえたら何が起こるかを実際に覚えているのなら、満腹状態でわざわざ横を向くだろうか？

十年あまり前、共同研究者のモリス・モスコビッチと私はある論文を発表した。潜在記憶を支える脳の構造は、顕在記憶に必要なシステムよりも先に完成することを示唆する内容だった。実際、すでに見てきたように、精緻な符号化や方略的検索、情報源記憶に重要な役割を果たす前頭葉は、発達後期になるまで成熟しない。ところが、生後一カ月の子ザルを使った最近の研究では、内側側頭葉にある海馬を含む部位が損傷すると記憶が妨げられることが示されたのだ(25)。もしヒトの乳児にも同じことが当てはまるのであれば、比較的初期の記憶保持の出現は、海馬を含む脳のシステム――成人では顕在記憶と関連しているシステム――に依存しているのかもしれない。たとえば、ロビー・コリアーの実験で見られたような記憶保持は、原始的な形態の顕在記憶の萌芽を示している可能性もある。

とはいえ、子どもは一歳近く、生後八、九カ月頃にならないと、顕在的な再生の徴候をはっきりとは示さない。この時期になると、隠されたおもちゃを探して見つけることができるようになる。たとえ探索行動を開始するまでに数秒待たされる場合でもだ。さらに驚かされるのは、九カ月児が特定の行動を一週間後でも再生できると示した心理学者アンドリュー・メルツォフの研究である。たとえば、実験者がプラスチックの箱の上に額を打ちつける動作を見た子どもは、一週間後にその箱を見ると、しばしば同じ動作をした。いっぽう、箱は見ていたが動作は見なかった子どもが、その動作をすることはまずなかった。この行動は、実験者が箱に額を打ちつけたことを実際に想起したとは必ずしも言えないものの、そのエピソードについて何かを知っているのは明らかである。また、一三カ月児を対象とした最近の研究でも、似たようなタイプの模倣手続きを使い、ある特定の一連の出来事について、子どもが一週間後も、そして八カ月後ですら、なんらかの知識を保持しているという明らかな証拠が得られている。たとえば、実験者が数個の部品を使ってゴング(訳注5)を作るのを見た子どもは、そのあとに部品を与えられると組み立て方を知っていたのだ。成人の健忘症患者に同じ課題を与えても記憶の徴候がほとんど見られないため、子どもが示しているのはプライミングや手続き学習だけではないことが示唆される。つまり、これは年齢を重ねるにつれ着実に増加していく顕在的な再生と再認の始まりなのだ。やがて言語技能が発達し、子どもは自分の経験に物語構造を与える方法を学んでいく。これとは対照的に、プライミングやプライミングに関連する潜在記憶は、小児期にはほとんど変化しないことを示す研究が続々と発表されている。たとえば、三歳児は五歳児より記憶量ははるかに少ないものの、まったく同レベルのプライミングを示す。同様に、リスト単語の再生は六年生のほうが一年生よりも多いが、プライミングのレベルは一年生とほぼ同じなのである(26)。

記憶の発達に関する以上のような潜在記憶の役割に加え、さまざまな患者集団に見られる神経障害の特性についても、潜在記憶が重要な手がかりを与えることが明らかになってきた。相貌失認患者は熟知人物の顔すら顕在的には再認できにくいものだが(第三章を参照)、それでも潜在的な知識を有していることが数名の研究者により発見されている。たとえば、ダニエル・トラネルとアントニオ・ダマシオは、熟知人物と、未知人物の顔写真を相貌失認患者に示し(訳注6)、生理学的覚醒の指標である皮膚コンダクタンス反応を記録した。患者はどの顔も意識的には再認できなかったにもかかわらず、皮膚コンダクタンス反応は熟知人物の顔のほうが大きかったのである。その後、プライミング技法を使った研究により、相貌失認患者は再認できなかった顔について潜在的な知識をもっていることが明らかになった(27)。

こうした興味深い研究が現れるにつれ、私は潜在記憶研究を日常生活に活かす意義に引きつけられるようになった。健忘症患者の研究をしているうちに、記憶を失ったために患者の日常生活が破綻することを強く意識するようになったのだ。ほとんどの健忘症患者は仕事を続けられず、初歩的な責任すら与えてもらえない。患者は生きている意味が感じられず、生きる気力を失ってしまう。だが、潜在記憶の研究は、このような人々がなんらかの学習能力を間違いなく保持していることを示している。だとすれば、この能力を活かせないものだろうか？　健忘症患者が、自分では気づかずにいる記憶能力を利用できる方法はないのだろうか？

プライミングを活用する――バーバラの物語

その女性をバーバラと呼ぶことにする。彼女は一九八〇年に二六歳を迎えたときは人生が充実し、不安は何もないと思われた。幸せな結婚生活を送り、大企業で事務職を得ていた。ところが、どういうわけか突然重い病気になった。脳炎にかかったのだ。この恐ろしい病気から回復するにつれて、彼女がもはや抜け殻のようになってしまったことが明らかになった。自分の過去をほとんど忘れ、事実や概念の一般的知識、日々の決まりきった行動の多くも忘れ、今現在、自分の身に起きていることさえ、ほとんど何も覚えられなくなっていたのだ。

イギリスの芸術家デイヴィッド・ジェーン（第五章を参照）と同様に、バーバラも恐ろしいウイルスにより失われた知識や技能の多くを学び直すことができ、最終的には再び読み書きができるようになった。だが、この病気は消えない傷も多く残した。最も際立つのは深刻な健忘症候群だった。バーバラはもはや仕事に求められるものをこなせなくなっていた。幸い、会社はバーバラを支援し、彼女でも十分にできるような単純な事務仕事を見つけてくれた。

六年後、バーバラは思いがけない通知を受けた。今までやってきた単純な事務仕事はまもなく機械が完全に取って代わるという。この仕事を失えば、脳炎感染後に夫婦でなんとか築いてきた比較的安定した生活が崩壊してしまう。会社もこの点はよくわかっており、あらゆる選択肢を試さずに解雇したくはないと考えていた。私と共同研究者が「記憶障害者ユニット」でおこなっている研究にバーバラが参加していたため、会社は我々に助言と可能な力添えを求めてきた。はたしてバーバラは学習ができるのだろうか？　新しい仕事を覚えられるのか？　会社が知りたいのはそこだった。

我々はバーバラの可能性を楽観視していた。顕在記憶は乏しいものの、彼女は正常なプライミング効果を示していたのと、さらに重要なのは、バーバラが新しい知識を驚くほど多く獲得できることをすでに知っていたからだ。三年前から、共同研究者の心理学者エリザベス・グリスキーと私は、健忘症患者が日常生活を送るうえで役立つ新しい知識や技能を獲得できるかどうか判断する試みに着手していた。それ以前の記憶リハビリテーションはたいした成果を上げられず、健忘症患者の傷ついた顕在記憶を再建する試みはすべて失敗に終わっていたのだ[28]。抜本的に異なるアプローチが必要だ、とグリスキーと私は考えた。

もしも健忘症患者に残されている潜在記憶能力を利用できれば、日常生活を送るうえで特定の問題に対処できるよう、知識や技能を教えることは可能なはずだ。我々はワリントンとワイスクランツが初期の研究から得た基本的な知見に立ち戻った。すなわち、健忘症患者は文字の手がかりを与えられると、以前に学習した単語に対し正常なプライミングを示すというものだ。この知見に基づき、我々は「手がかり漸減法(method of vanishing cues)」なるものを開発した。たとえば、コンピュータとのやりとりに必要な基本的語彙をいくつか健忘症患者に教え込むために、コンピュータ画面上に「プログラムの繰り返し部分」などといった定義を見せる。もし患者が答えを知らなければ、文字の手がかりがひとつ、またひとつと現れる。患者が「loop(ループ)」と正答するまでこれが続き、患者が要した文字手がかりの数がコンピュータに記録される。次にこの定義を見せる際は、患者が「loop」を思いつくまでに要した文字数からひとつ文字を減らした手がかりを与える。こうして最終的には文字の手がかりがすべて消え、患者は自力で正しい単語を答えるようになる。

我々は最初の研究結果に意を強くした。手がかり漸減法を使うと、健忘症患者たちは単純に単語と定義を繰り返したときよりも速く、コンピュータ用語の定義を身につけたのだ(29)。しかも、バーバラは優等生のひとりだった。コンピュータ用語を比較的速く習得し、記憶の保持も良好だった。また、やはり手がかり漸減法を使い、健忘症患者に自分のプログラムの作成と保存、文書の編集、ディレクトリの利用などを教える研究でも、彼女は優等生だった。訓練から約一年後に再試験したところ、驚いたことに、患者たちは基本的に忘却を示さなかった——以前コンピュータを操作した顕在記憶すらない患者も数名いたのだが(30)!。

このようなわけで、バーバラの会社から連絡を受けたとき、彼女が複雑な新しい課題を実験室で学べていたため、適切な仕事が見つかれば、職場環境でも同じように結果を出せるはずだと思ったのだ。我々は会社を訪問し、会社の記録からデータをコンピュータのファイルに入力する仕事なら希望が持てそうだと判断した。この仕事をこなすには、バーバラは大量の新しい情報を学ぶ必要があるが——記録にはさまざまなコードや記号が含まれ、コンピュータへの入力ルールには複雑なものもあった——彼女なら習得できると我々は感じた。そこで、訓練用に仕事を模した課題を用意し、実験室で手がかり漸減法を使ってバーバラの訓練を開始した。これが成功すれば、彼女は職場環境でも実際に仕事ができるはずで、会社側も同意した。

訓練を始めてから、荷が重すぎたかと不安になった。というのも、バーバラはどの課題をこなすにも多くの文字手がかりを必要とし、最初のうちは時間がかかりすぎて仕事にならなかったのだ。熟練者は記録ごとに約一五秒でデータを入力するのが望ましいとされていたが、バーバラは一時間近くもかかっていた。それでも、回を重ねるにつれて所要時間は短縮され、文字手がかりの数も減っていった。そしてついには手がかりなしで着実にデータを入力できるようになり、時間も一五秒を切った。問題は次の段階だった。はたしてバーバラは職場環境でも適切に仕事をこなせるだろうか？　だが、彼女はみごとにやり遂げた。我々の任務は成功した——しかし、話はこれで終わりとはならなかった。

バーバラが週に数時間だけ働くのであれば、この課題ひとつできれば十分だが、フルタイムで働くには、請求書、注文書、出荷書類など、会社のさまざまな記録からデータを入力する方法を学ぶ必要があった。どの記録ひとつとっても、情報の入力方法を覚えるのは複雑な課題なのだが、バーバラがフルタイムの職を得るには、一一種類もの文書からデータを入力できなければいけない。習得すべきルール、記号、コードは全部で二五〇種類を超えていた。我々が知る限りでは、健忘症患者にこのような桁違いの課題を教えようとした者はひとりもいなかった。だが、我々はそれまでの段階で用いた手がかり漸減法に従い、今度も成果を収めた。バーバラは六カ月の訓練を経て、この複雑な仕事を職場環境でも完璧にこなせるようになったのだ。そして彼女はフルタイムの職を得た(31)。

こうした学習と練習を経ても、バーバラの顕在記憶はまったく改善されなかった。日々の出来事を思い出すのに大変苦労するのは相変わらずだが、彼女に残されているプライミングと技能学習の能力を利用することで、我々の訓練方法は彼女の人生に大きな変化をもたらした。しかも、この方法は他の健忘症患者にとっても意義があった。バーバラがかなり複雑な仕事を習得できたのだから、他の患者にできないはずがない。実際、頭部損傷により記憶障害となった患者たちが、バーバラに教えたような課題を習得できたことを示す追跡研究が報告されている。また、我々が開発した手がかり漸減法の改善を試みた研究者たちもおり、健忘症患者たちが日常生活で使える知識や技能を教えることに新たに成功したという報告もあがっているのだ。(32)

だが、バーバラのような健忘症患者は、複雑な課題を学ぶのに潜在記憶に大きく依存しており、この点でいくらかの代償を支払わされるという事実がある。つまり、我々の訓練研究で健忘症患者が習得した知識は柔軟性に欠けているのだ。患者がすでに学んだコンピュータのコマンドの言い回しにごくわずかでも変化を加えると、患者は正答を思いつけず非常に苦労する。たとえば、我々のコンピュータ用語の研究で、「プログラムの繰り返し部分」という定義が与えられると「loop」と答えるよう学んだ患者は、「プログラムに同じオペレーションを繰り返させる場合に与える指示」などと定義を別の表現で言い換えると、答えを思いつけないことが多い。この種の変化は、記憶に問題のない健常者ではほとんど影響が出ないものである。(33)

健忘症患者は、定義とターゲット単語のかなり素朴なつながりに基づいて反応していた。彼らの学習を促進したのは、基本概念の深い理解よりも、単にその単語が文中に見つかるという点だった。健忘症患者の学習を可能にするプライミングは、理解よりも知覚に根づいているように思われる。だとしたら、プライミングの知覚特性は、タルヴィングと私が潜在記憶の研究を始めた頃に考えていた記憶システムの性質について、何らかの手がかりを与えてくれるのだろうか？

心のなかの物体

抽象画家のシェリル・ウォリックは、ふと心に浮かぶ一瞬の形や物体にいつも関心を注いでいた。エレガントで、しばしば神秘的な雰囲気をたたえた彼女の作品は、円や球、楕円などといった基本形で表されるイメージを素材としている。シェリルはカンバスを記憶そのもののメタファーとして扱う。幾重にも塗り重ねられた絵の具は、人の心に蓄積していく日常経験の層を視覚的に示したものだ。彼女は絵の具の層を引っ掻き、消し、こすって下の層を露わにする。下層の絵の具は作品の隠された「過去」であり、それは我々が自分を理解しようとするとき、過去の積み重なった層を振り返るやり方と似ている。「私の作品は私ならではのものですが、テーマは人の経験であり、自分自身や作品を理解するために通る情動空間なのです。過去を理解しなければ、今の自分は理解できません」とシェリルは述べている。(34)

一九九一年、彼女は見覚えのない形が心のなかに何度も入り込んでくるのに気づいた。節くれ立った、拳《こぶし》のような構造物が細いチューブに付いている。いつも作品に登場させていた円や楕円とは似ても似つかない。この奇妙な形はいったいなんなのか、そしてたびたび侵入してくるのはなぜなのか？ある日、生まれたばかりの我が子と遊んでいたシェリルは、あの奇妙な形が目の前にあることに気づいた。おもちゃのガラガラだ。この数カ月、シェリルの生活にはガラガラが満ちあふれていた。侵入してくるイメージとして、赤ん坊のおもちゃを「思い出して」いながら、自分ではそうと気づかなかったのだ。シェリルの作品「目に見える過去」(図**6**・**1**)には、その形が描かれている。一風変わっているが、どこか見覚えがあるような気もする形だ。作品タイトルには、彼女の思いが反映されている。作品に描かれたイメージによって、自分の奇妙な「記憶」が皆の目に触れることになる、という意味である[35]。

ある批評家はシェリル・ウォリックの作品について、次のようにコメントをしている。「まるで記憶や夢のように、イメージは曖昧模糊として非論理的であるが、その情動の力に揺り動かされる[36]」。「曖昧模糊として非論理的」な性質は、シェリルが描くのは人間や場所の顕在的想起ではないという事実から生じている。描かれたイメージは、意識のなかで姿を現す形状や形態、経験の知覚的断片の潜在記憶であり、意識的

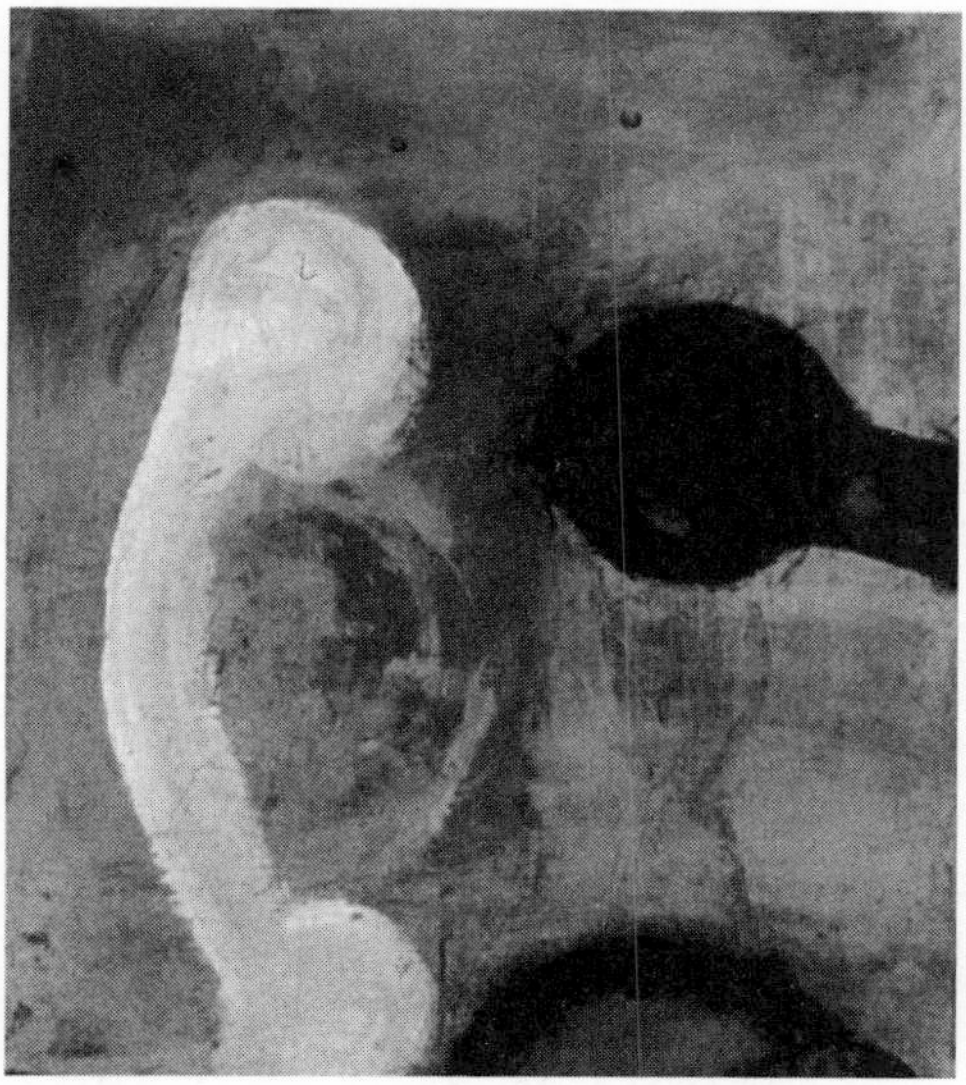

図 6.1　シェリル・ウォリック，『目に見える過去』，1991 年，12×10 インチ，アクリル画，ギャラリー NAGA（ボストン）.
幼い娘と遊ぶようになってから，ウォリックの心におもちゃのガラガラの形がたびたび侵入するようになったが，彼女はガラガラで遊んだことを思い出しているとは気づかなかった.

に再認可能な背景や物語とは切り離されているのだ。

一九八〇年代末に、私は形状や形態、物体《オブジェクト》の知覚記憶についていろいろ考え始めた。健忘症患者を対象とした我々の研究では、プライミングは知覚と深い関わりがあることが示されていた。また他の研究者も、単語のスペルを完成するテストをおこなうと、学習時に単語を目で見た場合のほうが、その単語を音として聞いた場合よりもプライミング効果が大きくなると報告していた。実際、学習時とまったく同じ書体や活字体(訳注7)を使って単語のテストをおこなうと、学習時とテストで単語の見た目を変えた場合よりもプライミング効果が大きい、と複数の実験で示されたのだ(37)。これは、プライミングが脳のとくに知覚分析に関わるシステムに依存しているということではないか、と私には思えた。

また、私は何年も前に報告された興味深い事例との関連も考えるようになった。それは脳を損傷した患者について数名の神経心理学者が述べたもので、知っている単語は上手に読み上げることができるが、その単語の意味はほとんど何もわからないという。イニシャルでWLPと呼ばれる患者は、「blood(血)」や「cough(咳)」などスペルが不規則な単語ですら、意味はわからないながら正しく読み上げることができた。このような単語を正確に発音するには、保存されている単語の視覚記憶を想起できなければならず、それによって初めて正しい発音がもたらされる(スペルがもっと規則的な単語を発音する場合は、そのまま声に出すだけでよい)。「blood」のような単語を発音できるのは、保持している単語の形状の視覚記憶とその音韻体系との結びつきを、WLPが想起できることを示している。いっぽうで、単語の意味を理解できないのは、単語の意味記憶を想起できないためと考えられる。WLPや同様の患者から、単語に関する視覚情報は意味情報や概念情報とは別に保持されていることが示唆されるのだ[38]。

プライミングを理解するうえで、こうした興味深い患者から何が見えてくるかと私が考えていた頃とほぼ同時期に、PETスキャン技術を使った新たな研究により、知っている単語の視覚分析と意味分析をおこなっているときは、脳の異なる領域が活性化することが明らかになった。つまり、知っている単語をただ見ているときは、視知覚に欠かせない脳領域である後頭葉の特定部位が活性化するのに対し、単語の意味について考えているときは、側頭葉および前頭葉といった他の領域が活性化するのだ[39]。WLPのような患者から得られた観察と、こうしたPETの結果を合わせて考えると、単語に関する視覚情報を保持する役割は、他とは異なる脳のシステムが担っていることが明らかとなった。これが、かつてタルヴィングと私が考えた記憶システムなのだろうか?

単語を見ると視覚プライミングが促進されることは、すでに実験で明らかになっていたため、これは知覚に基づいた記憶システムに依存すると理論化できる自信が私にはあった。この考えは、プライミングが健忘症患者に残されていることを示すワリントンとワイスクランツの研究をはじめ、他の多くの研究結果とも一致する。健忘症患者は顕在記憶に必要な海馬領域や間脳領域に損傷があるが、単語の視覚的符号化を含む後頭葉の領域は損傷していない。後頭葉の領域がプライミングに重要な役割を果たしているのであれば、健忘症患者から得られた結果は容易に説明がつく。さらに、バーバラのような患者が新しい情報をあれほど柔軟性に欠け、融通性のない方法でしか学習できない理由を理解する助けともなるだろう。バーバラは新しい情報を習得するのにプライミングに大きく依存していた。質問文の表現を変えられていたら、習得は叶わなかっただろう。知覚に基づいた記憶システムに大きしていたにちがいない。

く依存していたからだ。彼女はおそらく、ルールやコマンドをそのまま一続きの視覚形態として学習していたにちがいない。

こうした証拠はすべて互いにうまく組み合わさるように思われた。だが、今まで私がプライミングや知覚について述べてきたことは、言語材料――知っている単語――を用いた研究を頼りにしている。もしプライミングが知覚と密接に関わっているのであれば、非言語的な形状や形態でもプライミングは生じるはずだ。たとえば、シェリル・ウォリックの心に侵入し続けていた赤ん坊のガラガラの形状は、おそらくプライミングの影響を反映したものだろう。だが、こうしたプロセスを実験室で研究する方法を見つける必要があった。椅子や家など見慣れた物体の写真を見せられ、その後にその写真の断片を提示されると、それが何の写真かを同定する際にプライミングが生じることは、すでに実験で明らかにされていた(40)。だが、見慣れた物体にはすべて名前がある。言語ラベルでは容易に符号化できない新奇な形態でもプライミングは生じるものなのかを解明したいと思い、私は心理学者のリン・クーパーと共に一連の実験に取り組んだ。クーパーは物体知覚の理解に先駆的な貢献をした研究者だ。我々は新奇な視覚形状に対する潜在記憶を検討し実証する方法を考え出した。

用いたのは**図6・2**に示したような見慣れない物体だった。可能物体――木材や粘土で作れるもの――もあるが、不可能な構造の物体もある。M・C・エッシャーの絵のように、三次元では存在し得ないものだ。物体をひとつずつコンピュータ画面に短時間提示し、物体として存在可能かどうかを大学生たちに判断させたところ、可能物体の判断では、数分前に見た物体の影響を受けるプライミング効果が得られた。意外なことに、不可能物体ではプライミング効果がまったくなかった。健忘症患者でも結果は同じだった。健忘症患者は自分が見た物体を顕在的には記憶できないため、可能物体に対するプライミング効果は潜在記憶を反映していると自信をもって言えよう。[41]

　この結果は心躍るものだった。言語ラベルのない新奇な形状でも、プライミングが生じると示されたからだ。不可能物体にプライミングが生じなかったのはなぜだろうか？　脳は不可能物体の全体像を作り出せない。プライミングは知覚に基づいた記憶システムに依存し、このシステムは物体の全体構造に関する情報を保持する、という説を我々は考えた。不可能物体の全体構造情報は、このシステムにはおそらく保持されないのだろう。保持できるような整合性のある全体構造がないからだ。[42]

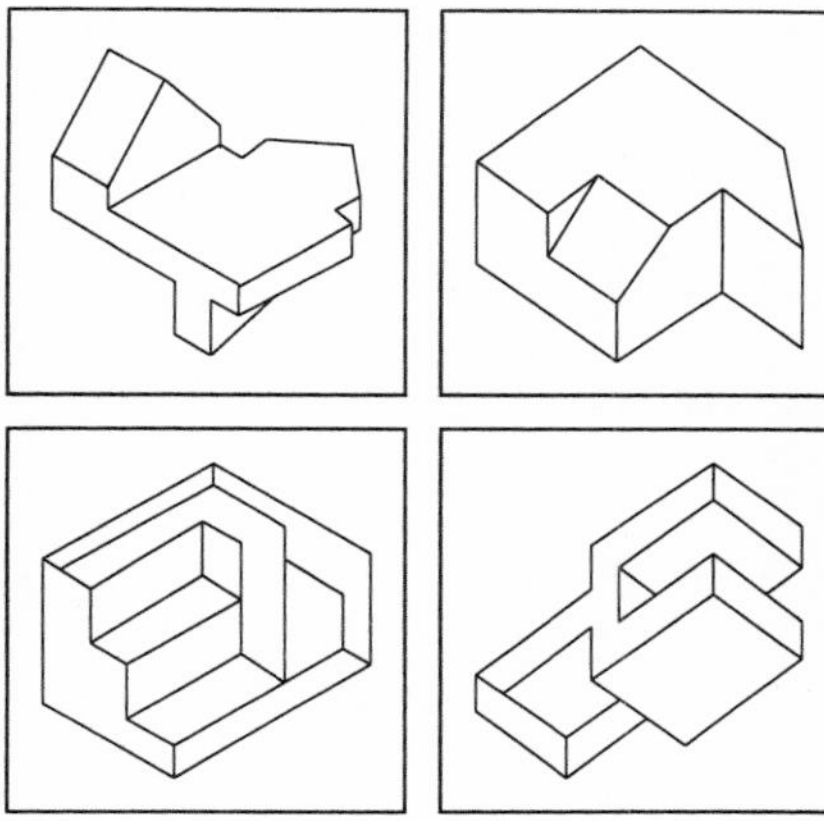

図 6.2　シャクターとクーパーが新奇な物体に対する潜在記憶と顕在記憶の実験で用いた物体の実例．上段の二つは三次元で存在しうる可能物体，下段の二つは構造的に無理があり，三次元では存在できない不可能物体の絵である．詳細は本文を参照のこと．

　物体に関するプライミング研究の結果は、単語の視覚プライミングに関する研究結果とみごとに一致した。どちらの研究でも、知覚システムがプライミングに重要な役割を果たしていることが示されたのだ。記憶システムの特性を明らかにしようと、私はタルヴィングと共に模索してきたが、ついにこのシステムの理論化の確固たる根拠が得られた。タルヴィングとの共著論文を含め、私はいくつかの論文でこのシステムを知覚表象システム(perceptual representation system：PRS）と名づけた。日常的な環境にある物体を同定し、印刷されたページに知っている単語を認識できるのはPRSのおかげだ。PRSは単語や物体の形態や構造の処理に特化しており、単語の意味や物体の用途についてはいっさい「関知」しない。意味に関する連想や概念を扱うのは意味記憶であり、意味記憶とPRSは密接に協力しあって働いている[43]。

この二つのシステムは、正常な状態では一体となり協働しているため、我々は知っている単語を認識すればすぐに意味がわかり、見覚えのある物体を見れば使い方を容易に想起できる。だが、脳に損傷があると、PRSは比較的うまく働くのに意味記憶は著しく悪化する場合がある。単語を読み上げることはできるのに、その意味はわからないWLPが良い例だ。また、患者のなかには、日常生活でなじみ深い物体を認識できるが、その名前や用途を思い出せない、どういう場所でよく見かけるものかと尋ねられても答えられないという者もいる。そんな患者のひとりであるJBは、フォークを見て「歯ブラシ」と言い、チェリーを「リンゴ」、買い物袋を「傘」と言う。JBは視覚入力から概念や連想を想起する能力は著しく損なわれているが、実際に存在する日用品の写真と、あり得ない無意味な物体の写真を見ると容易に識別できるのである[44]。

私の見解が正しく、プライミングがPRSに依存しているのであれば、WLPやJBのような患者は無傷のプライミング効果を示すはずだ。一九九〇年代初頭に、私はこの考えを検証する機会を得た。話し言葉の理解に深刻な問題を抱える患者JPと出会ったのだ。JPは音は聞き取れ、正確に繰り返すこともできるのだが、意味を理解するのが難しかった。したがって彼との会話は、とくに電話でのやりとりは大変だった。ちょうどこの時期、私は聴覚プライミングに関する新たな一連の実験に着手したところだった。大学生に単語を聞かせ、その数分後にノイズが非常に多い録音テープで再生すると、単語を同定しやすくなることを証明するための実験だった(先にその単語を見ていても、同定が促進される効果はほとんど、またはまったくない)。聴覚プライミング効果は、先に述べた視覚プライミング効果と同様に、深い符号化のあとでも浅い符号化のあとでもレベルはほぼ同一だった。いっぽう聴覚的に提示された単語の顕在記憶は、浅い符号化よりも深い符号化のあとのほうが成績ははるかに良い。また、健忘症患者でも、単語を聞いたという顕在記憶がほとんどなかったにもかかわらず、やはりこの聴覚プライミング効果が示された。聴覚プライミングは視覚プライミングと非常によく似ているため、こうした結果から話し言葉のプライミングは聴覚ＰＲＳ――我々がすでに理論化した視覚ＰＲＳのいとこ的な存在――に依存していることが示唆される。もしそうであれば、ＪＰは自分が聞かされる単語の意味をほとんど理解していなくても、聴覚プライミングを示すはずだ。実際、その通りの結果が得られたのである(45)。

ＰＥＴスキャンによる研究のおかげで、プライミングとＰＲＳに関する私の考えは別の方法でも実証されることとなった。たとえば、単語の視覚プライミングに関するＰＥＴ研究では、「プライミングに付随して後頭葉で血流の変化がある」という私の理論を裏づける証拠が得られた。私と共同研究者がおこなった研究では、海馬はプライミングの最中には活性化しないが、少しまえに学習した単語を意識的に想起するときは非常に大きな活性化を示した。また、後頭葉を損傷した患者を対象としたＰＥＴ研究でも、我々が得た知見と整合する結果が得られた。すなわち、見たばかりの単語に対するプライミングが損なわれていることが示されたのだが、脳のこの部分が視覚プライミングに重要な役

割を果たしているのであれば当然の結果と言える。(46)

また、可能物体と不可能物体で認められた違いについても、PETスキャンは生理学的根拠を示す助けとなった。ごく短時間のみ提示された可能物体について判断する場合、側頭葉と後頭葉が隣接している境界部、すなわち下側頭回と紡錘状回と呼ばれる領域に広範な活性化が見られた。ところが、不可能物体について判断する場合は、この領域はほとんど、またはまったく活性化しなかった。クーパーと私は、可能物体のプライミングは下側頭領域に依存すると理論化した。我々の理論はサルを使った研究に負うところが大きかった。サルの下側頭葉の細胞は物体の全体の形に選択的に反応したが、物体の大きさやその一部分のみに対しては対照的に無反応だったのだ。また、人は顔を知覚し認知する際に、ひとまとまりの全体として見る傾向があるが、これには紡錘状回が関わっていることを明らかにした研究もあった。新たなPETデータは、この二つの領域が物体の全体の形の符号化に特異的に関わり、プライミングに重要な役割を果たしていることを示唆する強力な証拠となった。海馬は可能物体のプライミングの際には活性化が認められなかったが、その可能物体を見たことがあると顕在的に思い出すときには活性化した。(47)

こうした結果はPRS説をあと押しするものであったため、私はバーバラやシェリル・ウォリックの件を深く考えることができた。バーバラが手がかり漸減法で課題をみごとに学習したとき、シェリルの心に赤ん坊のガラガラの形がたびたび浮かんでいたとき、二人には何が起きていたのだろうか？思いきった推論だが、バーバラの場合はターゲット単語を完成させるための文字手がかりの数が徐々に減っていくにつれ、PRSの後頭領域で変化が起きていたと思われる。そしてガラガラの形がたびたびシェリルの心に浮かんでいたとき、ＰＲＳの下側頭領域と紡錘状領域が強く活性化していたと推測される。だが、海馬はいずれの場合もおそらく活性化していなかっただろう。バーバラもシェリルも、自分が過去の経験を思い出しているとは気づいていなかったからだ。

当然ながら、このような推測はきわめて単純化されたものである。複雑な作業課題や精神活動は、脳の一領域のみでおこなわれるものではない。ほぼどんな作業課題であっても、実行中には脳の分散型ネットワークを含むさまざまな領域が活性化しており、それらが何をするのか、どのようにして情報を伝え合っているのかの解明は、まだ始まったばかりだ。単語や物体を認識する能力には、ＰＲＳが関与している。このシステムは単語や物体との遭遇に反応して変化する。その変化を反映したのがプライミングである。書かれている単語を読んでも、単語や声を聞いても、身のまわりにある物体を見ても、脳の中でわずかな変化が生じる場合があるのかもしれない。この変化により、環境に対する反応のしかたに影響が出ることもあれば、ある特定の考えやイメージが思い浮かびやすくなることもある。ほとんどの場合、我々はそうした変化が起きていることにまったく気づいていない。プライミングの働きは、他の潜在記憶と同様に目には見えない。我々の精神生活のうちでも声なき部分であるが、記憶のもろさの力を生み出す重要な源なのである。

知覚的プライミングを越えて——潜在記憶のさまざまな現れかた

ＩＢＭ社員だったピーター・ボニーハードが有するＭＲヘッドの知識について、法律文書の山にじっくり目を通していたときのことだが、この件で私が証言するとしたら、単語や物体のプライミングに関する実験や、PRSの理論を引用するだけではとうてい事足りないと気づいた。実験室でプライミングの実験をおこない、原始的な知覚経験の断片を研究した程度では太刀打ちできないほど、ボニーハードの知識はきわめて複雑で重要なものだ。仮に潜在記憶すべてを知覚的プライミングとして説明できるとしても、ボニーハードの件に潜在記憶の関与を引き合いに出すのは難しい。この件では、複雑な概念的知識の無意識の影響はあり得るのかが重要な問題だからである。だが、じつのところ、潜在記憶とは単語や物体の知覚的プライミングだけなのではけっしてない。

健忘症患者が新たな知覚技能や運動技能を学習できることはすでに述べた。ネルソン・バターズらは、技能の学習はプライミングではなく、脳の異なるシステム——手続き記憶——に依存していることを明らかにしている。バターズのグループが研究したのはアルツハイマー病患者で、内側側頭葉や他の大脳皮質領域に損傷を受けていた。この患者群をハンチントン病患者と比較したのだ。ハンチントン病は遺伝性疾患で、脳の運動系が破壊されており、損傷部位は皮質下の構造物が集まった大脳基底核にほぼ限定される。大脳基底核は、学習した動きをおこなう際に決定的な役割を果たす部位である。バターズらの研究により、ハンチントン病患者は、単語の完成テストでは正常なプライミングを示すが、新たな運動技能の習得は非常に困難であり、反対にアルツハイマー病患者は、運動技能の習得は難なくこなせるが、プライミングは認められないことが明らかになった。この結果から、プライミングと技能学習はそれぞれ脳の別々の記憶システムに依存していることが、説得力をもって実証されたのだ。

手続き学習に関する近年の研究で、大脳基底核だけではなく、運動機能に関わると昔から知られていた小脳〔原著第五章の〕図5・1を参照）も、運動技能の習得に欠かせないことが明らかになった。小脳に損傷のある患者は、ピアノを弾くなど一連の動作の習得が求められる課題の学習が非常に困難であり、問題解決のために一連の行動を計画するにも苦労する。バターズと共同研究者のデイヴィッド・サーモンは関連証拠を見直したうえで、小脳は動作を適切に順序立てるタイミング操作に重要な役割を果たしていると結論づけた。そして大脳基底核については、その動作の順序を調整し、まとまった運動プログラムとして保存する役割があるとした。健忘症患者の場合、大脳基底核も小脳も損傷していない者がほとんどであるため、知っている曲を重度の健忘症患者がピアノで弾けるのも、新しい曲ですらいくつか弾けるようになるのも不思議ではない。同様に、メアリー・ジョー・ニッセンらは、健忘症患者が新たな順序系列を潜在的に習得できることを明らかにした。患者たちが与えられた課題は、画面上の異なる位置に次々に現れるアスタリスクにできるだけ速く反応するというものだった。アスタリスクの現れる位置が規則正しい順序で繰り返される場合、その現れかたにパタンがない場合よりも速く反応できるようになった――その順序について顕在的にはまったく気づかなかったにもかかわらずだ。また、最近PETスキャンから得られた証拠は、大脳基底核と運動皮質の一部がこの種の手続き記憶に重要な役割を果たしていることを明確に示している。とりわけ注目すべき実験では、指を使った一連の動作をスキャナに入らずに練習させ、一週間ごとに機能的MRIを使い脳の状態をスキャンした。最初のうち、参加者たちの運動皮質は血流の増加した部分が点在するにすぎなかったが〔原著第二章の〕図2・4を参照）、練習を重ねるにつれ、血流増加の見られる範囲が徐々に拡大していった。ピアノを弾くといった新たな一連の運動系列の学習には、関与する神経細胞が運動皮質内で増えていくという側面があるように思われる[48]。

また、手続き記憶には、習慣の形成も含まれる——何度も実行し、おおむね無意識に、日常的に繰り返すもので、誰もが日常生活で行っている行動である。モーティマー・ミシュキンらは、内側側頭葉に損傷のあるサルを使い、先駆的な研究を行った。サルは最近の経験をほとんど覚えられないにもかかわらず、新たな習慣を正常なペースで形成できることが示された。こうした健忘症のサルは、個別の練習で起きたことはほとんど記憶していないが、何百回も練習を重ねるうちに、報酬の餌を手に入れるには何をすべきかを徐々に学んでいけるのだ。ヒトの健忘症患者でも、これと類似したタイプの習慣学習が見いだされている。何度も練習を重ねることで、徐々に視覚パタンをカテゴリに分類できるようになり、そのペースも顕在記憶に問題のない者と変わらなくなる。しかも、架空の文法ルールすら正常なペースで学べるのだ。それでも、健忘症患者はミシュキンの研究で使われた動物と同様に、個別の練習で起きたことはほとんど覚えられない。いっぽう、大脳基底核を損傷した場合は、運動技能の学習だけでなく、習慣の学習も不可能となる[49]。

だが、技能や習慣の学習はボニーハードの件にはあてはまらない。問題の核心は、彼の職務遂行能力に関する意味的知識の無意識的な影響の可能性である。ところが、このような場合にも潜在記憶が働くという証拠が見いだされていた。次の文を見てみよう。「布が破れたため、干し草の山が重要な役割を果たした」。あなたには意味が通じるだろうか? おそらく通じまい。では、ヒントを出そう。「パラシュート」。この奇妙な一文が、とたんに理解できたのではないだろうか。パラシュートが破れた不運な人物がふかふかの干し草の山に降りて事なきを得たというわけだ。同様に、「縫い目がほどけたせいで耳障りな音になった」という文も、「バグパイプ」というヒントなしではおそらく理解できないだろう。私と共同研究者たちがこのような文を健忘症患者に提示したところ、彼らもやはり決定的なヒントをもらうまでは意味がわからなかった。興味深いことに、文を提示してから数分後、数時間後、数日後に再び同じ文を提示すると、彼らはヒントの単語をやすやすと答えることができたのだ。以前に文とヒントに接していたことが、健忘症患者にとって役に立ったのは明らかである。だが、文もヒントも一度も見たことがないと言い張る者が多く、たいてい、簡単に意味がわかる文だからと言うのだった。これはPRSに依存する知覚的プライミング効果ではない。潜在記憶の恩恵を得るためには、患者はヒントの単語が文全体にどう関わるかを理解しなければならないからだ。したがって、これは概念プライミング効果であり、おそらくは意味記憶システムの変形に依存していると思われる。健忘症患者と大学生を対象とした他の実験では、このような概念プライミングが生じ、PRSではなく意味記憶に依存することが示唆されている(50)。

こうした実験は、潜在記憶が知覚領域だけでなく概念領域でも働くことを示し、したがって概念的知識の利用を含む実世界の状況でも、潜在記憶が影響を与えるしくみの理解に一歩近づくものである。実際、先に述べた無意識の盗作の事例は、おそらく概念プライミングの影響を受けた例であろう。なんの脈絡も前後関係もなく、ふとアイデアが思い浮かぶと、たとえそれが何か特定の経験から得られたものであっても、我々は自分で思いついたと信じてしまうのだ。ピーター・ボニーハードの件で関わっていた可能性があるのは、まさにこの種の概念プライミングなのである。

こうした概念プライミングや他の意味的な類いの潜在記憶の存在は、日常生活の多くの側面に広範囲にわたって影響を与えかねない。たとえば社会心理学の最近の研究は、本人が意識していない性差別や人種差別に潜在記憶が一役買っているとしている。我々は女性やマイノリティといった社会集団に対してステレオタイプをもっているので、その集団の成員と交流したり、成員について尋ねられたりすると、自動的かつ無意識的にそれが活性化する可能性がある。そんなステレオタイプをもっていると自分では意識していなくても、ステレオタイプが活性化すると、その集団の成員に対する判断が大きな影響を受ける可能性があるのだ。たとえば社会心理学者パトリシア・ディバインによる研究では、アフリカ系アメリカ人にまつわるお決まりの単語が大半を占めるリスト——「福祉」「バスケットボール」「スラム街」「ジャズ」「奴隷制」「強制バス通学」「ハーレム」など——をアメリカの白人学生に提示した。知覚するのも意識的に覚えるのも困難なほど、ほんの一瞬見せただけだったが、その後学生に架空の男性(人種は明らかにされていない)のいかがわしい行動を描いた文章を読んでもらったところ、中立的な単語がほとんどのリストを提示された学生よりも、その男性に対する評価に敵意が表れていた。このバイアス効果は、ほとんど人種的偏見がないと質問紙に記入した学生にも、それよりはるかに強い偏見があると記入した学生と同様に認められたのだ。人種的偏見が強く感じられる単語に接したことで、偏見をもっていると自分では気づいていない学生のなかには、黒人に対するステレオタイプが自動的に活性化した者もいたと考えられる(51)。

我々の判断や行動に対する潜在的影響は我々の気づかないところで働くため、とくに有害となる可能性がある。良い例がコマーシャルだ。テレビのコマーシャルや新聞広告にはろくに注意を払っていないから、商品に対する判断は広告の影響を受けていないと思われるかもしれない。だが最近の実験は、広告を数分前にちらとしか見ていなくても、広告を見たという顕在記憶すらなくても、人はその商品を好む傾向があると示している。このような潜在効果によって、社会心理学者の言う「精神的感染」――望ましくないが無意識の影響により思考や判断にバイアスが生じる状況――に対する弱さがもたらされる。ほとんど気にもとめていない宣伝のせいで、自分の購買行動が左右されるとは誰も思いたくない。自分の判断は人種的ステレオタイプの影響を受けている、自分の考えは他人の考えを意図せず盗用したものだ、などとも思いたくない。だが、こうした影響の源に気づいていないからこそ、我々は精神的感染に陥りやすいのだ。バイアスを助長するような影響に気づかせると、ある種の精神的感染に対抗できることは研究で示されているが、存在すると思ってもいない潜在記憶に気づくのは容易ではない。(52)

認知神経科学が明らかにした潜在記憶の無意識的世界は、フロイト派の言う無意識とは非常に異なっている。フロイトが描いた無意識の記憶とは、抑圧の力との闘いに巻きこまれる力動的存在であり、心の奥底に潜む葛藤や欲望と関連のある特別の経験から生じる。私がここで考察してきた潜在記憶は、これよりはるかにありふれたものであり、知覚、理解、行動といった日常的な活動によって自然に生じる。こうした機能を果たすシステムは、働きながらしばしば変化する。我々の脳は常に周囲の世界に順応し、適応している。変化はおそらくほんのわずかだろうが、変化が長引くと思考、判断、行動に影響が出てくる。その驚くべき影響の現れかたは、まだ解明が始まったばかりだ。さらに、プライミングは一般的にPRSや意味記憶内の小さな変化を反映したものであり、技能や習慣の獲得は時間をかけてゆっくり形成される手続き学習を伴うため、ひとつのエピソードに付随する光景、音、場所、思考を迅速に結びつけ再生できる仕組みもあるはずである。すでに強調したように、内側側頭葉内の構造物のネットワークは、まさにそういうものと思われる[53]。

思考、感情、行動に与える潜在的影響の広がりを考えると、人の記憶のもろさの力について本質的な洞察が得られる。自分の行動が何かに影響されていると気づかなければ、その何かを理解することも、対抗することもほぼ不可能である。潜在記憶が我々の精神生活に大きな影響を与えているのは、そのとらえがたく、事実上探知できない性質のせいもある。ただし、奇妙な考え、ふつうではない感情、おかしな行動すべてを、自分が意識的には覚えていないなんらかの経験の潜在的影響のせいにしたくなる気持ちには抗わなくてはならない。あらゆる感情や行動を、忘れてしまったある特定の経験の潜在記憶の現れと解釈するのは危険をはらんでいる。なぜなら、我々が何を考え、どう感じるかを決定する可能性のある要因は他にもたくさんあるからだ。

こうした落とし穴はあるものの、潜在記憶の目に見えない影響は、記憶のもろさの力を語るうえで重要である。だが、過去は我々を微妙な形で間接的に方向づけるだけとは限らない。次の章では、この記憶の力がまさに我々の生活の基盤を揺るがすほど圧倒的な威力を見せつける場合について考えてみよう。

注

（1） Richardson-Klavehn and Bjork（1988）: 476–477 は、潜在記憶に関する研究は「過去の出来事が現在の経験

や行動に与える影響を測定し、解釈するうえで画期的な方法」であると意見を述べている。

（2）Warrington and Weiskrantz (1968, 1974)を参照。

（3）健忘症と盲視の関係については、Weiskrantz (1978)を、盲視の機能回復トレーニングについては、Weiskrantz (1986)を参照。Schacter (1992)はさまざまな神経心理学的症状に認められる潜在的知識の評価を行っている。

（4）運動技能学習とHMについては、Corkin (1968); Milner, Corkin, and Teuber (1968)を参照。健忘症患者において運動技能の学習や保持がまったく損なわれていないことを示した最近の研究については、Tranel *et al.* (1994)を参照。潜在記憶に関する初期の観察の歴史的評価については、Schacter (1987)を参照。

（5）無意識に関するフロイト派など初期の考えのまとめは、Ellenberger (1970)を、そうした考え方を実験的に検証する試みについては、Shevrin (1988, 1992)を参照。健忘症の裁縫師については、Dunn (1845)を、記憶と習慣の対比については、Bergson (1911)を参照。

（6）のちに私はミッキーに行った方法を発展させた。それが第四章で述べた出典健忘パラダイムである(Schacter, Harbluk, & McLachlan 1984)。

（7）この実験は、Tulving, Schacter, and Stark (1982)によって報告されている。単語を見たという記憶の有無には関係なくプライミングが生じるという我々の知見は、専門用語で「推計学的独立性」と言われる状況を反映したものである。推計学的独立性の分析は、のちに論議を呼んだ。この点の考察については、Hayman and Tulving (1989)を参照。

（8）Dannay (1980): 681. Brown and Murphy (1989): 441 より引用。

（9）フロイトの引用については、Taylor (1965): 1113 を参照。Brown and Murphy (1989)や Marsh and Landau (1995)は、意図せぬ剽窃(unintentional plagiarism)と類似する状況を実験室で再現している。意図せぬ剽窃は

クリプトムネジア(cryptomnesia)と呼ばれることもある。Baker(1992)を参照。

(10) この実験は、Jacoby and Dallas(1981)によって記述されている。その後の研究で、学習段階で単語を見せたのちに、ノイズで聞き取りにくくした単語を同定する聴覚テストをおこなった場合にも、プライミングの減少が認められた。Jackson and Morton(1984)を参照。

(11) テストの指示が異なれば、符号化の深さの効果も異なることについては、Graf and Mandler(1984)を参照。Graf, Squire, and Mandler(1984)は、健忘症患者の単語完成テストの成績が指示に大きく左右されることを示している。Cermak *et al.*(1985)とSchacter, Bowers, and Booker(1989)も参照。こうした実験では、学習リストを思い出すよう指示すると、健常参加者は成績が向上するのに対し、健忘症患者の場合は成績にほぼ影響が認められず、どのような指示が与えられてもプライミングに頼る傾向がある、というのが一般的なパタンである。

(12) Tulving *et al.*(1982):341.

(13) メーヌ・ド・ビランの見解についてはMaine de Biran(1929)、およびSchacter(1987)とSchacter and Tulving(1994)の要約を参照。短期記憶と長期記憶については、Baddeley(1986)を参照。エピソード記憶と意味記憶の区分については、Tulving(1972, 1983)を参照。

複数記憶システム仮説に取って代わるものとしての単一記憶システムは、概して、さまざまな記憶課題においてヒトがおこなう符号化や検索プロセスに焦点を当てたものである。その代表的な見解は、Jacoby(1983); Masson and MacLeod(1992); Roediger, Weldon, and Challis(1989); Ratcliff and McKoon(1995)が論じている。また、単一記憶システムと複数記憶システムの、二つのアプローチの統合を試みる研究者もいる。Blaxton(1995); Gabrieli(1995); Roediger(1990); Schacter(1990)らである。記憶システムに関する全般的な考察については、Schacter and Tulving(1994)を参照。

（14）Cohen and Squire（1980）．鏡映文字になっているテキストを読むという課題は、数年前にKolers（1975）によって開発された。

（15）顕在記憶と潜在記憶の最初の区別についてはGraf and Schacter（1985）を、潜在記憶の歴史的評価についてはSchacter（1987）を参照。潜在記憶に関する最近のレビューについては、Roediger and McDermott（1993）とSchacter, Chiu and Ochsner（1993）を参照。

（16）好みにバイアスが関係するという知見は、Kunst-Wilson and Zajonc（1980）によって初めて報告された。Pendergrast（1993 : 267–68）は、コーラとポップコーン事件がどのようにして暴かれ、なぜ人々がだまされたのかを述べている。実際、サブリミナルメッセージが現実世界の行動に影響を与えるという証拠は、ほとんど得られていない（Merikle 1988）。実験的研究から、意識的知覚により登録されない情報が、その後の課題の成績に影響を与えうることは示されているが、その効果は概して長続きせず、商用目的のサブリミナルテープの有用性も支持されていない。にもかかわらず、奇妙なことに、人々は自分たちの行動がサブリミナルメッセージの影響を受けるのではないかと心配しているのである（Wilson & Brekke 1994 : 124）。

（17）ボズウェルの「おやつ」に関する研究については、Damasio *et al.*（1989）を参照。また、潜在記憶が健忘症患者に影響を与えることを示すさらなる証拠として、Johnson, Kim, and Risse（1985）を参照。敵意語を使った実験は、Bargh and Pietromonaco（1982）によって報告されている。好みや感情が非意識的に形成されることを示す他の証拠の評価は、Bargh（1992）; Niedenthal（1992）; Greenwald and Banaji（1995）を参照。

（18）手術中の危機的状況を演出した実験については、Levinson（1965）に報告されている。このような実験は、被験者の保護を目的とした現在の倫理委員会で承認されるとは考えにくい。

（19）麻酔中の暗示により手術後の回復が促進されるという証拠については、Evans and Richardson（1988）を参照。記憶と麻酔に関する初期の研究に対し、Eich, Reeves, and Katz（1985）は批判的なレビューをおこなっている。Kihlstrom and Schacter（1990）は最近の研究をレビューしている。我々の研究では、麻酔薬のイソフルラン（isoflurane）を使用した場合には有意なプライミング効果が認められたが（Kihlstrom *et al.* 1990）、別の麻酔薬であるスフェンタニル（sufentanil）を使用した場合は効果が認められなかった（Cork, Kihlstrom, & Schacter 1992）。

麻酔中にプライミング効果が認められたことから、通常の睡眠中に提示された情報でも潜在記憶が見られる可能性が示唆される。もっとも、「睡眠学習」に関する知見は、この可能性に概して否定的である（Bootzin, Kihlstrom, & Schacter 1990 の関連章を参照）。我々は睡眠中に単語を提示してプライミングが生じるか調べてみたが、生じるという証拠は得られなかった（Wood *et al.* 1992）。

（20）そのような帰属プロセスに関する考察については、Jacoby *et al.*（1989）と Kelley and Jacoby（1990）を参照。また、記憶の歪曲と潜在記憶との関係についての有益な考察については、Squire（1995）を参照。

（21）既知感に関する一九世紀の論争については、Berrios（1995）を参照。

（22）新生児の好みに関する研究は、DeCasper and Fifer（1980）と DeCasper and Spence（1986）により報告されている。

（23）Rovee-Collier（1993）は、彼女自身の研究を明快にまとめたものである。

（24）この条件づけ研究は、Papousek（1967）により報告されている。

（25）Schacter and Moscovitch（1984）は、初期の記憶システムの発達と、幼児と健忘症患者との類似の可能性について考察している。Bachevalier, Brickson, and Hagger（1993）は、子ザルにおいて海馬の損傷により再認記憶が障害を受けることを報告している。

（26）隠された物に対する幼児の記憶に関する研究のレビューについては、Diamond（1990）を参照。Meltzoff（1995）は彼自身の研究で九カ月児が示した行動の遅延模倣について有益な考察を行っている。Nelson（1993）

は、自伝的記憶の語りの形式の発達に関する有益な概念化を行っている。Naito and Komatsu (1993) は、潜在記憶と顕在記憶の発達に関する最近の研究のレビューを行っている。

パトリシア・バウアーと共同研究者は、一三カ月児に一連の行動の遅延模倣ができるという見事な証拠を提供している(Bauer 1996 によるレビュー)。成人を対象とした同様の課題で、健忘症患者の記憶障害を示すデータについては、McDonough *et al.* (1995) が提供している。もちろん、健忘症患者がうまく記憶できないという事実は、幼児が一連の出来事を顕在的に記憶できることを必ずしも示唆するわけではないが、その可能性と矛盾はしていない。ごく幼い子どもの場合、コミュニケーション能力が未熟なため、潜在的/顕在的検索を判断するのは難しい。Myers, Perris, and Speaker (1994) の研究は興味深い。一〇カ月児と一四カ月児におもちゃの操り人形の扱い方を教え、言語技能が発達する数カ月後、数年後に何度かそのおもちゃを与えて行動を調べたのだ。その子たちは、そのおもちゃと接した経験のない子よりも関心を示し、楽に操作することができた。それでも、マイヤーズらはそのおもちゃにまつわる過去の出来事の言語記憶があるという証拠をほとんど得られず、記憶保持は潜在記憶にほぼ限定されると結論づけた。Bauer (1996) が指摘しているように、これらの知見は、我々の誰もが生後二、三年の記憶がないという幼児期健忘を理解するうえで重要な意義がある。出来事のある側面が長期にわたり保持されることを示しているからだ。しかし、これらの出来事の表象は、のちの再生に必要となる語りの形式には変換できないと思われる(幼児期健忘の観察や考察については、Meltzoff 1995; Pillemer & White 1989; Usher & Neisser 1993 を参照)。

(27) 相貌失認患者の皮膚コンダクタンス反応については、Tranel and Damasio (1985) と Bauer (1984) を、プライミング研究については、Young (1992) を参照。

(28) 脳損傷後の記憶リハビリテーションに関する研究のレビューについては、Glisky and Schacter (1989b) と Wilson (1987) を参照。

(29) Glisky, Schacter, and Tulving (1986b)。手がかり漸減法を使えば健忘症患者がプライミングを利用できるため、我々はこの方法が語彙の学習にも役立つと示唆したが、プライミング以外の要因も関わっている。たとえば Hayman *et al.* (1993) は、私がジーンと呼ぶ重度の健忘症患者が、後続の学習に干渉となるエラーを防いだ場合、大量の意味的情報を新たに学習できることを見出した(同様のアプローチについては、Wilson *et al.*, 1994を参照)。手がかり漸減法は不正確な推測を防ぐものではないが、これにより患者は最終的にはテストで必ず正解するようになる。健忘症患者の意味学習は、先のエラーにより生じる干渉を除去できる訓練条件では非常に有益であると Hamann and Squire (1995) は気づいた。ただ、それでも健常者対照群には及ばなかった。

(30) コンピュータ学習の研究については、Glisky, Schacter, and Tulving (1986a) と Glisky and Schacter (1988) を参照。

(31) 職場訓練の研究については、Glisky and Schacter (1987, 1989a) を参照。この研究の紹介記事が一九九三年一〇月五日の『ウォール・ストリート・ジャーナル』第一面に掲載されたときは驚いた。記者はデイヴィッド・スティップ、見出しは「潜在意識レベルでの学習は可能と健忘症研究が示す」だった。

(32) 手がかり漸減法の発展形としてとくに有望なのは、Wilson, Baddeley, Evans, and Shiel (1994) によるエラーレス・ラーニング法(errorless learning technique)である。

(33) この種の柔軟性のなさを、我々は「過度に特化した学習」(hyperspecific learning)と名づけた(Glisky *et al.*, 1986a)。追跡調査については、Butters, Glisky, and Schacter (1993) を参照。海馬を損傷したラットに見られる類似の現象については、Eichenbaum (1994) を参照。いっぽう、Hamann and Squire (1995) は、健忘症患者の新たな意味的知識の獲得に関する研究において、過度に特化した学習の傾向は取るに足らないものであったと述べている。差が生じた理由の一部として、我々の研究では、手がかり漸減法を通じて患者にプライミング

（自動的かつ柔軟性に欠ける）に頼るよう奨励したのに対し、ハマンとスクワイアの研究では、患者が残存する顕在記憶（柔軟性はさほど失われていない）に頼ったのかもしれない点が考えられる。

（34）Joanne Silver「黒人アートの多様性に着目した展覧会」（『ボストン・ヘラルド』一九九三年二月五日）。

（35）シェリル・ウォリックへの電話インタビュー（一九九一年一〇月二五日）。

（36）Nancy Stapen「無意識からのイメージ」（『ボストン・グローブ』一九九一年一〇月二五日）。

（37）単語の書体や活字体など細かい点が学習時とテスト時で異なると、視覚プライミングが減少すると示す研究も複数あるが、そのような効果は見られないとする研究もある。Marsolek, Kosslyn, and Squire（1992）はこうした研究を考察し、活字体に特異的なプライミングは右大脳半球が関与している証拠を提供している。Srinivas（1993）は見慣れた絵のプライミングが物理的な細部の変化に影響を受けることを報告し、Church and Schacter（1994）は、聴覚プライミングもきわめて特異的であり、話者の声の基本周波数がわずかに変化しただけでも影響を受けることを示している。レビューと考察については、Curran, Schacter, and Bessenoff（1996）と Tenpenny（1995）を参照。

（38）WLPについては、Schwartz, Saffran, and Marin（1980）を参照。

（39）たとえば、Démonet *et al.*（1992）や Petersen *et al.*（1990）を参照。

（40）見慣れた絵のプライミング研究の考察については、Srinivas（1993）を参照。

（41）我々が最初に行った物体《オブジェクト》判断プライミングは、Schacter, Cooper, and Delaney（1990）に報告されている。健忘症患者を対象とした研究については、Schacter, Cooper, and Treadwell（1993）を参照。別の研究では、健忘症患者がさまざまな新しい知覚情報（幾何学的パタン、意味をなさない単語、見知らぬ顔など）のプライミングに問題がまったくないことが示されている。これらの研究やその理論的示唆に関する最近のレビューについては、Keane *et al.*（1995）を参照。

（42）Schacter *et al.*（1990）はまた、各図形に当てはまる現実世界の物体の名前を挙げるよう参加者に促すと、その物体の顕在記憶は向上するが、プライミング効果は完全に消失することも示した。初めて見る物体にプライミングが生じないのは、人は物体に言語ラベルを作成するためであることが、この結果から確実に示される。物体に言語ラベルを作成するとプライミング効果が消失するのは、言語ラベルについて考えることで、その物体の全体的な形の符号化まで気が回らなくなるためである、と我々は考える。

不可能物体にプライミングが生じない理由について、Ratcliff and McKoon（1995）は我々の見解に異を唱えた。物体判断の課題を与えられた際に、参加者は先に学習した物体を「可能」と言うバイアスを示す、と彼らは示唆している。可能物体の場合はこのバイアスがプライミングを生じさせるが、不可能物体の場合は不可能としている風変わりな特徴の顕在記憶によってこのバイアスが打ち消され、その結果プライミングが見られないのだと彼らは断定し、この考えに沿った証拠も提供している。この問題を明らかにしようとする彼らの見解を時間をかけて検討するなかで、我々は彼らの仮説が入手可能なデータすべてと一致するわけではないことを指摘し、彼らの結果について別の説明ができることを示唆した（Schacter & Cooper, 1995）。

可能／不可能物体のプライミングに関する我々の最初の論文（Shacter *et al.*, 1990）では、不可能物体にプライミングが認められなかった理由として、可能／不可能物体の大きさ、複雑さ、その他の特徴を我々がコントロールしていなかった点が考えられるとし、さらに、こうした特徴に差がなければ不可能物体でもプライミングが認められるかもしれないと述べていた。最近、我々が用いた不可能物体は可能物体より複雑なものとして知覚されることをCarrasco and Seamon（1996）が報告している。彼らが知覚の複雑さをコントロールしたところ、可能物体にも不可能物体にもプライミングが認められた。この知見から、単純な不可能物体であれば、人はなんらかの構造的表象を形成できることが示唆される。

（43）ＰＲＳ説については、Schacter（1990）とTulving and Schacter（1990）を参照。

(44) この患者の詳細については、Riddoch and Humphreys (1987)を参照。

(45) 患者JPの聴覚プライミングについては、Schacter, McGlynn, Milberg, and Church (1993)を参照。大学生の聴覚プライミングについては、Church and Schacter (1994)を、健忘症患者の聴覚プライミングについては、Schacter, Church, and Treadwell (1994)を参照。

(46) PETスキャンを使ってプライミングを調べる最初の研究は、Squire *et al.* (1992)により報告された。彼らは、プライミングが線条体後頭皮質(extrastriate occipital cortex)の血流減少と関連していること、そしてプライミング時に海馬が活性化することに気づいた。後者については、スクワイアらも認めているように、実験でのプライミングが顕在記憶の影響を受けた、つまり「汚染」されたためと思われる。我々がPETスキャンでプライミングを調べた際には(Schacter, Alpert *et al.* 1996)、顕在記憶による汚染も、プライミング時の海馬の活性化も取り除いたが、それでもプライミング時に線条体後頭領域では血流減少が見られた。後頭皮質と単語の視覚プライミングの関連を示す証拠は、Gabrieli *et al.* (1995)でも報告されている。後頭皮質に損傷のある患者には、単語の視覚プライミングが認められなかったのだ。

プライミングが血流の「減少」を伴うという観察から、プライムされた刺激を同定するには、代謝活動がプライムされない刺激の同定に求められるよりも低く、おそらくはニューロンの数も少ないことが必要であると示唆される。この考えを支持するのはサルを使った実験で、刺激に慣れてくるにつれ、下側頭皮質(inferior temporal cortex)で一部のニューロンの反応が減少していくことが示された(これらの研究のレビューについては、Desimone, Miller, Chelazzi, & Lueschow 1995を参照)。しかし、プライミングは必ず血流の減少を伴うわけではないのかもしれない。Schacter, Alpert *et al.* (1996)は、線条体領域の外側でプライミングに関連した血流の増加を認めており、Schacter, Reiman *et al.* (1995)は、目新しい可能物体のプライミング時に下側頭領域で血流が増加することを見出した(ただし、この増加について我々は別の解釈も述べている)。興味深いことに、Desimone *et al.*（1995）は、刺激が繰り返されると一部の下側頭葉ニューロンの反応が高まると指摘している。Ungerleider（1995）は、プライミングに関連する血流の減少について、動物実験や、技能学習実験における血流の増減と絡めて示唆に富む考察をおこなっている。

（47）ＰＥＴスキャンと物体判断については、Schacter, Reiman, *et al.*（1995）を参照。ＰＥＴ研究に至るまでの考え方は、Cooper *et al.*（1992）に最も詳細に書かれている。物体や顔の認識における下側頭領域と紡錘状領域の役割の考察については、Plaut and Farah（1990）; Damasio（1989）を参照。

（48）プライミングと技能学習との乖離は Butters, Heindel, and Salmon（1990）により報告されている。小脳疾患患者における系列学習や計画立案の阻害は、Grafman *et al.*（1992）と Pascual-Leone *et al.*（1993）により報告されている。レビューについては、Salmon and Butters（1995）を参照。健忘症患者にピアノの演奏や学習の能力が残されていることは Starr and Phillips（1970）により報告されている。小脳と学習に関するより詳しい考察については、Thompson and Krupa（1994）を参照。Nissen and Bullemer（1987）は健忘症患者の系列学習が阻害されていないことを報告し、Rauch, Savage, *et al.*（in press）はＰＥＴデータを提供している。Karni *et al.*（1995）は、指の系列学習に関する機能的ＭＲＩ研究を報告している。

（49）サルの習慣学習については、Mishkin, Malamut, and Bachevalier（1984）を参照。大脳基底核に損傷を受けた患者の習慣学習が阻害されていることについては、McDonald and White（1993）を、そのレビューについては、Salmon and Butters（1995）を参照。健忘症患者のカテゴリ学習については、Knowlton and Squire（1993）と Knowlton, Squire, and Gluck（1994）を参照。Kolodny（1994）は、ドットパタンのカテゴリ化を求められる課題で、健忘症患者が正常にカテゴリ学習を行えることを報告している。コロドニーはまた、作者の異なる絵画の分類を求められる複雑な課題では、健忘症患者のカテゴリ学習が阻害されることも報告している。このことから、ある種のカテゴリ知識の習得には、顕在記憶が必要であることが示唆される。健忘症患者が人工文法の学習を問題なく行えることについては、Knowlton, Ramus, and Squire (1992) を参照。この研究では、レーベルと共同研究者が大学生を対象に人工文法の潜在学習の証拠を示した古典的研究が下敷きになっている。この研究のレビューについては、Reber (1993) を参照。

(50) あいまい文を用いた我々の実験については、McAndrews, Glisky, and Schacter (1987) を参照。その他の概念的プライミングの研究については、Blaxton (1989) ; Graf, Shimamura, and Squire (1985) ; Hamann (1990) を参照。新しい意味的連合が必要となるプライミングの場合、健忘症患者にはプライミング効果が認められないことを明らかにした研究がいくつかある (Schacter & Graf 1986 ; Shimamura & Squire 1989)。他の新しい連合についても、同様のことが言えると思われる (Kinoshita & Wayland 1993 ; Schacter, Church, & Bolton 1995)。

(51) Devine (1989) を参照。社会的文脈における潜在記憶のレビューと考察については、Greenwald and Banaji (1995) を参照。

(52) 広告と潜在記憶に関する実験については Perfect and Askew (1994) を、また、潜在記憶と消費者心理との関係を論じたものについては Sanyal (1992) を参照。Wilson and Brekke (1994) は、精神的汚染という概念を導入し、関連する多くの証拠のレビューをおこなっている。

(53) さまざまな形態の記憶の機能や、迅速な学習システムと遅い学習システムとの違いに関する考察については、Sherry and Schacter (1987) ; Squire (1992) ; McClelland *et al.* (1995) を参照。

(訳注1) 子どもをさらう鬼。

(訳注2) 大波電流。

(訳注3)「無礼」「思いやりにかける」などの敵意を表す単語。

(訳注4) ベビーベッドの上につるして乳児に視覚的刺激を与える玩具。

（訳注5）ゴールポストのようなものに鐘を吊して木槌で鳴らすもの。
（訳注6）熟知人物は家族や著名人など、未知人物は損傷後に知った医師など。
（訳注7）同じ単語を大文字で書くか小文字で書くなど。

第七章　情動的記憶――過去が執拗につきまとうとき

一九八七年当時、メリンダ・スティックニー゠ギブソンは若く前途有望なアーティストで、そのカラフルな抽象画作品は、拠点とするシカゴ界隈で人気があった。六月のある暖かい夜、メリンダは煙の匂いで目が覚めた。住んでいたのはシカゴの工業地区にある改造したロフトで、火事が頻発するスラム街のそばにあった。寝室の窓から煙が入ってくるのが見える。メリンダは寝室の外に出てみた。どす黒い不気味な煙が床のひびから立ち上っている。玄関のドアの隙間からも入ってくる。彼女は消防署に電話をかけようとしたが、電話線はすでに焼け切れていた。煙は濃く、またたく間に広がり、数秒ごとに倍増していくようだ。まもなくロフト全体が煙に包まれ、ろくに息もできなくなった。

持ち物はすべてこのロフトに置いていた。愛犬も飼っていた。だが、探す暇はない。三階建てのアパートには非常階段がないため、メリンダはおもての階段から逃げようとしたが、階段はあまりに熱く、引き返さざるを得なかった。こうなったらコンクリートの船着き場に飛び降りるしかない。メリンダは窓のすぐ下にある金属製の出っ張りに降りた。少しでも地面との距離を縮めようと、出っ張りに手をかけてぶら下がり、その手を離した。コンクリートに叩きつけられて間もなく、爆発音と共に建物全体が巨大な火の玉と化した。ほんの数分前までぐっすり眠っていた場所は焦げたがれきとなり、愛犬は死に、貴重な宝物や家族写真も含め、人生の営みすべてが失われた。

火事のあと、メリンダの人生も作風もがらりと変わった。三階から飛び降りても、わずか二、三カ所の骨折ですんだのは幸いだったものの、火事の生々しい記憶が執拗についてまわり、どうしても逃れられない。メリンダはシカゴを去り、カリフォルニア砂漠に新たな家を見つけて移り住んだ。かつての、美しい藤色や青で強調された大胆で表現力豊かなカンバス作品は鳴りをひそめ、鉛、鋼鉄、コンクリートを用いた暗く内省的な作風に変わり、色も火事を表すオレンジ、黒、黄土色だけになった。彼女の作品は今や、トラウマ記憶を何度も徹底的に掘り下げる手段となっていたのだ。その作業はほぼ無意識のうちにおこなわれる。絵を描き始めるとき、記憶が勝手によみがえってくるさまを、メリンダは次のように記している。

> 座って考えるときもあります。自分をじっくり見つめられる場所で考えていると、イメージが浮かび上がってきます。でも、自らそれを求めているわけではありません。この感じ、このイメージをつかんで作品にしなければ、というのではないのです。絵のことを考えていると、このイメージ、この出来事がひとりでに浮かんできて……。描き終えてから、それが記憶の一部と関係があることに気づかされるのです。たとえば黒煙の見え方にしても、あのとき電気はまだ通じていて、明かりがついていました。だから作品でも、明かりがついている状況で濃い黒煙が描かれているのです。(1)

メリンダの作品『ストーリーII』(**図7・1**)にはこうした内省が描かれている。ベッドで眠っている女性は、大火で目覚める直前の彼女を思わせる。その写真を取り囲むのは不気味な黒いしみと、黄色がかった乳白色の斑点で、アパートの明かりに透けて見える黒煙の記憶をとらえたものだ。

あの晩メリンダが見て、感じたことの記憶の力には驚かされる。私が彼女と話したのは一九九三年で、火事から六年も経っていたが、それでも彼女は、ほんの一、二分の恐ろしい出来事の記憶がその後何日も、何週間も、ありありとよみがえってきたことを覚えていた。幸い、今では思い出す頻度がだいぶ少なくなってきているという。ごく最近になって、以前ほどには火事の記憶に支配されず、「ある種の完全さ」を取り戻したように感じる、とメリンダは語った。火事によってもたらされた新たな画法が芸術として人の心をつかみ、作品が広く認められるようになったことは、彼女にとって不幸中の幸いと言えよう。

図 7.1 メリンダ・スティックニー＝ギブソン,『ストーリーⅡ』, 1993 年. 113/4×123/4 インチ. 紙に油絵具, 鑞(ろう), 金箔を使用したコラージュ作品. リトルジョン＝スターノウ・ギャラリー, ニューヨーク.
恐ろしい火事を思い起こさせる作品. ある晩, 画家は火事で目覚め, 何年もその記憶に支配されることになった.

メリンダ・スティックニー＝ギブソンの黒煙と透けて見える光の記憶は、トラウマをもたらす出来事が何度もしつく鮮明によみがえることを示す一例である。だが、彼女の経験は過去の力の表れ方のひとつにすぎない。そこで、本章では最初に、記憶の力の源について手がかりとなる鮮明な想起について探っていこう。次に、もっとはるかに強力な体験に目を向ける。トラウマは消えることのない強烈な痕跡を残す。メリンダ・スティックニー゠ギブソンを苦しめたのは、彼女の人生を永遠に変えた煙や炎のエネルギーにも劣らぬ、焼けつくような力をもつ痕跡だった。

フラッシュバルブ記憶——あのときあなたはどこに？

その日はいつもと変わらなかった。六年生だった私は、教室でうしろのほうの席に座っていた。当時の私は世界でいちばん勉強熱心な生徒だったわけではなく、真剣に授業をきくよりも、好きな野球選手の打率を計算するほうが楽しいときがよくあった。だが、教室に校長が突然入ってきて担任を脇に下がらせたときは、何事かと思った。ケネディ大統領が撃たれた、と校長は告げた。聞く直前のことも、聞いた直後のこともあまり覚えていないが、初めてその驚くべきニュースを聞いた瞬間だけは、三〇年以上経った今でもしっかり心に刻まれている。一九六三年一一月、あの日の午後の記憶は、私も含めた多くの人々にとって、時と共に色褪せ風化していく他のほとんどの記憶とは異なり、まるで写真のように、永遠にそのまま残っているように感じられるのだ。

一九七七年、心理学者のロジャー・ブラウンとジェームズ・クーリックが取り上げたのは、まさにこのケネディ暗殺の記憶だった。このような心に焼きついた記憶を、二人はフラッシュバルブ記憶(flashbulb memory)と名づけた。そして、新奇でショッキングな出来事は脳の特殊なメカニズムを活性化すると提案し、このメカニズムをナウ・プリント(Now Print)と呼んだ。カメラのフラッシュ(バルブ)とよく似て、脳には我々がショッキングな出来事を知った瞬間に起きたことすべてを保存、すなわち「凍結」する働きがある、と二人は考えたのだ(訳注1)。

ブラウンとクーリックは一九七六年、白人四〇名と黒人四〇名、合計八〇名の成人にインタビューをおこない、ケネディ暗殺や他のショッキングな出来事(マーティン・ルーサー・キング・ジュニアやロバート・F・ケネディの暗殺を含む)についての記憶内容を尋ねた。「初めてニュースを聞いたときの状況を覚えていますか?」という問いにイエスと答え、どこで誰から聞いたか、そのときあなたや他の誰かはどう感じたかを詳しく語ることができれば、それはフラッシュバルブ記憶だとした。ケネディ大統領の暗殺については、一人を除いて全員がフラッシュバルブ記憶を有していた。この事件が全国民にとってきわめて重大な意味をもっていることが反映された結果だ、とブラウンとクーリックは主張した。いっぽう、ロバート・F・ケネディ暗殺のフラッシュバルブ記憶を有していたのは、白人、黒人ともに約半数のみであり、兄と比較するとショックの大きさはかなり下回った。キング牧師暗殺のフラッシュバルブ記憶を有していたのは、黒人では四〇名中三〇名だったが、白人では四〇名中一三名に過ぎなかった。ナウ・プリントのメカニズムが発動し、脳のフラッシュ(バルブ)が焚かれる決め手は出来事の「重大性」だ、とブラウンとクーリックは考えた(2)。

フラッシュバルブをナウ・プリント説で説明するのは、直観的には納得できるものであり、ケネディ大統領の暗殺が人生で最も鮮明な記憶の部類に入ると感じる人々の主観的体験とぴったり合う。写真家のアン・トゥーリンはこの仮説からひらめきを得て、二〇世紀のショッキングなニュースに対す

BYRD FLIES TO NORTH POLE AND BACK;
ROUND TRIP FROM KINGS BAY IN 15 HRS.51 MIN.;
CIRCLES TOP OF THE WORLD SEVERAL TIMES

図 7. 2　アン・トゥーリン，「5/10/1926(フラッシュバルブ記憶)」，1986 年．11×14 インチ．エクタカラー・プリント．著作権 © アン・トゥーリン．
バード少将が航空機で北極点まで往復したという見出しが，薄暗く照らされた書斎の机の画像と組み合わされている．人が机に向かい，この見出しを読んでいるのか．それとも，書斎に入ってきた誰かからこのニュースを聞いているのか．脳のフラッシュが焚かれ，この光景がそっくりそのまま永遠に記録される――本当にそうなのだろうか？　もっと最近の出来事を扱った作品では，トゥーリンは凍結した記憶の一部として，ラジオやテレビを何度も登場させている．

るフラッシュバルブ体験を描いた一連の作品群を制作した。このシリーズの作品は、いずれも衝撃的なニュースを報じた新聞の見出し(ヒンデンブルク号の墜落、第二次世界大戦の終結、人類の月面着陸など)と、人々がそのニュースを知り得た可能性のある物理的状況が組み合わされている。これらの写真は異様なほど鮮明で、光と影のニュアンスも物の配置も絶妙であり、ナウ・プリントの記憶メカニズムがいかにも保有していそうな類いの細部が保たれている。**図7・2**に示し

た「5/10/1926（フラッシュバルブ記憶）」もそのような作品のひとつである。(3)

ナウ・プリントのメカニズムから生じるフラッシュバルブ記憶を、視覚的に演出したトゥーリンの作品は、この記憶の際だった特徴をうまく捉えている。だが、ナウ・プリント説の科学的根拠は十分にあるのだろうか？　フラッシュバルブ記憶はふつうの記憶とは種類が異なるのか？　そうした出来事は歪められることなく、心の奥深くに、おそらくは永遠に刻み込まれるものなのか？

ブラウンとクーリックがケネディ暗殺に関する研究をおこなったときは、事件からすでに何年も経っていた。フラッシュバルブ記憶の正確さを評価するには、調査協力者の記憶の信憑性を何らかの方法で確認する必要がある。そこで、その後の研究者たちは、フラッシュバルブをもたらす出来事——一九八一年のロナルド・レーガン暗殺未遂事件、一九八六年のスペースシャトル・チャレンジャー号爆発事故、一九九一年の湾岸戦争勃発——について、事件発生から数日または数週間以内に協力者から記憶を集めた。そして、この発生後まもない記憶は正確であると仮定し、同じ協力者から数カ月後または数年後にもう一度集めた記憶と比較した。

フラッシュバルブ記憶には、正確で永続するものも確かにある。最近おこなわれた多国間研究では、イギリスの心理学者マーティン・コンウェイらが、イギリス人にはフラッシュバルブをもたらすだろうがアメリカ人にはそうならないと思われる出来事を調べている。一九九〇年のマーガレット・サッチャーの思いがけない辞職である。研究者たちは辞職から二週間以内にイギリス人とアメリカ人の大学生三百名あまりから記憶を聞き取り、一年後に再び調査した。その結果、イギリス人学生は辞職を知った経緯について非常に正確な記憶を保持していたが、アメリカ人学生はかなり忘れていることが判明した。また、アーリック・ナイサーらの最近の報告によると、一九八九年にロマ・プリエタ(サンフランシスコ近郊)で地震に遭ったカリフォルニアの住民は、数年後の調査でも、地震をニュースで聞いただけのアトランタの住民よりはるかに正確な記憶を有しており、コンウェイの知見と一致していた。こうした結果は、出来事の重大性――フラッシュバルブをもたらす出来事の個人的な重要性――が記憶の耐久性に主要な役割を果たしているというブラウンとクーリックの考えを支持するものである。

だが、フラッシュバルブをもたらす重大性の高い出来事ですら、他の記憶を風化させる時の流れの影響をまったく受けないわけではない。スウェーデンの研究者スヴェン・オーケ・クリスティアンソンは、ケネディ暗殺に匹敵する自国の暗殺事件の記憶を調査した。一九八六年、オロフ・パルメ首相が映画館から歩いて帰宅する途中に暗殺された事件である。クリスティアンソンがこの衝撃的な事件から六週間後および一年後に人々の記憶を調べたところ、記憶の精度は一年後に下がったことが明らかとなった(4)。

このように、フラッシュバルブ記憶ですら時と共に色褪せ風化していく傾向があるとしても、それでもなお、ありふれた出来事の記憶よりは保持されると言えるかもしれない。私自身、一九六三年の一一月に起きた出来事は、ケネディ暗殺以外はほとんど記憶がなく、長い年月を経てケネディのフラッシュバルブ記憶からなんらかの情報が抜け落ちているにしても、当時の日常的な出来事の記憶よりは良く覚えており、より信頼できる記憶であることは間違いない(クリスティアンソンも、調査協力者のパルメ暗殺の記憶が、この事件とほぼ同時期に起きた平凡な出来事よりも正確であることを見いだしている)。

デンマークの心理学者ステーン・ラーセンは、自分自身の記憶について研究をおこなっていたときにパルメ暗殺を知り、そのときの状況をすぐさまコンピュータに詳しく入力した。数カ月後、この事件に関する質問が彼のコンピュータ画面に表示された。ラーセンは研究の一環として、そのようなプログラムを組んでいたのだ。彼は、朝食をとっているときにラジオのニュースで事件を知ったと正確に答えられた。さほど重要ではないニュースの場合、それを知った経緯は一カ月前後で記憶が薄れていくのがほとんどなのだが、パルメ暗殺の場合は対照的にはっきり覚えていることも記している。だが、ラーセンのフラッシュバルブ記憶も完璧だったわけではない。ラジオでニュースを聞いたとき、妻も一緒にいたと彼は記憶していたが、コンピュータにはひとりで聞いたと記録されていたのだ。さらに、ニュースを聞いた直後に何をしたのかという点でも記憶は不正確で、ラーセン自身とても驚いた。それでも、誤りがあったとはいえ、彼のフラッシュバルブ記憶は主観的には強力なものだった。妻と一緒にニュースを聞いている光景が今でも「見える」と彼はコメントしている(5)。

もとの光景を写真のように保存したものとはほど遠いフラッシュバルブ記憶が存在することは、他の証拠でも示されている。アーリック・ナイサーとニコル・ハーシュがおこなったチャレンジャー号爆発の記憶に関する研究では、大学生たちが事故から二四時間以内と二年半後にインタビューを受けた。この長い期間を経て、学生たちは事故を知ったときの状況をかなり忘れており、その記憶は事故直後の報告内容とは相当異なっていた。ところが、この間違った記憶を正確だと信じて疑わない学生が大勢いたのだ。実際、フラッシュバルブ記憶の正確さと、その記憶が正しいと思う個人の主観的自

信の間にはほとんど関係が見られないことをナイサーとハーシュは見いだしている。(6)

このような自信の強さこそがフラッシュバルブ記憶の特徴だと主張する者もいる。心理学者のチャールズ・ウィーバーは、日常的な出来事からフラッシュバルブ記憶のようなものが形成されるか調べることにした。記憶研究室に所属することになった学部生との最初のミーティングで、彼は学生たちに、今度ルームメイト(ひとり暮らしの場合は親しい友人)と出会ったとき、そのときの状況をできる限り覚えておくよう指示した。さらに、その個人的な出会いの記憶をさまざまな側面から調べる質問紙も渡し、出会ってからできるだけ早く記入するよう指示した。

ウィーバーは運がよかった。最初のミーティングがあったのは一九九一年一月一六日――ブッシュ大統領がイラク空爆を発表した日――だったのだ。ウィーバーはフラッシュバルブをもたらすこの出来事の記憶を評価すべく、すぐさま質問紙をもう一つ作成し、二日後の二回目のミーティングで学生たちに記入させた。そして個人的な出来事とニュースとなった出来事の記憶を三カ月後と一年後に比較した。結果は明らかだった。学生たちの記憶が不正確なのは、個人的な出会いもイラク空爆も同じであり、どちらの記憶も時の経過と共に薄れていくことが証明された。ただ、学生たちは概して、個人的な出会いよりも空爆の記憶のほうに強い自信をもっていた。チャレンジャー号の惨事を対象としたナイサーとハーシュの研究と同様に、ウィーバーの場合もフラッシュバルブ記憶に対する個人の主観的自信は、客観的な正確さと一致しなかったのである。(7)

フラッシュバルブをもたらす出来事は、なぜ誤った記憶なのに自信を植えつけることがあるのだろうか？　ひとつの答えは、出来事から長い時間が経過すると、我々は記憶の情報源を忘れたり、混同したりしがちだという事実と関連している。この点に関連して、ナイサーとハーシュはひとりの女子学生の例を挙げている。チャレンジャー号の惨事の翌日に聞いたとき、彼女は宗教の授業中に友人が事故の話をしているのを聞いて知ったと言った。そして、授業が終わってから自室に戻り、テレビで詳細を知ったという。だが、三年後に尋ねたとき、彼女はテレビで初めて知ったと言い張った。「爆発のことを初めて聞いたのは一年生用の寄宿舎の部屋で、ルームメイトと一緒にテレビを見ていたときでした。ニュース速報が流れたのです。私たちはとても驚きました」(8)。しかも、はっきり覚えているという。この学生は二つの情報源を混同していることに気づかなかったが、自分の記憶に自信をもっているのは、実際に事故そのものを記憶しているためと思われる。ナイサーとハーシュはこのような誤りを「タイムスライス・エラー」(訳注2)と呼び、出来事から何年も経ってから質問された場合にしばしば起こると指摘した。心理学者ウィリアム・ブリューワーは、こうした誤りは情報源健忘の一形態であると述べており、私も同意する(9)。

これと同様に、パルメ首相暗殺のニュースを知ったのは妻と共にラジオを聞いているときだったというラーセンの錯覚記憶も、やはり確信を伴っているようだ。以前に同じような場面が何度もあったことを彼は記憶していたからである。したがって、パルメ暗殺の記憶に妻を「組み込む」のは、ラーセンにとって容易であった。すでに見てきたように、一般知識や期待が時として、ある特定の出来事の記憶に――符号化または検索、あるいはその両方の過程で――忍び込み、そのため記憶に重大な歪曲が生じることがある。フラッシュバルブをもたらす出来事の記憶も、遠い過去の出来事を思い出そうとする際に生じる再構成エラーの類いを免れないのである。

また、我々がフラッシュバルブ記憶の正確さについて、異常なほど強い自信をもつことがあるのは、そのままの形で脳に永遠に刻まれていると信じているからでもある。だが、そうではないことを示す証拠が挙がっている。フラッシュバルブ記憶でも時を経て風化し変容する場合があるのだ。このような記憶が、ブラウンとクーリックが想定するナウ・プリントのメカニズムによって保存されているかどうかは疑問であるが、それでも、フラッシュバルブ記憶が日常的な大多数の出来事の記憶よりは、おしなべて長続きし、より正確であることは間違いない。このようなフラッシュバルブ記憶の強さの理由のひとつとして、その出来事のあとに何日間、何週間、さらには何年も話題に上り、思い返される回数が多いことが挙げられる。ケネディ大統領暗殺の場合は、まさしくこの「リハーサル」が当てはまる。(訳注3)

さらに、フラッシュバルブをもたらす出来事が日常的な出来事よりも記憶に残る傾向が強い理由として、リハーサルだけでは説明がつかないことを示す証拠もある。その出来事によって引き起こされる情動も、記憶の耐久性を高めるのだ。たとえば、サッチャー辞任の記憶を調べたコンウェイの研究では、辞任から一年経ってもイギリス人の大学生たちが高いレベルの記憶を保持していたのは、リハーサルの回数だけでなく、ニュースを聞いたときに経験した情動的喚起の強さも関与していたためだった。(10)ある記憶がなぜいつまでも残るのかは、リハーサルと情動の両方が関わっている。私は一九六三年一一月二二日に何が起きたかは覚えている――だが、二一日や二三日の出来事は覚えていない。これは、ニュースを聞いたまさにその瞬間に生じた情動的喚起のせいでもあり、あれから何度も事件について話して記憶を強化してきたせいでもある。

個人的なトラウマ——消えやらない記憶

フラッシュバルブ記憶は興味をそそられる現象だが、一九八四年の研究で、最も鮮明な記憶を三つ参加者に挙げさせたところ、歴史に残るような出来事の記憶はほとんど含まれていなかった。個人的に情動的意味の非常に強い出来事が挙げられる傾向が見られたのだ。(11) 情動的トラウマを誘発するエピソードの記憶は、おそらくふつうの記憶とは根本的に異なっているのだろう。はたして、こうした記憶は並外れて正確で、特殊な脳のメカニズムに依存し、ナウ・プリントのようなプロセスまでも含まれているのだろうか？

「脳組織に傷を残すと思われるほど情動をかき立てられるような経験」とは、かの偉大なハーバード大学の心理学者で、哲学者でもあるウィリアム・ジェームズが一八九〇年に言った言葉だ。近年では小児精神科医のレノア・テアが、トラウマとなる出来事を経験した子どもは「焼きついた視覚的印象」を保持し、生涯消えない場合もあると述べている。(12) 私は、自分の脳に永久に残る傷ができたと感じるような経験をすぐにいくつか挙げることができる。母からの電話で、父の不慮の死を知らされたときに、自分がどこにいてどんなことを感じたか、いまだ鮮明に覚えている。逆に嬉しい記憶もある。二人の娘ハンナとエミリーが誕生したときの瞬間が「焼きついた」記憶となっていて心からよかったと思う。

情動的喚起を招く出来事の記憶の性質を知るために、めったに起こらないようなきわめて衝撃的なトラウマをもつ人々の記憶を調べるという方法がある。そのような人々（メリンダ・スティックニー＝ギブソンもそうだ）の大多数には、衝撃的な出来事が何度も、思い出したくもないのに思い出されるという症状が最も一般的に見られる。一例として、一九八一年七月一七日にカンザスシティのハイアット・リージェンシー・ホテルで、空中通路が落下した恐ろしい事故を目撃した人々の記憶を考えてみよう。当時ホテルのロビーや空中通路には二〇〇〇名近くもの人々が見物に訪れ、食事やダンスを楽しむ者も大勢いた。落下したのは二階と四階の空中通路だった――六五トンあまりものコンクリートと鋼鉄が、何も知らずにくつろぐ人々で混み合うロビーに轟音と共に崩れ落ちたのだ。死者一一四名、負傷者二百名あまりの大惨事となった。

精神科医チャールズ・ウィルキンソンは、負傷者、目撃者、救急隊員ら一〇二名を対象に、この悲惨な事故から数週間の反応を調べた。事故を何度も思い出すと言う者は九〇パーセント近くにのぼった。目撃者の五人に一人は、日常生活に支障をきたすほどの侵入性想起を有していた。また、半数近くが事故を思い出しそうな状況を積極的に避ける努力をしていると答えた。だが、悲惨な落下を思い出すまいとどんなに努めてもうまくいかず、記憶は何度でもよみがえり、そのたびに悲しみ、不安、気持ちの落ち込みや、孤立感までも感じるのだった。また、ほぼ三人に一人の割合で、トラウマを起こすようなこの出来事のあとに「記憶障害」を経験したという報告があった。おそらくは動揺し、取り乱したあまり、目の前の出来事を正常に符号化できなかったのだろう。(13)

このような強烈な反応や想起は珍しいものではない。日常生活におけるトラウマ――ロマ・プリエタ地震、一九七六年のチャウチラ誘拐事件、ノースカロライナ農村部に壊滅的な被害をもたらした一九八四年の竜巻、そしてベトナムその他の戦争体験など――に関する他の多くの研究でも、同様の特徴が報告されている。トラウマ後の症状として最も一般的なのは、トラウマの招かざる想起であり、情動障害や記憶の部分的欠落という問題とともに発生する。トラウマから数カ月または数年後におこなわれたいくつもの追跡調査からは、侵入性想起は頻度が下がる傾向があるものの、消え去ることはないと示唆する証拠が得られている。(14)

激烈な情動をともなうトラウマ記憶が持続する最も痛ましい証拠として、ホロコースト生存者の記憶が挙げられる。ローレンス・ランガーは表現力豊かで涙を誘う著作『ホロコーストの証言——記憶の廃墟(*Holocaust Testimonies: The Ruins of Memory*)』のなかで、そのような記憶を数多く描写し、分析している。生存者のひとりは語る。「私には子どもたちがいます……家族がいます。でも、我が子が学校で良い成績を収めても、心から喜ぶことができません。あのとき起きたことが忘れられず、当時の記憶が私の人生の一部となり、現在にも影を落としているからです」。別の生存者もこう話す。「もうこの世では心安まるときがないという感じです。この経験は——これを抱えて生きていくことはできますが——常に痛みがつきまとっているような状態なのです。どうしても忘れられない、頭のなかから追い出せない。それでもなんとか記憶と共に生きていくすべを身につけています」。(15)

同様のことはジャジア・ストリコウスカの話にも見られる。彼女はポーランド人で、ナチスのベルゲン・ベルゼン強制収容所に入れられたが生き延び、のちにシカゴの郊外に移り住んだ。そして、自分の強制収容所の記憶を、著名な写真家ジェフリー・ウォーリンに語っている。ウォーリンはホロコースト生存者の記憶を調べ、一連の作品を制作した人物である。その作品『ジャジア・ストリコウスカ、一九二四年生まれ、トマシュフ・マゾビエツキ、ポーランド、一九九三—九四』(**図7・3**)では、

図 7.3　ジェフリー・ウォーリン，『ジャジア・ストリコウスカ，1924 年生まれ，トマシュフ・マゾビエツキ，ポーランド，1993–94』，16×20 インチ．調色シルバープリント．キャサリン・エーデルマン・ギャラリー(シカゴ)の厚意による．

ジャジア・ストリコウスカは家族の写真をセルロイドの細いチューブに入れてベルゲン・ベルゼン強制収容所にもち込み，直腸のなかに隠していた．危険を冒してまでも，写真を肌身離さず持ち続けた甲斐はあった．「写真が慰めでした」と彼女は語る．「広げて眺めては，「ああ，私は石から生まれたわけじゃない，人間から，家族から生まれたのだ」とつぶやいていました」．

アメリカに移住してからの生活については，過去を捨てて心新たに人生を始めるよう勧める人々の忠告に耳を傾けるのがどれほど困難なものか，ジャジアは次のように述べている．「(ベルゲン・ベルゼンのことを)話さなかった理由はいくつかあります．人はそういう話を聞きたくないものなのです．誰もが「もう忘れなさい，新たな生活を始めなさい，過去のためではなく今現在のために，ここで生きていきなさい」と言います．でも，忘れられるようなことではありません――私たちにとって，忘れることなどけっしてあり得ません」．1970 年代末にイリノイ州スコーキーでネオナチ団体がデモを企てたときは，「私たちは目を覚まされたように感じ，阻止すべきだと決意しました……このあとに，私たちは声を上げるようになりました．心のうちに秘めていたストーリーを語り始めたのです」．

ジャジアの記憶をウォーリン自身が手書きしたものと、ジャジア本人を並べて撮影している。彼女が手にしているのは、残酷きわまりないベルゲン・ベルゼンを生き延びる助けとなった大切な家族の写真だ。

トラウマ記憶の力から逃れるすべがないことは、恐ろしい戦闘を体験した兵士たちの戦時中の記憶にも見受けられる。パット・バーカーの感動的な小説『新生(*Regeneration*)』は、入院中のイギリス兵士たちが第一次世界大戦のトラウマと格闘するさまを描いたものだ。心に巣くう悪魔から逃れたいと願う兵士を救おうと、実在の精神科医ウィリアム・リバースがおこなった努力を小説に仕立て上げている。

クレイグロックハートに収容される典型的な患者は、神経症を誘発した衝撃的な出来事を忘れようと、今まで膨大なエネルギーを費やしてきた。どんなに努力しても無駄だと本人にはわかっていても、たいてい友人や親戚、そして以前診てもらっていた医師からも、忘れるよう努めるべきだと励まされ続けてきた。だが、かつて体験した恐怖は、昼ですら完全には抑制できず、夜になると力が二倍にも増して患者を苦しめ、戦争神経症の最も特徴的な症状が現れる——悪夢との戦闘である。(16)

リバースは患者たちに対して、自分の身に起きたことを思い出す時間を毎日作るよう奨励した。彼の治療を受ける兵士たちは、他の恐ろしい経験を味わった者たちと同じように自分の経験を語り、常軌を逸した出来事を残りの人生に適合させるよう努め、時の経過のみがもたらす心の安寧を得られるまで待とうと腹をくくり、そうするなかで、強烈な記憶を抱えて生きるすべを身につけていったのだ。

トラウマ記憶――どの程度正確なのか？

研究者のなかには、情動的なトラウマとなるような出来事の記憶は非常に細部に至るまで正確に――おそらくは永遠に――保存されるため、風化し歪曲しがちな非情動的な出来事の記憶とは根本的に異なる、と考える者もいる(17)。このような見解は一定の評価ができるものだ。実際、情動的なトラウマ記憶は平凡な出来事の記憶よりも正確な場合が多いからである。だが、トラウマ記憶ですら歪曲されることもある。一例として、レノア・テアの研究を取り上げてみよう。彼女が調査をおこなった子どもたちは、カリフォルニア州チャウチラでスクールバスに乗っているところを、銃を突きつけられて誘拐され、あらかじめ地下に埋めておいたトラックに一六時間ほど閉じこめられたが、その後に安全な場所へ逃げることができた(訳注4)。子どもたちは典型的なトラウマ記憶――鮮明で詳細にわたる想起――を保持していたが、この恐ろしい事件から四、五年後にテアが二六名の子どものうち二三名にインタビューをしたところ、著しい誤りや歪曲が約半数に見られたのだ。この結果をふまえ、テアは重要な問いかけをした。「「ある特定の記憶が、明確で詳細でありながら間違っている、などということがあり得るのか？」と疑問をもつ者がいるかもしれない」というものだ(18)。記憶の歪曲の大部分は、出来事を知覚する際に衝撃的なエピソードのストレスによって生じる知覚の誤りのせいだ、とテアは主張している。だが、トラウマを受けて間もなくおこなったインタビューでは、正確な記憶をもっていた八名の子ども――出来事に対する最初の知覚は適切だったことが窺われる――のうち七名が、四、五年後には記憶の歪曲を示したことにもテアは気づいていた。たとえば、ある子どもは、犯人のうちズボンの中に枕をいくつも入れていたのがどの男だったかを間違えた。また、別の子どもは実際にその場にいた男の誘拐犯たちに加え、若い女の誘拐犯も二人いたと答えている。こうした観察から、「焼けつく」ようなトラウマ記憶ですらも時の経過による変容を免れないことが示唆される。

子どもの記憶の歪曲については別の研究でも証拠が得られている。一九八四年、小学校で狙撃事件が起こり、生徒一名と通行人一名が死亡した。この悲惨な事件後、六週間から一六週間の間に研究者たちが実施したインタビュー結果で注目されたのは、狙撃の最中に学校にいた子どもたちが、実際よりもはるかに安全な場所にいたと記憶している傾向があったという点である。さらに驚くべきことに、狙撃の最中には学校にいなかったにもかかわらず、学校にいたと記憶している子どもたちまでいたのだ！　事件があった日に休みを取って出かけていたある男子生徒は、「登校の途中で人が倒れているのを見たし、銃声も聞こえたから引き返した」と回想した(19)。

この子どもたちの記憶はさまざまな影響を受けた可能性が考えられる。実際よりも安全だったと回想する傾向は、情動に突き動かされた回顧的バイアスの一種を表しているのかもしれない。すなわち、起きたことに対する不安を減らそうとして、現在の情動的欲求に合うよう、出来事を再構成した可能性がある。同様に、狙撃の場にいなかった子どもたちは、その出来事に加わる必要性を感じたのかもしれない。おそらく、この事件について友人たちとたびたび話し合っていたのだろう。出来事について、かなり時間が経ってから尋ねると、子どもは知識の情報源を混乱させてしまうことがよくある。

この研究の参加者は狙撃から少なくとも六週間経ってからインタビューを受けているため、他の子どもが回想した事件の断片を自分の記憶に誤って取り込んだ子どももいたと思われる。たとえば、休みを取って出かけていた子どもに、帰宅した翌日に尋ねていたら、現場の近くにいたなどという事実とは異なる回想はしなかったにちがいない。

トラウマをもたらす出来事の記憶が鮮烈なものでありながら正確性に欠けるというのは、なにも子どもに限った話ではない。一九八八年、シカゴ郊外の小学校に女が侵入し、生徒一名を殺害し、五名に負傷を負わせ、終日人々を恐怖に陥れた。(訳注5)この惨劇から五カ月後と一八カ月後の二回、心理学者が学校職員に、銃撃の最中どこにいたか、どう感じたかを尋ねた。職員の大半は校内にいたが、現場から何マイルも離れていた職員もいた。ところが、初回のインタビューで校舎内にいたと答えた職員三名のうち二名は、二度目のインタビューでは校門のすぐそばにいたと答えた。また、初回では現場から二五マイル以上離れた場所にいたと答えた六名のうち二名は、二度目では一マイル以内と答えた。心的外傷後ストレス（PTSD）の症状が初回インタビュー時から悪化した者は、二度目のインタビューで銃撃時に感じた身の危険をより大きく評価する傾向があり、初回インタビュー時よりもPTSDの症状が軽減した者は、二度目のインタビューでは身の危険をより小さく評価する傾向があったのだ。どうやら、人は出来事の記憶をその後の情動状態というフィルタを通して思い出しているように思われる。

退役軍人が経験する戦闘のフラッシュバック（flashback）にも、これと関連する情動フィルタが働くようである。フラッシュバックは非常に強烈なので、退役軍人はまるで実際の体験を再体験しているように感じることが多い。フラッシュバックには、実際の出来事にあった要素と、恐怖にともなう空想上の要素が共に含まれる場合がある。トラウマと第一次世界大戦の退役軍人に関する研究の草分け的存在であるジョン・マッカーディは、かつての体験を「再体験」する強烈な瞬間には、実際の戦闘エピソードよりもむしろ本人の「最悪の恐怖心」が含まれることが多いと気づいた。そこで、現実と空想がしばしば混ざり合う点を反映させるため、そのような瞬間をビジョン(vision)と名づけた。この名称は、一般的に使われているフラッシュバックほど過去の経験の正確さを前提としていないため、よりふさわしい用語と言えよう。[20]

フラッシュバックという用語が初めて現れたのは一九六〇年代末で、もともとはＬＳＤ使用者が報告した経験に関する用語だと指摘したのは、精神科医フレッド・フランケルだ。薬物の作用が薄らいでしばらくすると、薬物に誘発されるイメージや幻覚をいきなり再体験する、と使用者たちは報告していた。フラッシュバックを報告する可能性が最も高い者は、想像力が豊かで、空想にふけりがちで、催眠にかかりやすい傾向が強い。そのような者たちに生じるフラッシュバックは、実際の記憶というより夢に近いものだとフランケルは主張した。フラッシュバックという用語は、その後ベトナム帰還兵に生じる、意識的に抑えることのできない想起にも使われるようになった。マッカーディの意見に賛同するフランケルは、フラッシュバックの真実性は裏づけとなる証拠を伴っていない限り、疑ってかかるべきだと力説し、ある退役軍人の例を挙げている。この軍人は、ひとりの村人を何度殺しても相手が起き上がってくるというフラッシュバックにさいなまれていたが、彼の場合は実際に起きたことのプレイバックではなく、最悪の恐怖心がもたらすビジョンなのである。[21]

精神分析学者マイケル・グッドは、やはり最悪の恐怖心がもたらす幻想を含むと思われる臨床例を報告している。それは成人の女性患者で、五歳のときにクリトリスを切除されたというトラウマ記憶にさいなまれていた。彼女はこの出来事を何度も繰り返し夢に見るという。婦人科医にきちんと調べてもらうようグッドは提案した。診察の結果、彼女は解剖学的に正常だと判明した――クリトリスは切除されていなかったのだ。患者は子どもの頃に切除されないかと恐れていたのかもしれない、とグッドは指摘する。というのも、患者の母親は非常に信心深く、そのため、患者は自慰が物理的に不可能になる装置を三歳から五歳まで装着させられていたことを覚えていたからだ。不運なことに、この患者は成人してから情報源健忘の一種を患っている可能性があった――もはや想像上の出来事と実際の出来事とを区別できなかったのである。(22)

長期にわたりトラウマとなるような経験であっても、やはり想起に歪曲が生じる可能性はある。心理学者ウィレム・ヴァッヘナールとジョップ・グローエネウェグは、エリカ強制収容所に入れられていた人々の記憶をさまざまな点から調査している。もとはオランダの監獄だったエリカは、ドイツ支配下にあった一九四二年から四三年は強制収容所となっていた。(23) 収容者に対する虐待、拷問、そして殺害までも主に実行していたのはマルティヌス・デ・レーケ、ドイツ人がカポに任命した囚人で、(訳注6) その任務には他の収容者への威嚇や脅しも含まれていた。強制収容所が閉鎖されたとき、オランダの警察は生存者の多くにインタビューをおこなった。そのうち一五名は、一九八四年から八八年の間に二度目のインタビューを受けた。ちょうどデ・レーケに対する訴訟が再開した時期だった(その結果、彼は一九八七年に逮捕された)。ヴァッヘナールとグローエネウェグは最初と二度目のインタビューで得られた生存者の記憶を客観的な記録と照合し、また、生存者同士の記憶がどの程度一致するかも調べる機会に恵まれた。

収容された時から四〇年も経っていたが、生存者たちの記憶は概して正確だった。収容所で使われていた拷問方法、ユダヤ人収容者に対する凄惨な扱い、そしてデ・レーケがカポだったことについては、大半の生存者の記憶が一致していた。収容所の全般的な特徴と、そこでおこなわれていたことの概要は、全員が覚えていた。だが、個別の出来事や事実となると、忘却や歪曲もいくらか見られた。たとえば、一九四三年から四八年におこなわれたインタビューでは、生存者のほぼ全員が収容所に送られた日づけを覚えており、誤差は一カ月以内だったが、四〇年後のインタビューでは、覚えている者は半数足らずだった。なかには収容所に送られた季節を間違えて覚えている者もいた。自分がむごい扱いを受けた、他人がそのような扱いを受けるのを目撃した、という個別のエピソードとなると、四〇年の間に多くの生存者が忘れていた。一九八四年から八八年の二度目のインタビューで、生存者はデ・レーケの写真を見せられた。この写真は全国放送のテレビ番組で使われたのと同じものだった。写真がデ・レーケだと気づいた生存者は、番組を見なかった者では五八パーセントだったのに対し、番組を見た者では八〇パーセントだった——識別できたのは戦時中の体験ではなく、テレビに写真が出たからという可能性のほうが高い。

トラウマを残すような出来事の記憶は概して忘れられないものであり、驚くほどの正確さをしばしば具えているが、それでも記憶が風化し歪曲する可能性のあることが、実生活におけるトラウマの研究で示されている。身をもってトラウマを経験した者は、その経験の核心は必ずと言っていいほどよく覚えている。歪曲が生じるとしたら、特定の細部に関するものである可能性が非常に高い。トラウマを抱えていないにもかかわらず、自分では抱えていると信じ込んでいる者の場合、そういう出来事を恐れているか、想像しているか、または聞いたことがある可能性が高い。これまでの章で私が展開した一般原理——記憶は単に心の中にある光景が活性化しただけではなく、さまざまな要因をもとにして作り上げられる複雑な構築物でもある——は、情動的なトラウマ記憶にも当てはまるのである。

情動を伴う出来事について実験する——我々は情動経験から何を記憶するのか?

実生活におけるトラウマの想起は、記憶や情動に重要な洞察をもたらす。だが、我々に影響を及ぼす奥深い経験の基盤をより完全に理解するためには、統制のとれた研究も必要である。もちろん、このような実験的研究には限界がある——実験室で強烈な情動を誘導するのが難しいのは当然だ。しかし、厳密な統制と正確さが望めるという利点を考えると、こうした記憶や情動に対するアプローチは取り組む価値が十分にある。

最近、情動的な出来事をとくに記憶に残るものとする諸要因の解明をめざす実験的研究がいくつか始まっている。そのひとつは、参加者に見せるスライドに、魅力的な男女の写真など見ていて非常に快いスライドと、ばらばらに切断された死体など非常に不快なスライドを使うものだ。さらに、こうした情動喚起度の高いスライドに加え、家具の写真など情動喚起度の低い、中立的なスライドも見せる。参加者が思い出したのは、情動喚起度の低いスライドよりも高いスライドのほうがはるかに多かったが、快不快の差は見られなかった。この研究や同様の研究の知見から、記憶の正確さは経験により生じる情動喚起度に直接関係していることが多く、情動の快不快は無関係であることが示唆される[24]。また、情動の喚起は我々の注意を経験のある特定の側面に集中させ、それにより、情動経験の何を記憶するかに影響を与えるようである。たとえば、一連の衝撃的なスライド(血に染まった自動車事故現場を描いたもの)を見た者は、衝撃的ではないスライドを見た者よりも、スライド系列の重要な主題はよく覚えていたが、具体的で些末な細部についてはあまり覚えていなかった。この実験結果から、衝撃的な状況では、参加者の注意がエピソードの情動喚起が際立つ部分に向けられ、その結果、細部に注意する「余力」があまりないことが示唆される[25]。

この実験室での知見から連想されるのは、凶器注目(weapon focusing)として知られる現実世界での現象である。たとえば銃をもった銀行強盗など、凶器を手にした犯人を目撃した者は、その凶器については正確な記憶を保持しているが、犯人の顔など他の側面はあまり記憶に残らないことが多い。どうやら際だった情動を伴う情報(銃)に注意が向けられ、その他の側面は記憶に残るような符号化があまりおこなわれないように思われる。このような凶器注目効果が最も顕著に見られるのは、凶器を見ると不安になるという者である。この知見は、高レベルの不安が注意の焦点範囲を狭めることを示す他の研究と一致している[26]。

ＰＴＳＤを患うベトナム退役軍人が経験する苦しみにも、過去の情動的トラウマが注意をひきつけるという効果が反映されている。トラウマを受けた退役軍人は常に警戒を怠らず、情動が過剰なまでに喚起されていることが多いので、周囲の無害なシグナルを深刻な脅威と受け止めやすい。過去のトラウマを思い出させるような刺激にはすぐに注意がひきつけられ、そのため不安に圧倒されパニックに陥ることがある。あるベトナム退役軍人が体験した恐ろしい事故は、それを如実に物語っている。心理学者のリチャード・マクナリーが私に話してくれたエピソードだ。

その日は七月四日、祭日だった。彼はベトナムから帰還して何年も経っていた。ジープを運転していたとき、数人の子どもが車の下にかんしゃく玉を投げ込んだ。けたたましい音が鳴り響いたとたん、恐ろしいフラッシュバックが生じた。奇襲攻撃を受けたときのように、彼はハンドルに身を伏せ、「敵」から逃げようとアクセルを思いきり踏み込んだ。まもなく車は衝突した。ここはベトナムではなくコロラドだ、と心のどこかでは認識していたにもかかわらず、かんしゃく玉の音で引き起こされた情動や行動の反応は、昔ベトナムで奇襲攻撃を受けたときに示したものと同じだった。(27)

退役軍人のなかには、思い出すのは戦争体験ばかりで、人生の他の時期のことはあまり思い出せないという者もいる。マクナリーらの報告によると、ベトナムでの経験で頭のなかがいっぱいで、帰還して二五年から三〇年も経っているのに、いまだに戦争の象徴――軍服、部隊メダル、戦争捕虜バッジ――を身につけている者もいるという。ある退役軍人は、弾丸を込めた銃をもって研究室にやって来たそうだ。こうした戦争の象徴を身につけた退役軍人に、過去のいつの時期でもよいので何か出来事を思い出してもらうと、帰還後の生活に良く適応した退役軍人よりも、ベトナムでの記憶がはるかに多かった。また、彼らは人生における楽しい出来事をなかなか具体的に思い出せなかった。ベトナムでの経験に情動的に深く結びついているため、他のことにはろくに関心が向かず、気にもならなくなっているのだった(28)。

情動は他のタイプの患者にも同様の注意や記憶の偏りを生じさせる。自伝的記憶の概括化として知られるものを初めて報告したのはウェールズのマーク・ウィリアムズらで、自殺を試みるほど重度のうつ病患者を研究していたときだった(29)。患者たちは過去の経験のおおまかな情動的要旨は覚えているものの、具体的な細部については、うつではない健常者ほどには思い出せない。このような記憶の概括化は、バイアスのかかった符号化によって生じる可能性がある。抑うつ気分は、患者の日常的な出来事のうち、かつての否定的経験に合うようなネガティブなテーマに概して注意を向けさせる。抑うつ患者は日常的なエピソードをネガティブなフィルタを通して符号化する(したがって想起する)傾向があり、このフィルタによって、患者のあらゆる経験は繰り返しの多い、ある種の単調さを帯びていく。そして同時に、個々の具体的な経験の細部については、精緻な符号化がおこなわれない傾向がある。この見解は、PETスキャンを用いた研究で、うつ病患者の左前頭葉に活動の低下が見られたことと整合する。というのは、先に述べたように、左前頭葉領域は精緻な符号化に重要な役割を果たしているからだ。

うつではない健常者でも、悲しい気分はひとりでに高まりやすいと報告されている。悲しい気分のときは、なぜかネガティブな考え方をしたり、つらい経験を思い出したりしがちであるようだ。一般的に見られるこの経験は、心理学では気分一致検索(mood-congruent retrieval)と呼ばれている。悲しい気分であれば、失敗や拒絶などのネガティブな経験を思い出しやすく、幸せな気分であれば、成功や受容など快い経験を思い出しやすいことは、実験で証明されている。[30] つまり、ブルーな気分で、過去のつらい経験が思い浮かびやすいとき、我々はそうとは知らずに悲しみを強め、長続きさせようとしているのだ。この種のネガティブなフィードバック・サイクルは、臨床的にうつと診断されている者たちに深刻な結果をもたらしかねない。健常者と比較して、うつ病患者はポジティブな経験よりもネガティブな経験を思い出しやすく、それがうつ状態の維持に一役買っている可能性がある。また、新しい情報についても、うつ病患者はポジティブなものよりネガティブなものを受け入れやすい。一連の快い単語(「微笑み」など)と不快な単語(「絶望」など)を覚えさせると、うつ病患者は不快な単語に対し、きわめて正確な記憶力を示したのだ。単語が自分に関連するかどうかを考えさせた場合はとくにそうだった。[31]

気分一致検索には、臨床的にも重要な意味がある。気分一致バイアスは、治療面で重要となる幼少期の経験をうつ病患者が思い出す能力を歪める可能性があるのだ。これと整合する証拠が、うつ状態とそうではない成人女性を対象に、両親のさまざまな特性について、幼少期の記憶を調べた研究から得られている。子どもの頃の経験に関する質問紙への回答時にうつ状態だった女性は、うつ状態に一度もなったことのない女性よりも、「親から愛されなかった」「親から拒絶された」といった記憶を多く思い出したのである。はたしてうつ状態の女性は両親のことを正確に覚えていると言えるのだろうか？　その可能性もなくはない。だが、こうした女性は、過去にうつに陥ったことはあるが回答時にはうつ状態でなかった女性と比べて、両親から拒絶されたという記憶をより多く想起したのである。つまり、回答時に抑うつ気分だったことが、親に対するネガティブな想起の原因となったように思われる。これと同じようなことが、慢性的な痛みを抱える患者でも見られる。過去の痛みのエピソードを想起する際に、その痛みの強さは現在の痛みのレベルに左右されるのである。(32)

こうした知見は先に述べた回顧的バイアスを思い起こさせるものだが、自分の過去のあらましを顧みるとき、その記憶は概して正確である点も忘れないでほしい。実際、幼少期全般の特徴に関する質問をした場合、気分一致バイアスが認められないことがあるのに対し、特定のエピソードや出来事に関する質問では、気分一致バイアスがより顕著に認められるのだ。つまり、気分が記憶に与える影響が最も顕著に見られるのは具体的な出来事に関する知識レベルであり、より高次な自己に関する知識レベルではそれほど顕著ではないのである。(33)

脳のアーモンド——扁桃体・情動・記憶

一九三七年、手術で両側頭葉を切除されたサルを使った行動実験をまとめた論文が『アメリカ生理学会誌』に掲載された。著者らの報告によると、こうしたサルは一種の精神盲(psychic blindness)を患ったという。正常なサルなら容易に認識できる多くの見慣れた物が認識できなくなった。さらに目を引いたのは、情動行動の奇妙な異常だった。正常なサルなら恐れ、切除前には自身も恐れていた対象に対して恐怖心を失い、岩や糞など変わったものを食べようとし、他種の動物と交尾を試みるというサルらしからぬ行動を見せたのだ。こうした異常行動はまとめて、この論文の著者の名を取ってクリューヴァー・ビューシー症候群と呼ばれるようになった。それから二〇年ほど後に、若い神経心理学者ローレンス・ワイスクランツが、側頭葉切除と関連する特異的な情動異常は、側頭葉の最も深い領域内に隠されている小さな部位、すなわち扁桃体の損傷によって引き起こされると実証したのである。[34]

扁桃体は小さなアーモンドのような形で、海馬の隣に位置している（〔原著第五章の〕図５・１を参照）。先に述べたように、海馬は日々の生活の出来事を記憶する能力に主要な役割を果たしており、これが損傷を受けると、最近起きたことを思い出すのが困難になる。扁桃体は情動を管理する脳のネットワーク内で非常に重要な部位であり、記憶の情動的側面の管理にも関与している。我々の精神生活に大きな影響を与える情動性の記憶に、きわめて重要な役割を果たしていることが、ますます明らかにされつつある。

第五章で、扁桃体のみを切除したサル（またはラット）は一般的に記憶を喪失しないことを指摘した。餌を置いた場所や、数秒前に見せたおもちゃを覚えていないとできない単純な実験をおこなうと、扁桃体を切除した動物はなんの問題も示さない。[35]だが、この同じ動物は、クリューヴァーとビューシーが観察した類いの異常な情動行動を示し、また、とりわけ記憶の情動的側面に関する問題を示すこともある。その格好の例が恐怖学習だ。動物にとって、危険な状況を恐れるよう学習することは生死に関わるため、概して非常に速く学習できる。たとえば、実験室のラットは、無害なトーン音が聞こえると同時に電気ショックを与えられると、間もなくその音を聞いただけで恐怖のサインを見せ始める。音を聞いて「凍りつく」ことがあるが、これは恐れていることを示す確かなサインだ。音を聞くと心臓の鼓動が速くなることもあるが、これも怯えている状態を示す。ところが扁桃体を切除すると、動物はトーン音を恐れるという学習ができなくなる。音と電気ショックを何度繰り返しても学習できない。すでに述べたように、こうした動物が示す健忘はいつも広範囲に見られるものではなく、恐怖を学習して記憶するという特定の問題だけに限定される。ジョゼフ・ルドゥーらは一連の重要な研究で、この機能障害が扁桃体の内部にある外側核と呼ばれる単一の部位の損傷によってもたらされることを明らかにした。(36)

最近アントニオ・ダマシオらがおこなった研究は、扁桃体とヒトの情動条件づけを明確に結びつけるものだった。研究対象としたのは病態の異なる三名の患者で、珍しい遺伝性疾患であるウルバッハ・ビーテ病により扁桃体のみを損傷した者、心停止中に一時的な酸素欠乏となり、海馬だけに選択的損傷を受けた者、そして脳炎により海馬も扁桃体も損傷した者各一名である。ダマシオのチームは各患者に赤色、緑色、青色、黄色という色の異なる一連のスライドを見せた。青色のスライドを見せるときは、ぎょっとするほど大きな音で警笛を鳴らす場合があった。この耳障りな音は皮膚コンダクタンス反応と呼ばれる生理的反応を生じさせる。これは情動喚起を反映するもので、容易に検出できる。けたたましい警笛を聞いたとき、患者は三名とも顕著な皮膚コンダクタンス反応を示した。青色のスライドと警笛を同時に数回提示すると、脳に障害のない健常者は青色のスライドを見ただけで皮膚コンダクタンス反応を示した──つまり、情動条件づけがおこなわれたということだ。海馬だけに選択的損傷のある患者は、青色のスライドに正常な情動条件づけを示したものの、条件づけエピソードの最中に何が起きたのかほとんど覚えていなかった。この患者とはまったく対照的に、扁桃体を損傷した患者は、条件づけエピソードの最中に何が起きたのかはしっかり覚えていたが、条件づけの効果はまったく見られなかった。いっぽう、海馬も扁桃体も損傷した患者は、エピソードの最中に何が起きたのかという記憶はなく、条件づけの効果も示さなかった。これらの結果から、情動条件づけ効果は扁桃体に依存していること、条件づけエピソードの最中の顕在記憶は海馬に依存していること、そしてこれら二つが別々に処理されることがわかる。[37]

ダマシオもジョゼフ・ルドゥーも指摘しているように、扁桃体は脳内の他の多くの部位からインプットを受け取っているため、情動的記憶に重要な役割を果たす上で有利な位置にある。つまり、扁桃体は初期の知覚処理段階から比較的原始的な感覚情報にアクセスし、その情報を使って、「闘争・逃走」反応に値するほど状況が脅威的なものかどうかを迅速に決定できるのである。さらに扁桃体は後期の処理段階でも、より洗練された精密な情報にアクセスできるため、以前の経験と照らし合わせて現在の状況を評価し、適切な行動に導くことができる。要するに、扁桃体は入ってくる情報の重要性を評価するのに完璧な位置にあるのだ。これは情動の本質的な機能である。重要性の高い出来事は迅速な認識と行動を要するが、重要性の低い出来事は無視しても問題ない。正常に機能している扁桃体は、ラット――またはヒト――が出来事の重要性を見極め、それに従って行動し、情動的出来事を記憶にとどめることに一役買っている。ルドゥーとダマシオの研究で示されたように、ある種の情動条件づけは、条件づけエピソードの顕在記憶とは関係なく保持される。だが、活性化した扁桃体は、情動的に重要な出来事に注意を向け、またそれを精緻化するようシステムに働きかけるために、このような出来事の顕在記憶の正確さを高めることもできる。つまり、扁桃体は情動的に重要な出来事の顕在記憶に影響を与えたり、調整したりする助けとなり得るのだ。

この調整という役割は、さまざまなホルモンの記憶への影響のしかたを決定する扁桃体の役割と関連がある。ラットその他の動物を使った研究で、動物が課題を学習した直後にエピネフリンなど情動喚起を強めるストレス関連ホルモンを注入すると、課題の事後の記憶が促進されることが認められている。この結果から、記憶に対する情動喚起の促進効果には、非常に強い情動経験によるストレス関連ホルモンの放出が原因となっていることが強く示唆される。このプロセスにおいて、扁桃体は重要な役割を担っている。扁桃体が損傷すると、ストレス関連ホルモンを注入しても、もはや記憶が促進されることはない。したがって、扁桃体は記憶の情動喚起の促進効果の根底にあるストレス関連ホルモンの放出を調整する助けになっているのである[38]。

こうした知見から、トラウマ・サバイバーの侵入性想起はストレス関連ホルモンと関係があると言えるだろうか？　メリンダ・スティックニー＝ギブソンが間一髪逃げおおせた火事の記憶につきまとわれているのは、三階の窓から飛び降りたとき、扁桃体からの信号に応えて脳内の化学物質が変化したためなのか？　脳を損傷した患者やトラウマに苦しむ者たちから得られた最近の証拠は、こうした問いにイエスという答えを示唆するものだ。ウルバッハ・ビーテ病により扁桃体がほぼ破壊されたある患者の場合、情動的に中立な絵は正常に記憶されたが、扁桃体が損傷していない者とは異なり、情動喚起の強い絵の記憶が良くなることはなかった。ダマシオのグループが記述した別のウルバッハ・ビーテ病患者は、親しい者の顔を見分けて覚えるのはなんの支障もないが、恐怖の表情だけは認識も記憶もできなかった。側頭葉てんかん患者の扁桃体に電気刺激を与えると、強い恐怖を経験することが多く、また、具体的な内容を何一つ覚えていないのに、なんとなく「覚えている感じ」を抱くこともある。精神医学者のスコット・ラウチとロジャー・ピットマンらは最近、ＰＴＳＤの症状を訴える退役軍人らを対象に、トラウマ記憶を思い出してもらい、同時にPETスキャンをおこなった。トラウマのない対照群と比較したところ、トラウマ記憶の再生中に活性が高まった部位がいくつか見られ、右扁桃体もそのひとつだった。興味深いことに、トラウマ記憶の再生中には視覚野で活動が高まり、言語産出の主要な領域であるブローカ野では活動が低下した。この結果や他のPETデータは、トラウマ想起が心を圧倒するような強烈な視覚イメージを特徴とするという考えと整合している。(39)

侵入性想起などPTSDの症状に苦しむベトナム帰還兵を対象とした複数の研究により、カテコールアミンという化学伝達物質のレベルの異常が明らかになった。カテコールアミンは、情動喚起を伴う経験に反応するストレス関連ホルモンによって放出が促進される。ある研究では、フラッシュバックなどの侵入性症状と、ベトナム帰還兵の尿検体に含まれる二種のカテコールアミン（ノルエピネフリンとドーパミン）の濃度に明らかな関連が見られた。また、ストレス関連ホルモンに反応して神経細胞を活性化させるヨヒンビンという薬物が、帰還兵にフラッシュバックやパニック発作を誘発させることを明らかにした研究もある。こうして呼び覚まされた記憶は、多くの場合、過去の戦争の場面を今この瞬間のものとして強烈に再体験させる。たとえば、トラウマをもつベトナム帰還兵のひとりは、検査室の流し台の影を見て、装甲車の影だと知覚した。彼は装甲車と遭遇した過去を思い出しただけではなく、今まさにその状況に置かれていると感じたのだ。(40)

トラウマのない者でも、ストレス関連ホルモンは記憶のとくに情動面に影響を及ぼす。ラリー・カーヒルらがジェームス・マゴー（ラットを使ったマゴーの研究は、ホルモンが記憶に影響を与えることを解明、実証する一助となった）の実験室でおこなった実験で、参加者の大学生たちはストーリー仕立ての一連のスライドを見せられた。その際、とくにこれといった出来事のない中立的なストーリーのスライドを見た者もいれば、最初と最後は比較的平穏な内容だが、途中に痛ましい自動車事故の犠牲者が登場し、情動を喚起する場面があるスライドを見た者もいた。スライドを見るまえに、ボランティアの参加者たちの半数はプラセボの錠剤を、残りの半数はストレス関連ホルモンの通常の効果を遮断する薬剤(プロプラノロール)を投与された。スライドを見たあと、参加者全員にストーリーをできる限り思い出してもらったところ、非情動的なストーリーについては、薬剤群、プラセボ群ともに良く覚えていた。ところが情動喚起を伴うストーリーでは、プラセボ群は非情動的なストーリーよりも多く記憶していたが、薬剤群にはそのような情動喚起の効果は見られなかった――情動情報も非情動情報も、覚えていた情報量は同じだったのだ。この結果は、ストレス関連ホルモンの産出を阻害する薬剤を投与すると、情動喚起が記憶にもたらす通常の促進効果が除去されることを示している。カーヒルとマゴーは、扁桃体を損傷した患者の研究でも同様の発見をしている。その患者はストーリーの非情動的な場面についてはふつうに記憶したが、健常者とは対照的に、ストーリーの情動的な場面でも記憶が良くなることはなかった(41)。

きわめて強烈な情動やトラウマをもたらすような経験の記憶は、並外れた強さと執拗さを特徴とするものが多い。この原因には、脳の情動コンピュータである扁桃体からの信号で放出されるストレス関連ホルモンが関わっていると思われる。日常生活での記憶と同様に、情動的トラウマの想起もありのままの記録ではなく、再構成されたものである。扁桃体は他のさまざまな脳の部位と協働して、情動的記憶を作り上げる。ただ、我々の日常的な記憶とは異なり、メリンダ・スティックニー゠ギブソンの恐ろしい火事の記憶、カンザスシティの空中通路の落下を目撃した人々の頑として色褪せない記憶、トラウマを負った退役軍人のフラッシュバックは――そして、おそらくは私の一九六三年一一月二二日の記憶すらも――、程度の差こそあれ、いずれも脳のアーモンドの働きを反映しているのだ。次の章では、情動トラウマや記憶の暗黒面について検討するために、暗黒との境にある心因性健忘という現象を探ることにする。

注

（1）メリンダ・スティックニー＝ギブソンへのインタビュー（一九九三年一二月一七日）。

（2）Brown and Kulik (1977) の調査協力者は、全員がケネディ暗殺時に七歳以上だった。Winograd and Killinger (1983) によれば、一九五六年生まれのほぼ全員が暗殺のフラッシュバルブ記憶をもっているが、その後六年間に生まれた参加者がフラッシュバルブ記憶を報告する割合は次第に低くなっている。

一般に、ブラウンとクーリックの報告がフラッシュバルブ記憶の最初の研究だとされるが、Colegrove (1899) はエイブラハム・リンカーンの暗殺に関する記憶について同様の調査をおこない、同じような結果を報告している。フラッシュバルブ記憶の全般的なレビューについては、Conway (1995) を参照。

（3）トゥーリンのフラッシュバルブ記憶の全作品は、Turyn (1986) に掲載されている。

（4）多国間研究については Conway *et al.* (1994) を、ロマ・プリエタ研究については Neisser *et al.* (1996) を、オロフ・パルメ研究については Christianson (1989) を参照。

（5）Larsen (1992) は、パルメ暗殺と他のニュースに関する自身の記憶を詳しく比較分析し、平凡な出来事は急速に忘れ去られると気づいた。フラッシュバルブ記憶とは対照的に、政府が予算案をやっと通過させたニュースや、地元の市長選挙で誰が当選したかを知ったいきさつを正確に思い出せる者はほとんどいない。

（6）Neisser and Harsch (1992).

（7）Weaver (1993).

（8）Neisser and Harsch (1992) : 9.

（9）Brewer (1992).

（10）フラッシュバルブ記憶にリハーサルや情動が関与しているという根拠は明白だとは言い切れない。たとえば、Pillemer (1984) は、レーガン暗殺未遂の記憶にリハーサルはほとんど影響していないと報告している。また、Neisser and Harsch (1992) はチャレンジャー事故の記憶保持について、尺度評価された情動喚起の影響を見いだしていない。

（11）Rubin and Kozin (1984).

（12）ここの引用は、James (1890) : 670 と Terr (1988) : 103.

（13）Wilkinson (1983).

（14）ロマ・プリエタ地震については Cardena and Spiegel (1993) を、チャウチラについては Terr (1981) を、ノースカロライナの竜巻については Madakasira and O'Brien (1987) を、それぞれ参照。Krystal, Southwick, and Charney (1995) は、数多くの退役軍人研究をまとめている。

（15）Langer (1991) : 34–35 より引用。

（16）リバースの観察は、Barker (1991) : 25–26 より。ウィリアム・リバース博士は実在の精神科医で、イギリスの詩人シーグフリード・サスーンを治療した。バーカーの小説は、リバースがサスーンや他の兵士におこなった治療に基づいて書かれた。リバースの実際の臨床事例や見解は、Rivers (1918) に明快に記されている。

（17）たとえば、van der Kolk（1994）を参照。

（18）Terr（1994）: 28.

（19）Pynoos and Nader（1989）: 238.

（20）一九八八年の学校襲撃については、Schwartz, Kowalski, and McNally（1993）を参照。戦闘のフラッシュバックについては、MacCurdy（1918）と Pendergrast（1995）を参照。

（21）Frankel（1994）: 329. Spiegel（1995）も参照。

（22）Good（1994）. その他の誤って記憶されたトラウマについては、Ceci（1995）を参照。

（23）Wagenaar and Groeneweg（1988）.

（24）Bradley *et al.*（1992）. 類似の結果については、Bradley and Baddeley（1990）; Brewer（1988）; Dutta and Kanungo（1967）を参照。

（25）Christianson and Loftus（1987）.

（26）凶器注目については Loftus, Loftus, and Messo（1987）を、不安と注意の狭小化の個人差については Kramer, Buckhout, and Eugenio（1990）を、不安と記憶については Eysenck and Mogg（1992）を参照。情動が重要な情報と些末な情報の記憶に与える影響に関する研究のレビューについては、Heuer and Reisberg（1992）を参照。

（27）Richard J. McNally の私信（一九九五年五月）。

（28）戦争の象徴を身につけた退役軍人の記憶については、McNally *et al.*（1995）を参照。ベトナム戦争の退役軍人の心的外傷後ストレス障害（ＰＴＳＤ）をめぐる記憶研究のレビューについては、Krystal *et al.*（1995）; van der Kolk（1994）を参照。Turner（in press）は、退役軍人の個人的経験と、戦争に対する社会の反応について考察している。

（29）記憶の概括化に関する研究のレビューについては、Williams（1992）を参照。Baxter *et al.*（1989）は、初めて抑うつ患者の左前頭葉の活動低下を報告した。その後、この知見は他の研究者によって追認されている。

（30）気分一致検索の考察については、Bower（1992）を参照。

（31）抑うつ患者の気分一致検索については、Clark and Teasdale（1982）を、抑うつ、不安、および関連する臨床症状における記憶バイアスのレビューについては、Mineka and Nugent（1995）を、それぞれ参照。

（32）抑うつ患者についてはLewinsohn and Rosenbaum（1987）を、疼痛患者についてはEich, Reeves, Jaeger, and Graff-Radford（1985）を、それぞれ参照。

（33）関連文献のレビューについては、Brewin, Andrews, and Gotlib（1993）を参照。

（34）Kluver and Bucy（1937）; Weiskrantz（1956）.

（35）Mishkin（1978）; Zola-Morgan *et al.*（1991）.

（36）恐怖条件づけにおける扁桃体の各部の働きに関する優れた要約については、LeDoux（1992, 1994）を参照。

（37）Bechara *et al.*（1995）を参照。

（38）ストレス関連ホルモン、扁桃体、記憶に関する動物研究の詳細なレビューについては、McGaugh（1995）を参照。

（39）Markowitsch *et al.*（1994）は、患者のひとりに情動的記憶の選択的喪失が見られたと報告している。Gloor（1992）は、扁桃体の電気刺激に関する自身や他の研究者の研究を要約している。

Adolphs *et al.* は、両側扁桃体損傷のウルバッハ・ビーテ病患者は恐怖が認識できないと述べ（1994, 1995）、Adolphs *et al.*（1995）では、扁桃体を片方のみ損傷した場合は恐怖の認識が損なわれないと報告している。興味深いことに、ラリー・スクワイアは、広範囲にわたり扁桃体の損傷を受けた健忘症患者がなんの支障もなく恐怖を認識できることを見いだしている（一九九五年一〇月の私信）。アドルフスらが調べた患者は先天的に扁桃体が損傷していたのに対して、スクワイアの患者は成人になるまでは扁桃体が正常に活動していたことから、アドルフスらの患者が恐怖を認識しなかったのは、幼少期に情動表出を学習できなかったためと思われる。PETスキャンによる研究については、Rauch, van der Kolk, *et al.* (in press)を参照。ただし、この研究には対照群が設定されていないため、結果の解釈は慎重におこなう必要がある。これに関連した Shin *et al.* (1995)の研究では、PTSDを発症しているベトナム帰還兵に、先に見せた戦闘写真を思い浮かべさせると、右の扁桃体は活性化し、ブローカ野は不活性化した。いっぽう、このような影響は健常な帰還兵では認められなかった。

(40) ヨヒンビンがベトナム帰還兵の記憶や知覚に及ぼす影響は、Krystal *et al.* (1995)に述べられている。カテコールアミンに関するエビデンスについては、Yehuda *et al.* (1992)とBrown (1994)を参照。Krystal *et al.* (1995)とvan der Kolk (1994)は、PTSDを精神生物学的側面からレビューしている。

(41) 薬物研究については、Cahill *et al.* (1994)とMcGaugh (1995)を、扁桃体損傷患者の研究については、Cahill *et al.* (1995)を参照。

(訳注1) 当時のカメラのフラッシュはカメラにつけたバルブを焚いて発光させていた。

(訳注2) 当該の出来事の内容は正しく想起できるが、その出来事を体験した時期を誤ってしまい、他の出来事の体験の時期と混同する誤りのこと。

(訳注3) リハーサルとは復唱と訳され、心のなかで当該の出来事を反復する働きをいう。

(訳注4) 実際にはバスは早い時点で乗り捨てられ、子どもたちと運転手は二台のバンに乗せられ一一時間走行したあとにトラックに閉じ込められた。

(訳注5) 犯人が学校にいたのは午前中だけで、その後は近所の家に侵入して住人を撃ち、最後は自殺した。

(訳注6) 囚人のなかから選ばれるボスのこと。

索　引

索 引

サ 行

タ 行

ナ 行

ハ 行

マ 行

ヤ・ラ・ワ行

参考文献

イントロダクション

アリストテレス（1968）．『記憶と想起について』副島民雄 訳，『アリストテレス全集　第 6 巻』，岩波書店，p. 224–239.

Brookes, M.（2004）. *Extreme measures : The dark visions and bright ideas of Francis Galton*. London : Bloomsbury.

Bulmer, M. G.（2003）. *Francis Galton : Pioneer of heredity and biometry*. Baltimore : Johns Hopkins University Press.

Carpenter, W. B.（1874）. *Principles of mental physiology*. New York : Appleton.

Chertok, L., & de Saussure, R.（1973）. *Naissance du psychanalyste : de Mesmer à Freud*. Paris: Payot.〔L. シェルトーク／R. ド・ソシュール『精神分析学の誕生：メスメルからフロイトへ』長井真理 訳，岩波書店，1987 年〕

Claparéde, E.（1907）. Expériences sur la mémoire dans un cas de psychose de Korsakoff. *Revue Médicale de la Swisse Romande* 27 : 301–303.

Claparéde, E.（1911）. Recognition et moité. *Archives de Psychologie* 11 : 79–90.

Corkin, S.（2013）. *Permanent present tense : The man with no memory, and what he taught the world*. New York : Basic Books.〔スザンヌ・コーキン『ぼくは物覚えが悪い：健忘症患者 H・M の生涯』鍛原多恵子 訳，早川書房，2014 年〕

Darwin, C.（1859）. *On the origin of species by means of natural selection or the preservation of favoured races in the struggle for life*. London : John Murray.〔ダーウィン『種の起原』上下，八杉龍一 訳，岩波文庫，1990 年〕

Ebbinghaus, H.（1885）. *Über das Gedächtnis : Untersuchungen zur experimentelle Psychologie*. Leipzig : Duncker & Humblot.〔ヘルマン・エビングハウス『記憶について：実験心理学への貢献』宇津木保 訳，望月衛 閲，誠信書房，1978 年．Ruger, H. A. & Bussenius, C. E. による英訳 Dover Publication, 1964 からの重訳〕

Ellenberger, H. F.（1970）. *The discovery of the unconscious : The history and evolution of dynamic psychiatry*. New York : Basic Books.〔アンリ・エレンベルガー『無意識の発見：力動精神医学発達史』上下，木村敏・中井久夫 監訳，1980 年，弘文堂〕

Fechner, G.（1860）. *Elemente der Psychophysik*. Leipzig : Breitkopf und Härtel.

Galton, F.（1869/2005）. *Hereditary genius : An inquiry into its laws and consequences*.

New York: Cosimo Classics.〔サー・フランシス・ゴルトン『天才と遺伝』原口鶴子 訳，早稲田大学出版部，1916年／ゴールトン『天才と遺伝』上下，甘粕石介 訳，岩波文庫，1935年〕
Galton, F.(1879). Psychometric experiments. *Brain* 2: 149–162.
Galton, F.(1909). *Memories of my life*. London: Methuen.
Gillham, N. W.(2001). *A Life of Sir Francis Galton: From African exploration to the birth of eugenics*. Oxford: Oxford University Press.
Hamilton. W.(1865). *Lectures on metaphysics. Vol. 1*. Boston: Gould and Lincoln.
Herbart, J. F.(1824–25). *Psychologie als Wissenschaft, neu gegründet auf Erfahrung, Metaphysik und Mathematik*. Königsberg: August Wilhelm Unzer.
本間栄男(2020).「ヘルバルトの感情論」『桃山学院大学社会学論集』，53: 1–31.
稲富栄次郎(1972).『ヘルバルトの哲学と教育学』玉川大学出版部
James, W.(1899). *Talks to teachers on psychology: and to students on some life's ideals*. New York: Holt.〔W. ジェイムズ『心理学について：教師に語る』大坪重明 訳，『ウィリアム・ジェイムズ著作集 1』日本教文社，1960年〕
Kahneman, D.(2011). *Thinking, fast and slow*. New York: Farrar, Straus and Giroux.〔ダニエル・カーネマン『ファスト & スロー：あなたの意思はどのように決まるか？』上下，村井章子 訳，早川書房，2012年〕
カント(2000).『自然科学の形而上学的原理』犬竹正幸 訳，『カント全集　第12巻』岩波書店
Lashley, K. S.(1929). *Brain mechanisms and intelligence: A quantitative study of injuries to the brain*. Chicago: University of Chicago Press.(Behavior research fund monographs)〔K・S・ラシュレイ『脳の機序と知能：脳障害の量的研究』安田一郎 訳，青土社，2006年〕
ライプニッツ(2018).『人間知性新論』上，谷川多佳子・福島清紀・岡部英男 訳，『ライプニッツ著作集 第4巻　認識論』[新装版]，工作舎
Lobel, T.(2014). *Sensation: The new science of physical intelligence*. New York: Free Press.〔タルマ・ローベル『赤を身につけるとなぜもてるのか？』池村千秋 訳，文藝春秋，2015年〕
ロック『人間知性論』全4冊，大槻春彦 訳，岩波文庫，1972–1977年
森鷗外(1911/1972).「妄想」『鷗外全集 第8巻』岩波書店
岡本春一(1987).『フランシス・ゴールトンの研究』ナカニシヤ出版
プラトン(1966).『テアイテトス』田中美知太郎 訳，岩波文庫

ポアンカレ(1977).『科学の価値』吉田洋一 訳，岩波文庫
Schacter, D. L.(1982). *Stranger behind the engram: Theories of memory and the psychology of science*. Hillsdale, NJ: Erlbaum.
Schacter, D. L.(2001). *Forgotten ideas, neglected pioneers: Richard Semon and the story of memory*. New York: Psychology Press.
互盛央(2016).『エスの系譜：沈黙の西洋思想史』講談社学術文庫
Trautscholdt, M.(1883). Experimentelle Unterschungen über die Association der Vorstellungen. *Philosophische Studien* 1: 213–250.
von Hartmann, E.(1869). *Philosophie des Unbewußten: Versuch einer Weltanschauung*. Berlin: Carl Duncker.
Warren, H. C.(1921). *A history of the association psychology*. New York: Charles Scribner's Son.〔ホワァド・ワレン(1951).『心理学史』矢田部達郎 訳，創元社〕
山本惇二(2009).『カール・フィリップ・モーリッツ：美意識の諸相と展開』鳥影社
山下恒男(2018).『フェヒナーと心理学』現代書館

ゼーモン「ムネーメ：有機的出来事の変遷過程における保存の原理」

Askenasy, E.(1877). Über die jährliche Periode der Knospen. *Botanische Zeitung* 50: 793–816(col.), 51: 817–832, 52: 833–848.(アシュケナージ「発芽の年周期について」)
Biedermann, W.(1895). *Elektrophysiologie*. Jena: Fischer.(ビーダーマン『電気生理学』)
Davenport, C. B., and Cannon, W. B.(1897). On the determination of the direction and rate of movement of organisms by light. *Journal of Physiology* 21(1): 22–32.(ダヴェンポート／キャノン「光による有機体の運動の方向と頻度の決定について」)
Edinger, L.(1899). Haben die Fische ein Gedächtniß? *Beilage zur Allgemeinen Zeitung* 21. Oktober: 1–5, 23. Oktober: 2–6. München.(エディンガー「魚は記憶を持つか」)
Fischer, E.(1901). Experimentelle Untersuchungen über die Vererbung erworbener Eigenschaften. *Allgemeiue Zeitschrift fiir Entomologie* 6: 377–381.(フィッシャー「獲得形質の遺伝に関する実験的研究」)
Herbst, C. A.(1901). *Formative Reize in der tierischen Ontogenese: Ein Beitrag zum*

Verständnis der tierischen Embryonalentwicklung. Leipzig : Arthur Georgi.（ハープスト『動物の器官発生における形成的刺激』）

Mayr, H.（1890）. *Die Waldungen von Nordamerika : Ihre Holzarten, deren Anbaufähigkeit und forstlicher Werth für Europa im Allgemeinen und Deutschland insbesonders*. München : M. Rieger.（マイアー『北アメリカの森林』）

Morgan, C. Lloyd（1896）. *Habit and instinct*. London, New York : E. Arnold.（ロイド・モーガン『習慣と本能』）

Oltmanns, F.（1897）. Über positiven und negativen Heliotropismus. *Flora oder allgemeine botanische Zeitung*（Jena）83 : 1–32.（オルトマンス「陽性の向日性と陰性の向日性について」）

Pfeffer, W.（1875）. *Die periodischen Bewegungen der Blattorgane*. Leipzig : W. Engelmann.（プフェファー『葉組織の周期的運動』）

Pfeffer, W.（1897）. *Pflanzenphysiologie ; Ein Handbuch der Lehre vom Stoffwechsels und Kraftwechsels in der Pflanze*. 2.Aufl. 1.Bd. Leipzig : W. Engelmann.（プフェファー『植物生理学』）

Romenes, G. J.（1885）. *Die geistige Entwicklung im Tierreich*. Leipzig : Ernst Günthers.（ロマーニズ『動物界における精神発達』）

Schübeler, F. C.（1873）. *Die Pflanzenwelt Norwegens : Ein Beitrag zur Natur- und Culturgeschichte Nord-Europas*. Christiania : A.W. Brøgger.（シューベラー『ノルウェーの植物世界』）

Schübeler, F. C.（1885）. *Viridarium norvegicum : Norges vaextrige : Et bidrage til Nord-Europas natur- og culturhistorie*, 1ste Bind. W.C. Fabritius.（シューベラー『ノルウェーの庭園』）

Spemann, H.（1901）. Demonstration einiger Präparate von Experimenten über Korrelationen bei Entwicklung des Auges. *Sitzungsberichte der Physikalisch-medicinischen Gesellschaft zu Würzburg* Nr 2 : 23.（シュペーマン「眼の発達に関する実験のいくつかの顕微鏡標本」）

Verworn, Max（1903）. *Allgemeine Physiologie : Ein Grundriss der Lehre vom Leben*. 4. Aufl. Jena : G. Fischer.（フェルヴォルン『一般生理学』第４版）

Verworn, Max（1903）. *Die biogenhypothese ; Eine kritisch-experimentelle Studie über die Vorgänge in der lebendigen Substanz*. Jena : G. Fischer.（フェルヴォルン『発生反復仮説』）

ゴールトン「人間の能力とその発達の探究」

Brailey, W. A.（1880/81）. Report of the committee on colour blindness. *Transactions of the Ophthalmological Society of the United Kingdom* 1 : 191–201.

Galton, Francis（1879）. Generic images. *Proceedings of the Royal Institution* 9: 161–170.

シャクター「記憶を求めて：脳・心・過去」

Adolphs, R., Tranel, D., Damasio, H., & Damasio, A. R.（1994）. Impaired recognition of emotion in facial expressions following bilateral damage to the human amygdala. *Nature* 372 : 669–672.

Adolphs, R., Tranel, D., Damasio, H., and Damasio, A. R.（1995）. Fear and the human amygdala. *Journal of Neuroscience* 15 : 5879–5891.

Bachevalier, J., Brickson, M., & Hagger, C.（1993）. Limbic-dependent recognition memory in monkeys develops early in infancy. *Neuroreport* 4 : 77–80.

Baddeley, A.（1986）. *Working memory*. Oxford : Clarendon.

Baker, R.（1992）. *Hidden memories*. Buffalo, NY: Prometheus Books.

Bargh, J. A.（1992）. Does subliminality matter to social psychology? Awareness of the stimulus versus awareness of its influence. In R. F. Bornstein & T. S. Pittman（eds.）, *Perception without awareness*: *Cognitive, clinical, and social perspectives*. New York : Guilford Press, pp. 236–255.

Bargh, J. A., & Pietromonaco, P.（1982）. Automatic information processing and social perception : The influence of trait information presented outside of conscious awareness on impression formation. *Journal of Personality and Social Psychology* 43 : 437–449.

Barker, P.（1991）. *Regeneration*. New York : Penguin.

Bauer, R. M.（1984）. Autonomic recognition of names and faces in prosopagnosia : A neuropsychological application of the guilty knowledge test. *Neuropsychologia* 22 : 457–469.

Bauer, P. J.（1996）. What do infants recall of their lives? Memory for specific events by one-to two-year-olds. *American Psychologist* 51 : 29–41.

Baxter, L. R., Jr., Schwartz, J. M., Phelps, M. E., Mazziotta, J. C., Guze, B. H., Selin, C. E., Gerner, R. H., & Sumida, R. M.（1989）. Reduction of prefrontal cortex glucose metabolism common to three types of depression. *Archives of General Psychiatry* 46 : 243–250.

Bechara, A., Tranel, D., Darnasio, H., Adolphs, R., Rockland, C., & Damasio, A. R. (1995). Double dissociation of conditioning and declarative knowledge relative to the amygdala and hippocampus in humans. *Science* 269 : 1115–1118.

Bergson, H. (1911). *Matter and memory* (N. M. Paul & W S. Palmer, Trans.). London : Swan Sonnenschein.〔アンリ・ベルクソン『物質と記憶』合田正人・松本力 訳，ちくま学芸文庫，2007 年〕

Berrios, G. E. (1995). Déjà vu in France during the 19th century : A conceptual history. *Comprehensive Psychiatry* 36 : 123–129.

Blaxton, T. A. (1989). Investigating dissociations among memory measures : Support for a transfer-appropriate processing framework. *Journal of Experimental Psychology : Learning, Memory, and Cognition* 15 : 657–668.

Blaxton, T. A. (1995). A process-based view of memory. *Journal of the International Neuropsychological Society* 1 : 112–114.

Bootzin, R. R., Kihlstrom, J. F., & Schacter, D. L. (eds.) (1990). *Sleep and cognition.* Washington, DC : American Psychological Association.

Bower, G. H. (1992). How might emotions affect learning ? In S.-Å. Christianson (ed.), *The Handbook of emotion and memory : Research and theory.* Hillsdale, NJ : Erlbaum, pp. 3–31.

Bradley, B. P., & Baddeley, A. D. (1990). Emotional factors in forgetting. *Psychological Medicine* 20 : 351–355.

Bradley, M. M., Greenwald, M. K., Petry, M. C., & Lang, P. J. (1992). Remembering pictures : Pleasure and arousal in memory. *Journal of Experimental Psychology : Learning, Memory, and Cognition* 18 : 379–390.

Brewer, W F. (1988). Memory for randomly sampled autobiographical events. In U. Neisser & E. Winograd (eds.), *Remembering reconsidered : Ecological and traditional approaches to the study of memory.* New York : Cambridge University Press, pp. 21–90.

Brewer, W F. (1992). The theoretical and empirical status of the flashbulb memory hypothesis. In E. Winograd & U. Neisser (eds.), *Affect and accuracy in recall : Studies of "flashbulb" memories.* New York : Cambridge University Press, pp. 274–305.

Brewin, C. R., Andrews, B., & Gotlib, I. H. (1993). Psychopathology and early experience : A reappraisal of retrospective reports. *Psychological Bulletin* 113 : 82–98.

Brown, P. (1994). Toward a psychobiological model of dissociation and post-traumatic stress disorder. In S. J. Lynn & J. W. Rhue (eds.), *Dissociation : Clinical and theo-*

retical perspectives. New York: Guilford Press, pp. 94–122.

Brown, R., & Kulik, J. (1977). Flashbulb memories. *Cognition* 5: 73–99.

Brown, A. S., & Murphy, D. R. (1989). Cryptomnesia: Delineating inadvertent plagiarism. *Journal of Experimental Psychology: Learning, Memory, and Cognition* 15: 432–442.

Butters, M. A., Glisky, E. L., & Schacter, D. L. (1993). Transfer of new learning in memory-impaired patients. *Journal of Clinical and Experimental Neuropsychology* 15: 219–230.

Butters, N., Heindel, W. C., & Salmon, D. P. (1990). Dissociation of implicit memory in dementia: Neurological implications. *Bulletin of the Psychonomic Society* 28: 359–366.

Cahill, L., Prins, B., Weber, M., & McGaugh, J. L. (1994). β-Adrenergic activation and memory for emotional events. *Nature* 371: 702–704.

Cahill, L., Babinsky, R., Markowitsch, H. J., & McGaugh, J. L. (1995). The amygdala and emotional memory. *Nature* 377, 295–296.

Cardena, E., & Spiegel, D. (1993). Dissociative reactions to the San Francisco Bay area earth-quake of 1989. *American Journal of Psychiatry* 150: 474–478.

Carrasco, M., & Seamon, J. G. (1996). Priming impossible figures in object decision test: The critical importance of perceived stimulus complexity. *Psychonomic Bulletin and Review* 3: 344–351.

Ceci, S. J. (1995). False beliefs: Some developmental and clinical considerations. In D. L. Schacter, J. T. Coyle, G. D. Fischbach, M.-M. Mesulam, & L. E. Sullivan (eds.), *Memory distortion: How minds, brains, and societies reconstruct the past.* Cambridge: Harvard University Press, pp. 91–128.

Cermak, L. S., Talbot, N., Chandler, K., & Wolbarst, L. R. (1985). The perceptual priming phenomenon in amnesia. *Neuropsychologia* 23: 615–622.

Christianson, S.-Å. (1989). Flashbulb memories: Special, but not so special. *Memory and Cognition* 17: 435–443.

Christianson, S.-Å., & Loftus, E. F. (1987). Memory for traumatic events. *Applied Cognitive Psychology* 1: 225–239.

Church, B. A., & Schacter, D. L. (1994). Perceptual specificity of auditory priming: Implicit memory for voice intonation and fundamental frequency. *Journal of Experimental Psychology: Learning, Memory, and Cognition* 20: 521–533.

Clark, D. M., & Teasdale, J. D. (1982). Diurnal variation in clinical depression and ac-

cessibility of positive and negative experiences. *Journal of Abnormal Psychology* 91 : 87–95.

Cohen, N.J., & Squire, L. R.(1980). Preserved learning and retention of pattern analyzing skill in amnesics : Dissociation of knowing how and knowing that. *Science* 210 : 207–210.

Colegrove, F. W.(1899). Individual memories. *American Journal of Psychology* 10 : 228–255.

Conway, M. A.(1995). *Flashbulb memories*. Hillsdale, NJ : Erlbaum.

Conway, M. A., Anderson, S. J., Larsen, S. F., Donnelly, C. M., McDaniel, M. A., McClelland, A. G. R., Rawles, R. E., & Logie, R. H.(1994). The formation of flashbulb memories. *Memory & Cognition* 22 : 326–343.

Cooper, L. A., Schacter, D. L., Ballesteros, S., & Moore, C.(1992). Priming and recognition of transformed three-dimensional objects : Effects of size and reflection. *Journal of Experimental Psychology : Learning, Memory, and Cognition* 18 : 43–57.

Cork, R. C., Kihlstrom, J. F., & Schacter, D. L.(1992). Absence of explicit or implicit memory in patients with sufentanil/nitrous oxide. *Anesthesiology* 76 : 892–898.

Corkin, S.(1968). Acquisition of motor skill after bilateral medial temporal lobe excision. *Neuropsychologia* 6 : 255–265.

Curran, T., Schacter, D. L., & Bessenoff, G.(1996). Visual specificity effects on memory : Beyond transfer appropriate processing? *Canadian Journal of Experimental Psychology* 50 : 22–33.

Damasio, A. R.(1989). Time-locked multiregional retroactivation : A systems-level proposal for the neural substrates of recall and recognition. *Cognition* 33 : 25–62.

Damasio, A. R., Tranel, D., & Damasio, H.(1989). Amnesia caused by herpes simplex encephalitis, infarctions in basal forebrain, Alzheimer's disease and anoxia/ischemia. In F. Boller & J. Grafman(eds.), *Handbook of neuropsychology, Volume 3*. Amsterdam : Elsevier, pp. 149–165.

Dannay, R.(1980). *Current developments in copyright law*. New York : Practicing Law Institute.

DeCasper, A. J., & Fifer, W. P.(1980). Of human bonding : Newborns prefer their mothers' voices. *Science* 208 : 1174–1176.

DeCasper, A. J., & Spence, M. J.(1986). Prenatal maternal speech influences newborns' perception of speech sounds. *Infant Behavior and Development* 9 : 133–150.

Démonet, J.-F., Chollet, F., Ramsay, S., Cardebat, D., Nespoulous, J.-L., Wise, R., Rascol,

A., & Frackowiak, R.(1992). The anatomy of phonological and semantic processing in normal subjects. *Brain* 115 : 1753–1768.

Desimone, R., Miller, E. K., Chelazzi, L., & Lueschow, A.(1995). Multiple memory systems in the visual cortex. In M. S. Gazzaniga(ed.), *The cognitive neurosciences*. Cambridge : MIT Press, pp. 475–486.

Devine, P. G.(1989). Stereotypes and prejudices : Their automatic and controlled components. *Journal of Personality Social Psychology* 56 : 5–18.

Diamond, A.(1990). Developmental time course in human infants and infant monkeys, and the neural bases of inhibitory control in reaching. In A. Diamond(ed.), *The development and neural bases of higher cognitive functions*. NewYork : The New York Academy of Sciences, pp. 637–676.

Dunn, R.(1845). Case of suspension of the mental faculties. *Lancet* 2 : 588–590.

Dutta, S., & Kanungo, R. N.(1967). Retention of affective material : A further verification of the intensity hypothesis. *Journal of Personality and Social Psychology* 5 : 476–481.

Eich, E., Reeves, J. L., Jaeger, B., & Graff-Radford, S. B.(1985). Memory for pain : Relation between past and present pain intensity. *Pain* 23 : 375–379.

Eich, E., Reeves, J. L., & Katz, R. L.(1985). Anesthesia, amnesia, and the memory/awareness distinction. *Anesthesia and Analgesia* 64 : 1143–1148.

Eichenbaum, H.(1994). The hippocampal system and declarative memory in humans and animals : Experimental analysis and historical origins. In D. L. Schacter & E. Tulving(eds.), *Memory systems* 1994. Cambridge : MIT Press, pp. 147–202.

Ellenberger, H. E(1970). *The discovery of the unconscious : The history and evolution of dynamic psychiatry*. New York : Basic Books.〔アンリ・エレンベルガー『無意識の発見：力動精神医学発達史』上下，木村敏・中井久夫 監訳，弘文堂，1980 年〕

Evans, C., & Richardson, P. H.(1988). Improved recovery and reduced postoperative stay after therapeutic suggestions during general anaesthesia. *Lancet* 2 : 491–493.

Eysenck, M. W., & Mogg, K.(1992). Clinical anxiety, trait anxiety, and memory bias. In S.-Å. Christianson(ed.), *The handbook of emotion and memory : Research and theory*. Hillsdale, NJ : Erlbaum, pp. 429–450.

Frankel, E H.(1994). The concept of flashbacks in historical perspective. *The International Journal of Clinical and Experimental Hypnosis* 42 : 321–336.

Gabrieli, J. D. E.(1995).A systematic view of human memory processes. *Journal of*

the International Neuropsychological Society 1 : 115–118.

Gabrieli, J. D. E., Fleischman, D., Keane, M., Reminger, S., & Morrell, E (1995). Double dissociation between memory systems underlying explicit and implicit memory in the human brain. *Psychological Science* 6 : 76–82.

Glisky, E. L., & Schacter, D. L. (1987). Acquisition of domain-specific knowledge in organic amnesia : Training for computer-related work. *Neuropsychologia* 25 : 893–906.

Glisky, E. L., & Schacter, D. L. (1988). Long-term retention of computer learning by patients with memory disorders. *Neuropsychologia* 26 : 173–178.

Glisky, E. L., & Schacter, D. L. (1989a). Extending the limits of complex learning in organic amnesia : Computer training in a vocational domain. *Neuropsychologia* 27 : 107–120.

Glisky, E. L. & Schacter, D. L. (1989b). Models and methods of memory rehabilitation. In E Boller & J. Grafinan (eds.), *Handbook of neuropsychology. Volume 3*. Amsterdam : Elsevier, pp. 233–246

Glisky, E. L., Schacter, D. L., & Tulving, E. (1986a). Computer learning by memory-impaired patients : Acquisition and retention of complex knowledge. *Neuropsychologia* 24 : 313–328.

Glisky, E. L., Schacter, D. L., & Tulving, E. (1986b). Learning and retention of computer-related vocabulary in memory-impaired patients : Method of vanishing cues. *Journal of Clinical and Experimental Neuropsychology* 3 : 292–312.

Gloor, P. (1992). Role of the amygdala in temporal lobe epilepsy. In J. P. Aggleton (ed.), *The amygdala : Neurobiological aspects of emotion, memory and mental dysfunction*. NewYork : Wiley-Liss.

Good, M. I. (1994). The reconstruction of early childhood trauma : Fantasy, reality, and verification. *Journal of the American Psychoanalytic Association* 42 : 79–101.

Graf, P., & Mandler, G. (1984). Activation makes words more accessible, but not necessarily more retrievable. *Journal of Verbal Learning and Verbal Behavior* 23 : 553–568.

Graf, P., & Schacter, D. L. (1985). Implicit and explicit memory for new associations in normal subjects and amnesic patients. *Journal of Experimental Psychology : Learning, Memory, and Cognition* 11 : 501–518.

Graf, P., Shimamura, A. P., & Squire, L. R. (1985). Priming across modalities and priming across category levels : Extending the domain of preserved functioning in

amnesia. *Journal of Experimental Psychology: Learning, Memory, and Cognition* 11: 385–395.

Graf, P., Squire, L. R., & Mandler, G. (1984). The information that amnesic patients do not forget. *Journal of Experimental Psychology: Learning, Memory, and Cognition* 10: 164–178.

Grafman, J., Litvan, I., Massaquoi, S., Stewart, M., Sirigu, A., & Hallett, M. (1992). Cognitive planning deficit in patients with cerebellar atrophy. *Neurology* 42: 1493–1496.

Greenwald, A. G., & Banaji, M. R. (1995). Implicit social cognition: Attitudes, self-esteem, and stereotypes. *Psychological Review* 102: 4–27.

Hamann, S. B. (1990). Level-of-processing effects in conceptually driven implicit tasks. *Journal of Experimental Psychology: Learning, Memory, and Cognition* 16: 970–977.

Hamann, S. B., & Squire, L. R. (1995). On the acquisition of new declarative knowledge in amnesia. *Behavioral Neuroscience* 109: 1–18.

Hayman, C. A. G., & Tulving, E. (1989). Contingent dissociation between recognition and fragment completion: The method of triangulation. *Journal of Experimental Psychology: Learning, Memory, and Cognition* 15: 228–240.

Hayman, G., Macdonald, C. A., & Tulving, E. (1993). The role of repetition and associative interference in new semantic learning in amnesia: A case experiment. *Journal of Cognitive Neuroscience* 5: 375–389.

Heuer, F., & Reisberg, D. (1992). Emotion, arousal, and memory for detail. In S.-Å. Christianson (ed.), *The handbook of emotion and memory: Research and theory*. Hills-dale, NJ: Erlbaum, pp. 151–180.

Jackson, A., & Morton, J. (1984). Facilitation of auditory word recognition. *Memory and Cognition* 12: 568–594.

Jacoby, L. L. (1983). Remembering the data: Analyzing interactive processes in reading. *Journal of Verbal Learning and Verbal Behavior* 22: 485–508.

Jacoby, L. L., & Dallas, M. (1981). On the relationship between autobiographical memory and perceptual learning. *Journal of Experimental Psychology: General* 110: 306–340.

Jacoby, L. L., Kelley, C. M., Brown, J., & Jasechko, J. (1989). Becoming famous overnight: Limits on the ability to avoid unconscious influence of the past. *Journal of Personality and Social Psychology* 56: 326–338.

James, W. (1890). *The principles of psychology*. 2 vols. New York: Holt.

Johnson, M. K., Kim, J. K., & Risse, G. (1985). Do alcoholic Korsakoff's patients acquire affective reactions? *Journal of Experimental Psychology: Learning, Memory, and Cognition* 11: 22–36.

Karni, A., Meyer, G., Jazzard, P., Adanis, M. M., Turner, R., & Underleider, L. G. (1995). Functional MRI evidence for adult motor cortex plasticity during motor skill learning. *Nature* 377: 155–158.

Keane, M. J., Gabrieli, J. D. E., Noland, J. S., & McNealy, S. I. (1995). Normal perceptual priming of orthographically illegal nonwords. *Journal of the International Neuropsychological Society* 1: 425–433.

Kelley, C. M., & Jacoby, L. L. (1990). The construction of subjective experience: Memory attributions. *Mind & Language* 5: 49–68.

Kihlstrom, J. F, & Schacter, D. L. (1990). Anesthesia, amnesia, and the cognitive unconscious. In B. Banke, W. Fitch, & K. Millar (eds.), *Memory and awareness in anesthesia*. Amsterdam: Swets & Zeitlinger, pp. 21–44.

Kihlstrom, J. F, Schacter, D. L., Cork, R. C., Hurt, C. A., & Behr, S. E. (1990). Implicit and explicit memory following surgical anesthesia. *Psychological Science* 1: 303–306.

Kinoshita, S., & Wayland, S. V. (1993). Effects of surface features on word-fragment completion in amnesic subjects. *American Journal of Psychology* 106: 67–80.

Klüver, H., & Bucy, P. C. (1937). "Psychic blindness" and other symptoms following bilateral temporal lobectorny in rhesus monkeys. *American Journal of Physiology* 119: 352–353.

Knowlton, B. J., & Squire, L. R. (1993). The learning of categories: Parallel brain systems for item memory and category level knowledge. *Science* 262: 1747–1749.

Knowlton, B. J., Ramus, S. J., & Squire, L. R. (1992). Intact artificial grammar learning in amnesia: Dissociation of classification learning and explicit memory for specific instances. *Psychological Science* 3: 172–179.

Knowlton, B. J., Squire, L. R., & Gluck, M. A. (1994). Probabilistic classification learning in amnesia. *Learning and Memory* 1: 106–120.

Kolers, P. A. (1975). Specificity of operations in sentence recognition. *Cognitive Psychology* 7: 289–306.

Kolodny, J. A. (1994). Memory processes in classification learning: An investigation of amnesic performance in categorization of dot patterns and artistic styles. *Psycho-*

logical Science 5 : 164–169.

Kramer, T., Buckhout, R., & Eugenio, P. (1990). Weapon focus, arousal, and eyewitness memory : Attention must be paid. *Law and Human Behavior* 14 : 167–184.

Krystal, J. H., Southwick, S. M., & Charney, D. S. (1995). Post traumatic stress disorder : Psychobiological mechanisms of traumatic remembrance. In D. L. Schacter, J. T. Coyle, G. D. Fischbach, M.-M. Mesulam, & L. E. Sullivan (eds.), *Memory distortion : How minds, brains, and societies reconstruct the past*. Cambridge : Harvard University Press, pp. 150–172.

Kunst-Wilson, W. R., & Zajonc, R. B. (1980). Affective discrimination of stimuli that cannot be recognized. *Science* 207 : 557–558.

Langer, L. L. (1991). *Holocaust testimonies : The ruins of memory*. New Haven : Yale University Press.

Larsen, S. F. (1992). Potential flashbulbs : Memories of ordinary news as baseline. In E. Winograd & U. Neisser (eds.), *Affect and accuracy in recall : Studies of "flashbulb memories"*. New York : Cambridge University Press, pp. 32–64.

LeDoux, J. E. (1992). Emotion as memory : Anatomical systems underlying indelible neural traces. In S.-Å. Christianson (ed.), *The handbook of emotion and memory : Research and theory*. Hillsdale, NJ : Erlbaum, pp. 269–288.

LeDoux, J. E. (1994). Emotion, memory and the brain. *Scientific American* 270 : 32–39.〔ルドー，J. E.「情動・記憶と脳」『日経サイエンス』1994 年 8 月号：58–69〕

Levinson, B. W. (1965). States of awareness during general anaesthesia : Preliminary communication. *British Journal of Anaesthesia* 37 : 544–546.

Lewinsohn, P. M., & Rosenbaum, M. (1987). Recall of parental behavior by acute depressives, remitted depressives and nondepressives. *Journal of Personality and Social Psychology* 52 : 611–619.

Loftus, E. F., Loftus, G., & Messo, J. (1987). Some facts about "weapon focus." *Law and Human Behavior* 11 : 55–62.

MacCurdy, J. T. (1918). *War neuroses*. Cambridge : Cambridge University Press.

Madakasira, S., & O'Brien, K. F. (1987). Acute posttraumatic stress disorder in victims of a natural disaster. *The Journal of Nervous and Mental Disease* 175 : 286–290.

Maine de Biran (1929). *The influence of habit on the faculty of thinking*. Baltimore : Williams & Wilkins.

Markowitsch, H. J., Calabrese, P., Wiirker, M., Durwen, H. F., Kessler, J., Babinsky, R.,

Brechtelsbauer, D., Heuser, L., & Gehlen, W.(1994). The amygdala's contribution to memory: A study on two patients with Urbach-Wiethe disease. *Neuroreport* 5: 1349–1352.

Marsh, R. L., & Landau, J. D.(1995). Item availability in cryptomnesia: Assessing its role in two paradigms of unconscious plagiarism. *Journal of Experimental Psychology: Learning, Memory, and Cognition* 21: 1568–1582.

Marsolek, C. J., Kosslyn, S. M., & Squire, L. R.(1992). Form specific visual priming in the right cerebral hemisphere. *Journal of Experimental Psychology: Learning, Memory, and Cognition* 18: 492–508.

Masson, M. E. J., & MacLeod, C. M.(1992). Re-enacting the route to interpretation: Context dependency in encoding and retrieval. *Journal of Experimental Psychology: General* 121: 145–176.

McAndrews, M. P., Glisky, E. L., & Schacter, D. L.(1987). When priming persists: Long-lasting implicit memory for a single episode in amnesic patients. *Neuropsychologia* 25: 497–506.

McClelland, J. L., McNaughton, B. L., & O'Reilly, R. C.(1995). Why there are complementary learning systems in the hippocampus and neocortex: Insights from the successes and failures of connectionist models of learning and memory. *Psychological Review* 102: 419–457.

McDonald, R. J., & White, N. M.(1993). A triple dissociation of memory systems: Hippocampus, amygdala, and dorsal striatum. *Behavioral Neuroscience* 107: 3–22.

McDonough, L., Mandler, J. M., McKee, R. D., Squire, L. R.(1995). The deferred imitation task as a nonverbal measure of declarative memory. *Proceedings of the National Academy of Sciences* 92: 7580–7584.

McGaugh, J. L.(1995). Emotional activation, neuromodulatory systems and memory. In D. L. Schacter, J. T. Coyle, G. D. Fischbach, M.-M. Mesulam, & L. E. Sullivan (eds.), *Memory distortion: How minds, brains, and societies reconstruct the past.* Cambridge: Harvard University Press, pp. 255–273.

McNally, R. J., Lasko, N. B., Macklin, M. L., & Pitman, R. K.(1995). Autobiographical memory disturbance in combat-related posttraumatic stress disorder. *Behaviour Research and Therapy* 33: 619–630.

Meltzoff, A. N.(1995). What infant memory tells us about infantile amnesia: Long-term recall and deferred imitation. *Journal of Experimental Child Psychology* 59: 497–515.

Merikle, P. M. (1988). Subliminal auditory messages: An evaluation. *Psychology and Marketing* 5: 355–372.

Milner, B., Corkin, S., & Teuber, H. L. (1968). Further analysis of the hippocampal amnesic syndrome: Fourteen year follow-up study of H. M. *Neuropsychologia* 6: 215–234.

Mineka, S., & Nugent, K. (1995). Mood-congruent memory biases in anxiety and depression. In D. L. Schacter, J. T. Coyle, G. D. Fischbach, M.-M. Mesulam, & L. E. Sullivan (eds.), *Memory distortion: How minds, brains, and societies reconstruct the past*. Cambridge: Harvard University Press, pp. 173–196.

Mishkin, M. (1978). Memory in monkeys severely impaired by combined but not separate removal of amygdala and hippocampus. *Nature* 273: 297–298.

Mishkin, M., Malamut, B., & Bachevalier, J. (1984). Memories and habits: Two neural systems. In G. Lynch, J. L. McGaugh, & N. M. Weinberger (eds.), *Neurobiology of learning and memory*. New York: Guilford Press, pp. 65–77.

Myers, N. A., Perris, E. E., & Speaker, C. J. (1994). Fifty months of memory: A longitudinal study in early childhood. *Memory* 2: 383–415.

Naito, M., & Komatsu, S. (1993). Processes involved in childhood development of implicit memory. In P. Graf & M. E. J. Masson (eds.), *Implicit Memory: New directions in cognition, development, and neuropsychology*. Hillsdale, NJ: Erlbaum, pp. 231–264.

Neisser, U., & Harsch, N. (1992). Phantom flashbulbs: False recollections of hearing the news about *Challenger*. In E. Winograd & U. Neisser (eds.), *Affect and accuracy in recall: Studies of "flashbulb memories"*. Cambridge: Cambridge University Press, pp. 9–31.

Neisser, U., Winograd, E., Bergman, E. T., Schreiber, C. A., Palmer, S. E., & Weldon, M. S. (1996). Remembering the earthquake: Direct experience vs. hearing the news. *Memory* 4: 337–357.

Nelson, K. (1993). The psychological and social origins of autobiographical memory. *Psychological Science* 4: 7–14.

Niedenthal, P. M. (1992). Affect and social perception: On the psychological validity of rose-colored glasses. In R. F. Bornstein & T. S. Pittman (eds.), *Perception without awareness: Cognitive, clinical, and social perspectives*. New York: Guilford Press, pp. 211–235.

Nissen, M. J., & Bullemer, P. (1987). Attentional requirements of learning: Evidence

from performance measures. *Cognitive Psychology* 19: 1–32.

Papousek, H. (1967). Experimental studies of appetitional behavior in human newborns and infants. In H. W. Stevenson, E. H. Hess, & H. L. Rheingold (eds.), *Early behavior*. New York: Wiley.

Pascual-Leone, A., Grafman, J., Clark, K., Stewart, M., Massaquoi, S., Lou, J., & Hallet, M. (1993). Procedural learning in Parkinson's disease and cerebellar degeneration. *Annals of Neurology* 34: 594–602.

Pendergrast, M. (1993). *For God, Country, and Coca-Cola*. New York: Collier Books.

Pendergrast, M. (1995). *Victims of memory: Incest accusations and shattered lives*. Hinesburg, VT: Upper Access.

Perfect, T.J., & Askew, C. (1994). Print adverts: Not remembered but memorable. *Applied Cognitive Psychology* 8: 693–703.

Petersen, S. E., Fox, P. T., Snyder, A. Z., & Raichle, M. E. (1990). Activation of extrastriate and frontal cortical areas by visual words and word-like stimuli. *Science* 249: 1041–1044.

Pillemer, D. B., & White, S. H. (1989). Childhood events recalled by children and adults. In H. W Reese (ed.), *Advances in childhood development and behavior*. vol. 21. San Diego: Academic Press, pp. 297–340.

Pillemer, D. B. (1984). Flashbulb memories of the assassination attempt on President Reagan. *Cognition* 16: 63–80.

Plaut, D. C., & Farah, M. J. (1990). Visual object representation: Interpreting neurophysiological data within a computational framework. *Journal of Cognitive Neuroscience* 2: 320–343.

Pynoos, R. S., & Nader, K. (1989). Children's memory and proximity to violence. *Journal of the American Academy of Child and Adolescent Psychiatry* 28: 236–241.

Ratcliff, R., & McKoon, G. (1995). Bias and explicit memory in priming of object decisions. *Journal of Experimental Psychology: Learning, Memory, and Cognition* 21: 754–767.

Rauch, S. L., Savage, C. R., Brown, H. D., Curran, T., Alpert, N. M., Kendrick, A., Fischman, A. J., & Kosslyn, S. M. (1995). A PET investigation of implicit and explicit sequence learning. *Human Brain Mapping* 3: 271–286.

Rauch, S. L., van der Kolk, B. A., Fisler, R. E., Alpert, N. M., Orr, S. P., Savage, C. R., Fischman, A. J., Jenike, M. A., & Pitman, R. K. (1996). A symptom provocation study of posttraumatic stress disorder using positron emission tomography and

script-driven imagery. *Archives of General Psychiatry* 53 : 380–387.

Reber, A. S.(1993). Implicit learning and tacit knowledge: *An essay on the cognitive unconscious*. New York : Oxford University Press.

Richardson-Klavehn, A., & Bjork, R. A.(1988). Measures of memory. *Annual Review of Psychology* 36 : 475–543.

Riddoch, M. J., & Humphreys, G. W(1987). Visual object processing in optic aphasia: A case of semantic access agnosia. *Cognitive Neuropsychology* 4 : 131–186.

Rivers, W. H. R.(1918). The repression of war experience. *The Lancet* 1 : 173–177.

Roediger, H. L., III(1990). Implicit memory: Retention without remembering. *American Psychologist* 45 : 1043–1056.

Roediger, H. L., III, & McDermott, K. B.(1993). Implicit memory in normal human subjects. In H. Spinnler & E Boller(eds.), *Handbook of neuropsychology*. Amsterdam : Elsevier, pp. 63–131.

Roediger, H. L., III, Weldon, M. S., & Challis, B. H.(1989). Explaining dissociations between implicit and explicit measures of retention: A processing account. In H. L. Roediger III & E I. M. Craik(eds.), *Varieties of memory and consciousness: Essays in honor of Endel Tulving*. Hillsdale, NJ : Erlbaum, pp. 3–41.

Rovee-Collier, C.(1993). The capacity for long-term memory in infancy. *Current Directions in Psychological Science* 2 : 130–135.

Rubin, D. C., & Kozin, M(1984). Vivid memories. *Cognition* 16 : 81–95.

Salmon, D. P., & Butters, N.(1995). Neurobiology of skill and habit learning. *Current Opinion in Neurobiology* 5 : 184–190.

Sanyal, A.(1992). Primining and implicit memory: A review and a synthesis relevant for consumer behavior. *Advances in Consumer Research* 19 : 795–805.

Schacter, D. L.(1987). Implicit memory: History and current status. *Journal of Experimental Psychology: Learning, Memory, and Cognition* 13 : 501–518.

Schacter, D. L.(1990). Perceptual representation systems and implicit memory: Toward a resolution of the multiple memory systems debate. *Annals of the New York Academy of Sciences* 608 : 543–571.

Schacter, D. L.(1992). Implicit knowledge: New perspectives on unconscious processes. *Proceedings of the National Academy of Science, USA* 89 : 11113–11117.

Schacter, D. L., & Cooper, L. A.(1995). Bias in the priming of object decisions: Logic, assumptions, and data. *Journal of Experimental Psychology: Learning, Memory, and Cognition* 21 : 768–776.

Schacter, D. L., & Graf, P. (1986). Preserved learning in amnesic patients: Perspectives from research on direct priming. *Journal of Clinical and Experimental Neuropsychology* 8: 727–734.

Schacter, D. L., & Moscovitch, M. (1984). Infants, amnesics, and dissociable memory systems. In M. Moscovitch (ed.), *Infant memory*. New York: Plenum, pp. 173–216.

Schacter, D. L., & Tulving, E. (1994). What are the memory systems of 1994? In D.L. Schacter & E. Tulving (eds.), *Memory systems 1994*. Cambridge: MIT Press, pp. 1–38.

Schacter, D. L., Alpert, N. M., Savage, C. R., Rauch, S. L., & Albert, M. S. (1996). Conscious recollection and the human hippocampal formation: Evidence from positron emission tomography. *Proceedings of the National Academy of Sciences, USA* 93: 321–325.

Schacter, D. L., Bowers, J., & Booker, J. (1989). Intention, awareness, and implicit memory: The retrieval intentionality criterion. In S. Lewandowsky, J. C. Dunn, & K. Kirsner (eds.), *Implicit memory: Theoretical issues*. Hillsdale, NJ: Erlbaum, pp. 47–69.

Schacter, D. L., Cooper, L. A., & Delaney, S. M. (1990). Implicit memory for unfamiliar objects depends on access to structural descriptions. *Journal of Experimental Psychology: General* 119: 5–24.

Schacter, D. L., Curran, T., Galluccio, L. D., Milberg, W., & Bates, J. (1996). False recognition and the right frontal lobe: A case study. *Neuropsychologia* 34: 793–808.

Schacter, D. L., Chiu, C. Y. P, & Ochsner, K. N. (1993). Implicit memory: A selective review. *Annual Review of Neuroscience* 16: 159–182.

Schacter, D. L., Church, B., & Bolton, E. (1995). Implicit memory in amnesic patients: Impairment of voice-specific priming. *Psychological Science* 6: 20–25.

Schacter, D. L., Church, B., & Treadwell, J. (1994). Implicit memory in amnesic patients: Evidence for spared auditory priming. *Psychological Science* 5: 20–25.

Schacter, D. L., Cooper, L. A., & Treadwell, J. (1993). Preserved priming of novel objects across size transformation in amnesic patients. *Psychological Science* 4: 331–335.

Schacter, D. L., Harbluk, J. L., & McLachlan, D. R. (1984). Retrieval without recollection: An experimental analysis of source amnesia. *Journal of Verbal Learning and Verbal Behavior* 23: 593–611.

Schacter, D. L., McGlynn, S. M., Milberg, W. P, & Church, B. A. (1993). Spared prim-

ing despite impaired comprehension: Implicit memory in a case of word meaning deafness. *Neuropsychology* 7: 107–118.

Schacter, D. L., Reiman, E., Uecker, A., Polster, M. R., Yun, L. S., & Cooper, L. A. (1995). Neuroanatomical correlates of memory for structurally coherent visual objects. *Nature* 376: 587–590.

Schwartz, E. D., Kowalski, J. M., & McNally, R. J. (1993). Malignant memories: Post-traumatic changes in memory in adults after a school shooting. *Journal of Traumatic Stress* 6: 545–553.

Schwartz, E. D., Saffran, E. M., & Marin, O. S. M. (1980). Fractionating the reading process in dementia: Evidence for word specific print-to-sound associations. In M. Coltheart, K. Patterson, & J. C. Marshall (eds.), *Deep dyslexia*. London: Routledge & Kegan Paul, pp. 259–269.

Sherry, D. F., & Schacter, D. L. (1987). The evolution of multiple memory systems. *Psychological Review* 94: 439–454.

Shevrin, H. (1988). Unconscious conflict: A convergent psychodynamic and electrophysiological approach. In M. Horowitz (ed.), *Psychodynamics and cognition*. Chicago: University of Chicago Press, pp. 117–167.

Shevrin, H. (1992). Subliminal perception, memory, and consciousness: Cognitive and dynamic perspectives. In R. F. Bornstein & T. S. Pittman (eds.), *Perception without awareness: Cognitive, clinical, and social perspectives*. New York: Guilford Press, pp. 123–142.

Shimamura, A. P., & Squire, L. R. (1989). Impaired priming of new associations in amnesia. *Journal of Experimental Psychology: Learning, Memory, and Cognition* 15: 721–728.

Shin, L. M., Kosslyn, S. M., McNally, R. J., Alpert, N. M., Thompson, W. L., Rauch, S. L., Macklin, M. L., & Pitman, R. K. (1997). Visual imagery and perception in posttraumatic stress disorder:A positron emission tomographic investigation. *Archives of General Psychiatry* 54: 233–241.

Spiegel, D. (1995). Hypnosis and suggestion. In D. L. Schacter, J. T. Coyle, G. D. Fischbach, M.-M. Mesulam, & L. E. Sullivan (eds.), *Memory distortion: How minds, brains, and societies reconstruct the past*. Cambridge, MA: Harvard University Press, pp. 129–149.

Squire, L. R. (1992). Memory and the hippocampus: A synthesis from findings with rats, monkeys, and humans. *Psychological Review* 99: 195–231.

Squire, L. R.（1995）. Biological foundations of accuracy and inaccuracy in memory. In D. L. Schacter, J. T. Coyle, G. D. Fischbach, M.-M. Mesulam, & L. E. Sullivan（eds.）, *Memory distortion: How minds, brains, and societies reconstruct the past*. Cambridge, MA: Harvard University Press, pp. 197–225.

Squire, L. R., Ojemann, J. G., Miezin, F. M., Petersen, S. E., Videen, T. O., & Raichle, M. E.（1992）. Activation of the hippocampus in normal humans: A functional anatomical study of memory. *Proceedings of the National Academy of Sciences, USA* 89: 1837–1841.

Srinivas, K.（1993）. Perceptual specificity in nonverbal priming. *Journal of experimental Psychology: Learning, Memory, and Cognition* 19: 582–602.

Starr, A., & Phillips, L.（1970）. Verbal and motor memory in the amnesic syndrome. *Neuropsychologia* 8: 75–88.

Taylor, K.（1965）. Cryptomnesia and plagiarism. *British Journal of Psychiatry* 111: 1111–1118.

Tenpenny, P. L.（1995）. Abstractionist versus episodic theories of repetition priming and word identification. *Psychonomic Bulletin and Review* 2: 339–363.

Terr, L. C.（1981）. Psychic trauma in children: Observations following the Chowchilla school-bus kidnapping. *American Journal of Psychiatry* 138: 14–19.

Terr, L. C.（1988）. What happens to early memories of trauma? *Journal of the American Academy of Child Adolescent Psychiatry* 27: 96–104.

Terr, L. C.（1994）. *Unchained memories*. New York: Basic Books.〔レノア・テア『記憶を消す子供たち』吉田利子 訳，草思社，1995 年〕

Thompson, R. F., & Krupa, D. J.（1994）. Organization of memory traces in the mammalian brain. *Annual Review of Neurosciences* 17: 519–549.

Tranel, D., & Damasio, A. R.（1985）. Knowledge without awareness: An autonomic index of facial recognition by prosopagnosics. *Science* 228: 1453–1454.

Tranel, D., Damasio, A. R., Damasio, H., & Brandt, J. P.（1994）. Sensorimotor skill learning in amnesia: Additional evidence for the neural basis of nondeclarative memory. *Learning and Memory* 1: 165–179.

Tulving, E.（1972）. Episodic and semantic memory. In E. Tulving & W. Donaldson（eds.）, *Organization of memory*. New York: Academic Press, p. 381–403.

Tulving, E.（1983）. *Elements of episodic memory*. Oxford: Clarendon Press.〔エンデル・タルヴィング『タルヴィングの記憶理論：エピソード記憶の要素』太田信夫 訳，教育出版，1985 年〕

Tulving, E., & Schacter, D. L.(1990). Priming and human memory systems. *Science* 247: 301–306.

Tulving, E., Schacter, D. L., & Stark, H.(1982). Priming effects in word-fragment completion are independent of recognition memory. *Journal of Experimental Psychology: Learning, Memory, and Cognition* 8: 336–342.

Turner, F.(1996). *Echoes of combat: Trauma, memory and the Vietnam war*. New York: Anchor/Doubleday.

Turyn, A.(1986). *Missives*. NewYork: Alfred Van Der Marek Editions.

Ungerleider, L. G.(1995). Functional brain imaging studies of cortical mechanisms for memory. *Science* 270: 769–775.

Usher, J. A., & Neisser, U.(1993). Childhood amnesia and the beginnings of memory for four early life events. *Journal of Experimental Psychology: General* 122: 155–165.

van der Kolk, B. A.(1994). The body keeps the score: Memory and the evolving psycobiology of PTSD. *Harvard Review of Psychiatry* 1: 253–265.

Wagenaar, W. A. & Groeneweg, J.(1988). The memory of concentration camp survivors. *Applied Cognitive Psychology* 4: 77–87.

Warrington, E. K., & Weiskrantz, L.(1968). New method of testing long-term retention with special reference to amnesic patients. *Nature* 217: 972–974.

Warrington, E. K., & Weiskrantz, L.(1974). The effect of prior learning on subsequent retention in amnesic patients. *Neuropsychologia* 12: 419–428.

Weaver, C. A., III(1993). Do you need a "flash" to form a flashbulb memory? *Journal of Experimental Psychology: General* 122: 39–46.

Weiskrantz, L.(1956). Behavioral changes associated with ablation of the amygdaloid complex in monkeys. *Journal of Comparative Physiological Psychology* 49: 381–391.

Weiskrantz, L.(1978). Some aspects of visual capacity in monkeys and man following striate cortex lesions. *Archives Italiennes de Biologie* 116: 318–323.

Weiskrantz, L.(1986). *Blindsight. A case study and implications*. Oxford: Clarendon Press.

Wilkinson, C. B.(1983). Aftermath of a disaster: The collapse of the Hyatt Regency Hotel skywalks. *American Journal of Psychiatry* 140: 1134–1139.

Williams, J. M. G.(1992). Autobiographical memory and emotional disorders. In S.-Å. Christianson(ed.), *The handbook of emotion and memory: Research and theory.*

Hillsdale, NJ : Erlbaum, pp. 451–477.

Wilson, T. D., & Brekke, N.（1994）. Mental contamination and mental correction : Unwanted influences on judgments and evaluations. *Psychological Bulletin* 116 : 117–142.

Wilson, B. A.（1987）. *Rehabilitation of memory.* London : Guilford Press.〔Barbara A. Wilson『記憶のリハビリテーション』江藤文夫 監訳，医歯薬出版，1990 年〕

Wilson, B. A., Baddeley, A., Evans, J., & Shiel, A.（1994）. Errorless learning in the rehabilitation of memory impaired people. *Neuropsychological Rehabilitation* 4 : 307–326.

Winograd, E., & Killinger, W. A.（1983）. Relating age at encoding in early childhood to adult recall : Development of flashbulb memories. *Journal of Experimental Psychology : General* 112 : 413–422.

Wood, J., Bootzin, R. R., Kihlstrom, J.F., & Schacter, D. L.（1992）. Implicit and explicit memory for verbal information presented during sleep. *Psychological Science* 3 : 236–239.

Yehuda, R., Southwick, S., Giller, E. L., Ma, X., & Masin, J. W.（1992）. Urinary catecholamine excretion and severity of PTSD symptoms in Vietnam combat veterans. *The Journal of Nervous and Mental Disease* 180 : 321–325.

Young, W.（1992）. Recognition and treatment of survivors reporting ritual abuse. In D. K. Sakheim & S. Devine（eds.）, *Out of darkness*. New York : Lexington Books.

Zola-Morgan, S., Squire, L. R., Alverz-Royo, P., & Clower, R. P.（1991）. Independence of memory functions and emotional behavior : Separate contributions of the hippocampal formation and the amygdala. *Hippocampus* 1 : 207–220.

高橋雅延　監修，イントロダクション，ゼーモン導入，ゴールトン導入
聖心女子大学現代教養学部心理学専攻教授．専門は認知心理学．

厳島行雄　監修，イントロダクション，シャクター導入
日本大学文理学部心理学専攻特任教授．専門は認知心理学．

佐藤　駿（さとう　しゅん）　ゼーモン翻訳
北海道大学大学院文学研究院応用倫理・応用哲学研究教育センター共同研究員．専門は近現代哲学．

寺町朋子（てらまち　ともこ）　ゴールトン翻訳
翻訳者．訳書にフラー・トリー『神は，脳がつくった』（ダイヤモンド社）ほか．

北川　玲（きたがわ　れい）　シャクター翻訳
翻訳者．訳書にウィルソン『若き科学者への手紙』（創元社）ほか．

〈名著精選〉心の謎から心の科学へ
無意識と記憶　ゼーモン／ゴールトン／シャクター

2020年10月16日　第1刷発行

監修者　高橋雅延《たかはしまさのぶ》　厳島行雄《いつくしまゆきお》

発行者　岡本　厚

発行所　株式会社 岩波書店
〒101-8002 東京都千代田区一ツ橋 2-5-5
電話案内 03-5210-4000
https://www.iwanami.co.jp/

印刷・精興社　製本・松岳社

ISBN 978-4-00-007799-6　　Printed in Japan